COURS
d'Enseignement
Ménager

SCIENCE et MORALE

Publié

sous la direction de
A. LEUNE
Inspecteur d'Académie

par
Mme A. DEMAILLY
Directrice d'école

Cours moyen

46 Leçons
115 Illustrations
185 Exercices pratiques

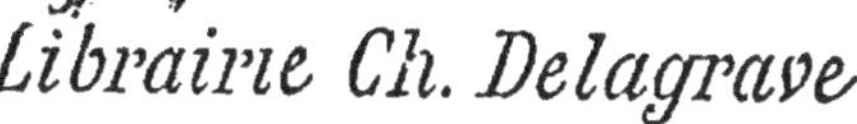

Librairie Ch. Delagrave

COURS
D'ENSEIGNEMENT MÉNAGER

SOCIÉTÉ ANONYME D'IMPRIMERIE DE VILLEFRANCHE-DE-ROUERGUE
Jules Bardoux, Directeur.

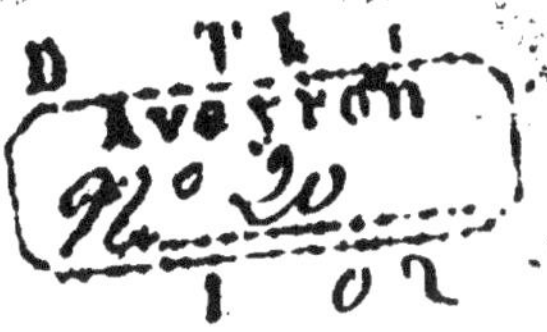

COURS
d'Enseignemen
Ménager

SCIENCE ET MORALE

| PUBLIÉ SOUS LA DIRECTION DE
A. LEUNE
INSPECTEUR D'ACADÉMIE | PAR
Mme A. DEMAILLY
DIRECTRICE D'ÉCOLE |

COURS MOYEN

PARIS

LIBRAIRIE CH. DELAGRAVE
15, RUE SOUFFLOT, 15

TABLE DES MATIÈRES

INTRODUCTION

Objet de l'enseignement ménager. La bonne ménagère.

PREMIÈRE PARTIE

Hygiène générale (soins du ménage).

DEUXIÈME PARTIE

Hygiène de l'alimentation (notions générales et élémentaires de cuisine).

TROISIÈME PARTIE

Travail manuel.

CONCLUSION

La jeune fille bien élevée dans la famille, à l'école et chez autrui.

ENSEIGNEMENT MÉNAGER

COURS MOYEN

INTRODUCTION
(Leçons I et II.)

Objet de l'enseignement ménager.
La bonne ménagère.

PREMIÈRE LEÇON

Utilité de l'enseignement ménager. — Rôle de la jeune fille dans la famille. — Ce qu'il est nécessaire à la jeune fille de connaître pour remplir utilement ce rôle (hygiène, économie domestique).

A l'école on apprend beaucoup de choses bonnes et utiles : on apprend à parler et à écrire correctement sa langue maternelle ; on apprend à connaître l'histoire et la géographie de son pays ; on apprend surtout à connaître et à aimer les devoirs de tout genre que la morale nous commande. Mais de toutes les connaissances qui sont enseignées aux enfants, de tous les devoirs dont l'obligation leur est démontrée, il n'en est certes pas qui leur soient plus utiles, surtout à une jeune fille, que les connaissances que leur donne l'enseignement ménager, que les devoirs qu'il leur apprend à remplir convenablement.

Réfléchissez, en effet, un instant, mes enfants, au rôle

que même une enfant de votre âge peut remplir dans sa famille, et vous vous apercevrez bien vite que les services sont déjà nombreux que vous pouvez rendre. Ces services, vous ne demandez pas mieux que de les rendre, et d'aider ainsi votre mère dans la lourde tâche qui lui incombe pour élever sa famille; mais peut-être aussi ne savez-vous pas encore ce qu'il faut faire, et comment vous y prendre pour le faire utilement. L'enseignement ménager vous en donnera les moyens.

Vous apprendrez d'abord comment vous pouvez vous faire l'**auxiliaire** de votre mère, en vous chargeant le matin de la toilette du petit frère, en aidant à la confection des repas, en faisant les commissions, en lavant la vaisselle après le repas, en brossant et en rangeant soigneusement le soir les vêtements de la famille; et ainsi, tout en diminuant la fatigue de votre mère, vous lui prouverez de la meilleure manière votre affection et votre reconnaissance.

Que la maman soit obligée de s'absenter, si vous êtes un peu habituée aux travaux du ménage, vous pourrez la **remplacer** et faire en sorte que l'on ne souffre pas trop, à la maison, de cette absence. Le dîner qu'elle a préparé avant de partir sera surveillé attentivement et sera prêt à l'heure habituelle; les petits seront débarbouillés et la maison rangée quand le papa rentrera du travail.

Et en même temps que vous apprendrez à vous rendre utile à votre mère, vous apprendrez à devenir plus tard **une bonne ménagère,** et pour être une bonne ménagère il y a bien des choses à apprendre : cuisiner, lessiver, entretenir une maison, tailler et coudre les vêtements simples de la famille, les raccommoder, jardiner, etc.; tout cela ne s'apprend pas du jour au lendemain, et vous ne sauriez vous y prendre trop tôt pour être en mesure de le bien faire, le jour où vous aurez, à votre tour, une famille à élever et une maison à diriger.

Ne craignez pas d'ailleurs que **vos études** souffrent

de l'aide que vous apporterez ainsi à votre maman. Si vous avez bien travaillé à l'école, les soins du ménage auxquels vous vous livrerez en rentrant à la maison seront pour votre esprit un **repos** et un **délassement utiles,** qui le rendront plus dispos pour le travail du lendemain.

En même temps, après l'immobilité relative que vous êtes obligée d'observer à l'école, les travaux du ménage ne seront-ils pas pour vous **la meilleure et la plus agréable des gymnastiques?** En vous exerçant à faire de votre mieux et rapidement une besogne utile et intéressante, vos mains acquerront l'adresse et la promptitude, vous serez moins lourde et moins gauche, vous deviendrez plus souple et plus gracieuse.

Vous deviendrez **meilleure** aussi. En travaillant près de votre mère, vous apprendrez combien la douceur, la patience, la bonté, sont nécessaires à la bonne mère de famille, ainsi que l'économie et le savoir-faire, et, peu à peu, vous serez amenée à pratiquer ces vertus sans lesquelles il n'est pas de bonheur au foyer domestique. Et vous sentirez de mieux en mieux qu'il est doux de se rendre utile aux autres et de s'efforcer de leur procurer le bien-être et le contentement; vous deviendrez ainsi de jour en jour plus aimante et plus dévouée, car on s'attache d'autant plus aux siens qu'on leur fait plus de bien.

Votre récompense ne se fera d'ailleurs pas attendre, car vous serez ainsi **plus heureuse.** Votre mère, aidée par vous, sera fière de l'affection que vous lui témoignez si bien; votre père, réconforté et attendri par vos bons soins, vous aimera chaque jour davantage; vos frères et vos sœurs, à qui vous rendrez mille petits services, tâcheront à leur tour de vous faire plaisir chaque fois qu'ils en auront l'occasion. En un mot, vous aimerez mieux les vôtres et vous en serez mieux aimée. N'est-ce pas là tout le secret du bonheur?

Eh bien, mes enfants, pour conquérir ce bonheur, il y a deux sciences que la jeune fille doit connaître : ce sont **l'hygiène** et **l'économie domestique.**

L'hygiène, c'est-à-dire l'art de conserver et d'améliorer sa santé, condition première de tout bonheur. La médecine s'efforce de guérir les maladies; l'hygiène fait mieux, elle veut les prévenir, c'est-à-dire les empêcher de se produire. Et il est bien plus facile de prévenir que de guérir. Le plus grand nombre des maladies qui atteignent l'homme sont dues à l'ignorance des règles de l'hygiène. Que de maladies terribles, telles que le croup ou la tuberculose, feraient moins de ravages si l'on usait seulement des simples précautions que réclament l'hygiène et le bon sens; si l'on voulait seulement comprendre la nécessité de la propreté et la nécessité d'un air pur pour quiconque veut se bien porter!

L'économie domestique apprend à dépenser l'argent d'une manière utile et intelligente. Elle enseigne la valeur des choses : aliments, vêtements, et préserve ainsi des dépenses inutiles ou excessives. Elle apprend aussi à la ménagère la meilleure manière de tirer le parti le plus utile des ressources dont elle dispose.

Elle fait connaître comment on prépare d'une manière appétissante des mets qui coûtent peu, bien que nourrissants. Elle enseigne la manière d'entretenir le mobilier de façon à le faire durer le plus longtemps possible; de nettoyer économiquement les vêtements sans en altérer le tissu ni la couleur. Par elle aussi on apprécie la valeur morale de la propreté, de l'ordre, de l'économie, de toutes les vertus, en un mot, qui assurent le bien-être de la famille.

Hygiène et économie domestique sont donc bien deux sciences avec lesquelles la jeune fille, future maman et future maîtresse de maison, ne saurait trop tôt se familiariser. Ce sont elles que l'enseignement ménager a pour but de vous inculquer.

IIᵉ LEÇON

Des qualités nécessaires à la bonne ménagère : propreté, ordre, économie, activité.

L'hygiène et l'économie domestique vous donneront les connaissances nécessaires à une bonne ménagère ; mais pour tirer un parti utile de ces connaissances, il est des qualités indispensables à la ménagère et que la jeune fille doit s'efforcer d'acquérir le plus tôt possible. Ces qualités, ce sont : **la propreté, l'ordre, l'écono-mie, l'activité.** La morale vous a déjà dit toute la valeur de ces qualités. Pour la ménagère, elles sont les vertus essentielles sans lesquelles la vie ne peut être pour elle qu'une suite de mécomptes, de fatigues inutiles et de chagrins.

I. La **propreté** est tout d'abord indispensable à la conservation de la santé ; nous verrons plus loin pour quelles raisons, et nous verrons en même temps les moyens de l'obtenir et de la conserver dans la maison. Mais, dès maintenant, ne vous êtes-vous pas déjà aper-çues, mes enfants, que la propreté embellit toutes cho-ses ? qu'elle rend gai le mobilier le plus modeste, qu'elle fait reluire les ustensiles les plus vulgaires, et peut ren-dre la maison même du plus humble ouvrier agréable à habiter ?

Vous-mêmes, si vous êtes propres, bien lavées, pei-gnées avec soin, si vos vêtements ne portent ni taches ni trous, ceux avec qui vous devez vivre ont plus de plaisir à vous regarder et à vous avoir près d'eux. La morale vous dira encore qu'à observer la propreté on prouve qu'on se respecte soi-même comme on le doit, et que l'on comprend les égards dus à ceux qui vous entourent.

On peut ajouter enfin que la propreté est, avec l'indice qu'on a le goût de ce qui est beau et délicat, la marque

lu courage et de l'activité, sans lesquels elle ne saurait
xister.

II. **L'ordre** n'est pas moins indispensable, à un dou-
le point de vue :

1° La femme qui a de l'ordre fait d'abord **un choix
aisonné de la place** qui convient le mieux aux choses
du ménage. Elle fait en sorte que les objets ou ustensiles
énagers de toute nature soient placés de manière :

A pouvoir être saisis facilement quand on veut s'en
servir;

A se trouver à l'abri des détériorations possibles (ustensiles en fer ou en cuivre, confitures, exposés à l'humidité);

A ne pas donner lieu à un danger (allumettes hors de
la portée des enfants);

A tenir le moins de place possible, le désordre amenant l'encombrement;

A produire enfin un effet agréable à l'œil (vaisselle dis-
posée de façon harmonieuse dans le buffet ou dans l'armoire).

Et ainsi la ménagère ne perdra pas un temps précieux
à chercher ce dont elle a besoin; elle n'égarera pas les
objets auxquels elle tient et n'aura pas à se livrer, pour
les retrouver, à des recherches parfois aussi inutiles
qu'impatientantes, et, par l'ordre autant que par la propreté, elle aura contribué à rendre la maison de famille
agréable et attrayante.

2° L'ordre consiste aussi à choisir le moment qui convient le mieux pour exécuter les divers travaux de la
journée ou de la semaine; à se faire, en d'autres termes,
un emploi raisonné de son temps et à suivre avec
exactitude cet emploi du temps.

Si pour chaque partie de la journée, pour chacun des
jours de la semaine, la ménagère a prévu une occupation
déterminée; si, par exemple, le matin elle a pris l'habitude
de faire les lits, de balayer, d'essuyer les meubles, puis
de préparer le repas; de réserver l'après-midi au net-

toyage de la maison, à la couture et au jardinage; si tel jour de la semaine est régulièrement consacré à la lessive et tel autre au repassage, aucune besogne essentielle ne sera ainsi jamais oubliée; elle perdra moins de temps à se demander sans cesse ce qu'elle va faire, et chaque chose sera certainement mieux faite, avec plus de goût et de soin, car la ménagère aura ainsi la certitude de venir tranquillement et sûrement à bout de toute sa besogne.

III. **L'économie** complétera ce que l'ordre et la propreté font déjà pour le bonheur d'une famille.

La femme économe est celle qui sait faire l'emploi le plus sage de l'argent que gagne le père de famille. Ce gain est parfois peu élevé, et les charges sont lourdes. Cependant cette femme parvient à satisfaire aux besoins présents. Elle a tant d'ordre et de soin qu'elle fait durer toutes choses plus longtemps; les vêtements raccommodés en temps utile font un long usage. Elle sait acheter dans les meilleures conditions de bon marché et faire des provisions avantageuses.

La ménagère économe tient surtout un compte exact de ses dépenses : c'est pour elle le moyen le plus sûr de faire que ces dépenses ne dépassent jamais les ressources dont elle dispose. C'est aussi pour elle le moyen de faire acte de prévoyance, en prélevant sur le gain de chaque jour une réserve qui lui permettra de mettre les siens à l'abri des tristes éventualités du chômage ou de la maladie.

Regardez autour de vous, mes enfants. Que d'exemples terribles n'avez-vous pas déjà eu l'occasion de remarquer des funestes effets de la prodigalité et de l'imprévoyance pour tous, jeunes ou vieux, riches ou pauvres! Mais, dans la plupart des cas, vous pouvez être certaines que c'est le manque d'économie de la ménagère qui, le jour où le malheur est entré dans la maison, a mis la famille dans l'impossibilité de lutter contre l'épreuve et d'en sortir honorablement.

Enfin l'économie, on vous l'a dit aussi, rend possible la bienfaisance : qui vit au jour le jour ne peut guère venir en aide aux autres.

IV. **L'activité** est la qualité essentielle sans laquelle la ménagère ne trouvera le moyen d'être ni prévoyante, ni économe, ni ordonnée, ni même propre; car pour faire preuve de toutes les qualités que nous venons d'énumérer, il ne faut pas être paresseuse, il ne faut pas avoir crainte de prendre de la peine. La femme active seule trouvera le temps de remplir comme il convient toutes ses obligations de ménagère et de mère de famille, et, en vaquant à toutes ses obligations, trouvera seule le moyen d'être économe et d'assurer ainsi le bonheur des siens.

Eh bien, mes enfants, vous le voyez, si vous voulez réellement profiter des connaissances que vous donnera l'enseignement ménager, vous devez tout d'abord vous efforcer d'acquérir ces qualités qui seules, on ne saurait trop le répéter, font la bonne ménagère.

Or, rien ne vous est plus facile. Vous avez déjà remarqué combien est forte une **habitude** contractée petit à petit. Vous savez bien que celui qui a l'habitude de se lever de bonne heure s'éveille et sort de son lit sans effort; que l'enfant qui se lave chaque jour à l'eau froide le fait sans peine, même pendant les jours d'hiver les plus froids; que celui qui n'y a pas été habitué pleure et crie le jour où l'on veut lui imposer cette habitude.

Vous savez aussi comment se prennent les habitudes : par la répétition fréquente et prolongée d'un même acte. Si, par exemple, vous vous obligez pendant quinze jours consécutifs à ranger vos affaires d'écolière, à les déposer toujours là où elles doivent être, vous arriverez à faire ce rangement d'une façon machinale, sans presque y penser, et avec un léger effort vous aurez acquis un peu plus déjà de cette importante qualité qu'on nomme l'ordre.

Si donc vous voulez devenir de bonnes ménagères, il

vous suffit dès aujourd'hui de prendre d'abord **l'habitude d'être toujours propres** sur vous-mêmes ; de ne jamais venir à l'école, de ne jamais commencer votre journée sans vous être soigneusement débarbouillées, sans avoir soigneusement brossé et nettoyé toutes les parties de votre habillement ; et tout naturellement vous prendrez aussi l'habitude d'aider votre mère à faire régner la propreté dans votre maison.

Prenez l'habitude de toujours remettre en place un objet dès qu'il a cessé de servir ; de ranger vous-mêmes vos jouets, vos vêtements, vos livres, vos cahiers. Habituez-vous aussi à **régler convenablement l'emploi de votre temps,** les jours où vous pouvez en disposer vous-mêmes : à réserver une part aux jeux, une part à la lecture, à la préparation du travail de l'école, et plus tard c'est sans effort que vous serez devenues des femmes d'ordre.

De l'économie aussi vous pouvez déjà, quoique enfants, prendre l'habitude. Si vous avez quelques sous en poche, sachez résister à la première tentation qui vous les ferait dépenser à l'achat d'une friandise ou d'une bagatelle. Et le jour où vous aurez besoin de quelque menu objet, de fil, de laine, de ciseaux, pour les leçons de travail manuel, vous serez heureuses de pouvoir vous les procurer sans faire appel à la bourse de votre maman. Et le jour aussi où l'on fera appel à votre bon cœur pour une œuvre charitable, vous pourrez y répondre sur votre bourse à vous, ce qui doublera la valeur de votre don et du plaisir que vous en éprouverez.

Enfin, prenez l'habitude de ne jamais rester à rien faire, et tout naturellement aussi et sans effort vous deviendrez des jeunes filles actives. Etes-vous lasses de coudre, faites du crochet ou du tricot. Vous êtes-vous livrées à quelque travail fatigant, à quelque grand nettoyage : prenez un livre. Un travail repose d'un autre. Mais ne restez jamais oisives. La bonne ménagère n'a pas le droit ni le moyen de connaître l'oisiveté.

EXERCICES PRATIQUES

1. Ranger l'intérieur d'une serviette d'écolière.
   —   —   d'une boîte à ouvrage.
   —   —   d'un pupitre.
   —   —   de l'armoire-bibliothèque.
2. Expliquer pourquoi **l'emploi du temps** de la classe est conçu de telle ou telle manière; pourquoi certaines leçons difficiles sont placées au commencement de la classe; pourquoi un exercice facile ou agréable succède à une leçon plutôt aride.
3. Montrer comment on peut établir **un petit livret de comptabilité** sur lequel les élèves inscriront les recettes et les dépenses qui leur sont personnelles.
4. Montrer comment elles pourraient, chaque soir, tenir celui de leur maman.

PREMIÈRE PARTIE

(Leçons III à XVIII.)

Hygiène générale (soins du ménage).

IIIᵉ LEÇON

DE LA PROPRETÉ

Propreté du corps. — Comment on l'obtient.
1° Fonctions de la peau : la peau transpire, la peau
respire. — Nécessité d'assurer par la propreté le
fonctionnement des pores de la peau.
2° Applications ménagères : bains tièdes, dits de propreté. — Bains et ablutions d'eau froide. — Bains
de pieds.
Matériel de toilette. — Soins à en prendre.

Vous avez vu, mes enfants, que la **propreté** est la
première qualité que la ménagère doit posséder et qu'elle
doit s'efforcer de faire régner autour d'elle. Nous allons
voir pourquoi la conservation de notre santé exige que
nous soyons propres, et combien, en même temps, il est
facile d'arriver à ce résultat, car les soins qu'exige la
conservation de la propreté sont à la portée de tous.

Nous devons veiller d'abord avec le plus grand soin à
la **propreté de notre corps.** Pourquoi?

1° **La peau transpire.** — A la suite d'une fatigue
musculaire considérable, ou quand la température est très
élevée, on observe sur le corps humain une transpiration
active, qui se manifeste par la sueur. Mais la transpiration n'a pas seulement lieu dans ces conditions : elle est

continuelle. Elle constitue, en effet, une de nos fonctions organiques, comme la digestion et la circulation.

C'est par la transpiration que le corps se débarrasse de l'eau qu'il a en excès, et en même temps de certaines substances nuisibles ou inutiles qui troubleraient profondément notre santé, si elles n'étaient pas éliminées. L'homme rejette, en effet, chaque jour de 1,000 à 1,200 grammes de sueur ou de matières grasses.

Coupe à travers la peau. — Glandes sudoripares et graisse.

Or, si on examine la peau au microscope, on voit qu'elle est percée d'une infinité de petits trous (200 par centimètre carré) que l'on nomme **pores** et qui laissent passer précisément dissous dans l'eau de la transpiration tout ce dont l'organisme n'a plus besoin.

La transpiration a encore un autre effet : celui de maintenir notre corps à une **température toujours à peu près égale** (36°,5 à 37°,5). Si, par suite d'un travail excessif, d'une course rapide, cette température s'élève tout à coup, la sueur apparaît mais en même temps elle tend à **s'évaporer**, ce qu'elle ne peut faire qu'en produisant un **refroidissement** qui ramène le corps à sa chaleur normale.

Vous savez très bien, en effet, mes enfants, que le passage d'un liquide à l'état de vapeur (évaporation) ne se fait pas sans emprunter de la chaleur aux corps environnants; il vous suffit, pour vous en convaincre, de passer un peu de salive sur le pourtour de votre oreille : vous aurez aussitôt une sensation de froid.

Si la sueur est abondante par une température élevée, elle est au contraire très réduite quand, l'hiver, par exemple, le corps doit conserver toute la chaleur qui lui est propre.

La peau respire aussi. Comme les poumons, elle absorbe de l'oxygène et exhale de l'acide carbonique. Si on enduit de goudron la peau d'un chien sur toute la surface du corps, l'animal ne tarde pas à mourir en donnant tous les signes de l'asphyxie.

Or la peau se salit : la sueur, les matières grasses qu'elle renferme, les débris de notre épiderme, ceux de nos vêtements, les poussières dont est remplie l'atmosphère, arrivent vite à former une sorte d'enduit qui obstrue les pores de la peau, et qui par suite gêne celle-ci dans ses fonctions si importantes de transpiration et de respiration.

2° Quand on connaît les fonctions de la peau, on comprend vite que la propreté ne consiste pas seulement à se laver les mains et la figure pour être présentable, comme on dit, mais à tenir **tout le corps** dans un état de propreté absolue; et on comprend quelle faute et quelle imprudence commettent ceux qui négligent ces soins de toilette; ces soins sont, en effet, la condition nécessaire de la conservation de leur santé, et sont d'autant plus indispensables que cette santé est plus faible ou plus menacée par la fatigue ou le travail.

Il est donc nécessaire de se laver le corps tout entier, **fréquemment** et à **intervalles réguliers,** de façon que, l'habitude une fois prise, nous nous acquittions de ce soin machinalement, sans effort, et même avec plaisir.

Des bains. — Le bain tiède, dit **de propreté,** se prend à une température de 30 à 37°, que l'on constate au moyen d'un thermomètre à bains. A défaut de baignoire, une grande cuvette suffit. L'essentiel quand on se lave à l'eau tiède est d'aller vite, afin de ne pas se laisser refroidir. On passe rapidement sur le corps une grosse éponge, ou mieux une serviette rude frottée de savon (le savon est nécessaire pour dissoudre la couche graisseuse qui recouvre la peau). On s'essuie ensuite vivement et soigneusement avec un linge bien sec. Et aussitôt l'opération terminée, on éprouve une vive sensation de bien-être. C'est déjà la récompense d'avoir fait une chose que réclamait la nature.

Le bain tiède a un autre effet encore que de faciliter les fonctions de la peau. Il ramollit les tissus musculaires lorsqu'ils sont trop **tendus et fatigués** par un travail long ou pénible; il active et régularise la circulation du sang, et par suite calme et repose les nerfs surexcités.

Un bain ne peut être pris sans danger que lorsque la digestion est terminée, soit 2 ou 3 heures après le dernier repas. La durée normale est de 20 minutes.

Ablutions d'eau froide. — Un usage qu'il serait bien désirable de voir se généraliser, c'est celui qui consiste à prendre chaque jour des ablutions froides (à une température de 10° à 20°). C'est un usage excellent à tous points de vue, et d'une application bien facile. A l'aide d'une grosse éponge et d'une grande cuvette aussi, ou d'un grand bassin en zinc, on complète ainsi bien aisément chaque matin les soins de propreté indispensables à la santé.

L'eau froide, en effet, stimule et excite les fonctions de la peau, active la respiration et la circulation, dégage le cerveau et les poumons en amenant le sang à la surface de la peau. L'homme endurci par l'usage habituel de l'eau froide est moins sujet aux rhumes et aux bronchites. Les enfants devraient y être habitués dès leur plus jeune âge.

Les ablutions d'eau froide, soutirant au corps une assez forte quantité de chaleur, ne doivent durer que quelques minutes.

Les bains froids, de mer ou de rivière, peuvent durer de 12 à 15 minutes. Les mouvements que fait le nageur produisent de la chaleur qui compense le refroidissement subi.

Bains de pieds. — Le bain de pieds chaud attire le sang aux extrémités inférieures et débarrasse ainsi le cerveau congestionné dans les névralgies, maux de tête, migraines, etc. On le prend le plus chaud possible.

On augmente son efficacité en y ajoutant une poignée de gros sel, ou un peu de farine de moutarde préalablement délayée dans de l'eau froide. La farine de moutarde a pour effet d'exciter la peau et d'y amener le sang.

Dès que la peau est rouge, le résultat cherché est atteint.

Matériel de toilette. — Soins à en prendre. — Tâchez d'obtenir de votre maman un petit matériel de toilette pour votre usage personnel, dont vous aurez la responsabilité. Votre toilette sera plus rapidement et plus commodément faite, et vous apprendrez en même temps à devenir plus soigneuse.

Ce matériel se compose d'une grande cuvette, ou d'un grand bassin, pour les ablutions générales; d'une autre cuvette, plus petite, pour la figure et les mains; d'une grosse éponge, d'un gant de propreté et de serviettes.

Dès que votre toilette est terminée, rincez, puis essuyez, avec un torchon grossier destiné à cet usage, cuvettes, porte-savon et pot à eau.

Rincez aussi l'éponge, pressez-la fortement et mettez-la sécher dans son filet. Si on la tient humide, elle se détériore. — Lorsque, à la longue, elle finit par s'encrasser, lavez-la dans une eau tiède additionnée d'ammoniaque (une cuillerée à bouche pour quatre verres d'eau). L'ammoniaque a, en effet, la propriété de dissoudre les matières grasses.

Au lieu de se servir, pour se laver, d'un coin de serviette, il est plus commode et plus économique d'employer le **gant de propreté.** C'est une sorte de petit sac de 20 centimètres sur 12 centimètres environ, que l'on peut confectionner soi-même avec de la toile éponge, et dans lequel on met la main. La serviette restera ainsi plus longtemps propre et s'usera moins vite.

Toute serviette qui vient d'être employée doit être étendue sur un séchoir ou, à défaut d'un séchoir, sur une petite tringle en bois que chacun peut adapter à sa table de toilette.

Un bon savon est enfin indispensable, mais évitez les savons parfumés ; les essences qui servent à obtenir ces parfums violents que les fabricants donnent à leurs savons sont le plus souvent dangereuses pour la peau, et leur odeur forte est toujours désagréable à ceux qui vous entourent.

EXERCICES PRATIQUES

1. Avec un thermomètre médical prendre la température du corps d'une élève (le placer quelques minutes sous l'aisselle).
2. Prendre avec un thermomètre ordinaire la température d'une eau qui serait destinée à un bain.
3. Placer une goutte d'éther sur la colonne mercurielle d'un thermomètre ordinaire. Le mercure baisse. Pourquoi ?
4. Frotter vigoureusement le dessus de la main. La partie frottée rougit. Pourquoi ?
5. Montrer et faire apprécier, au point de vue de leur qualité et de leur valeur, une grosse éponge, une serviette de toilette.
6. Indiquer comment se fait un gant de propreté.
7. Nettoyer une éponge comme il a été dit dans la leçon.

IVe LEÇON

DE LA PROPRETÉ (suite).

Propreté des mains, des ongles, de l'oreille. — Entretien de la chevelure : maladies des cheveux. — Des dents : soins à en prendre.
Entretien des brosses, peignes, démêloirs.

1° Propreté des mains. — L'air qui nous entoure, nous le verrons plus loin, est rempli de poussières malfaisantes qui se déposent sur tous les objets que nos mains peuvent avoir besoin de toucher ou de manier ; et parmi ces poussières se trouvent souvent les germes de maladies infectieuses. Une main sale, les ongles noirs

surtout, recèlent un grand nombre de ces poussières et
de ces germes.

Or, mes enfants, n'est-ce pas avec la main que vous
portez le pain et les fruits à la bouche, que vous préparez
les aliments, et qu'à l'occasion vous pouvez avoir à pan-
ser une plaie, une blessure? Une main malpropre vous
expose ainsi à introduire dans le tube digestif ou dans
la blessure que vous soignez les germes de maladies
graves.

**Vous devez donc toujours avoir les mains bien
propres** pour plusieurs raisons : **par prudence** d'a-
bord, pour éviter les inconvénients que nous venons de
signaler; **par politesse** aussi et pour ne pas vous exposer à tendre une main sale à des amis que ceux-ci ne
serreront qu'à contre-cœur, ou leur présenter des mets
ou friandises qu'ils n'accepteront qu'à regret; **pour ne
pas salir,** enfin. Les mains malpropres souillent les
vêtements que l'on porte, l'ouvrage de couture auquel
on travaille, le livre qu'on lit, le cahier sur lequel on
écrit.

Soins à donner aux mains. — On se lavera les
mains le matin, avant et après chaque repas, et toutes les
fois que le travail auquel on se sera livré aura rendu ce
lavage nécessaire.

Les ongles sont de vrais nids à microbes. Comment
peut-il se trouver des petites filles qui, en se rongeant
les ongles, se livrent à une action aussi ridicule qu'antihygiénique?

Les ongles noirs donnent un vilain aspect à la main,
même bien lavée; quand, au contraire, ils sont nets, ils
disent que la jeune fille est bien élevée, et qu'elle a le
souci de la propreté dans les détails.

On se fait les ongles en passant la pointe d'un morceau
de bois effilé (à défaut d'un cure-ongles en os) entre l'on-
gle et la peau, puis en les lavant avec de l'eau savonneuse
et une brosse. Ils seront coupés souvent, et on leur donnera une forme arrondie, pour qu'ils ne soient pas une

cause de gêne dans le travail que les mains doivent accomplir.

On préviendra facilement les **gerçures** et les **crevasses** aux mains si on prend soin de toujours les essuyer parfaitement après chaque lavage, et de ne pas les exposer à l'air froid. Quelques applications de vaseline boriquée ou de glycérine guérissent d'ailleurs aisément ces petits maux.

2° Propreté de l'oreille. — L'oreille est un organe délicat, que peut grièvement blesser l'introduction du moindre corps étranger.

Elle sécrète une sorte de matière grasse, de couleur jaunâtre, appelée **cérumen**, que l'on doit enlever de temps en temps si on veut conserver à cet organe toute sa finesse.

Oreille (partie extérieure et partie intérieure).

C, oreille externe. — P, pavillon. — A, conduit auditif. — T, tympan. — E, trompe d'Eustache.

On cure l'oreille, c'est-à-dire on la débarrasse du cérumen qui s'y forme, à l'aide d'un cure-oreille en os, ou tout simplement au moyen d'une serviette roulée autour de la partie recourbée d'une épingle à cheveux ou d'un bout d'allumette.

Tous les plis et replis de l'oreille seront toujours lavés et essuyés minutieusement.

3° Des dents : soins à leur donner. — Les dents broient et divisent les aliments ; elles préparent ainsi le travail de l'estomac. Leur rôle est donc des plus importants dans notre organisme.

Une dent se compose de quatre parties : 1° l'**émail**, couche blanche, brillante et très dure qui protège le reste de la dent, mais qui est elle-même assez fragile ; — 2° l'**ivoire**, qui est sous l'émail, et qui est formé également d'une matière dure, mais plus attaquable que l'émail ; —

3° la **pulpe dentaire** : ce sont les nerfs et vaisseaux situés à l'intérieur de la dent; — 4° le **cément**, matière osseuse recouvrant la racine.

L'adulte a 32 dents, 16 à chaque mâchoire : 8 incisives, 4 canines et 20 molaires et prémolaires.

Laisser **gâter** ses dents est une faute grave envers soi-même. Avec de mauvaises dents, la division des aliments se fait mal, la digestion est pénible, l'estomac se fatigue, et les forces se réparent moins bien.

Des dents gâtées, de plus, enlaidissent la plus

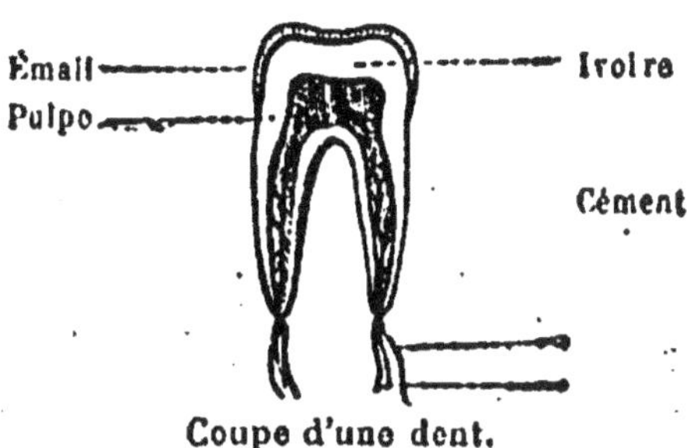

Coupe d'une dent.

jolie bouche, causent des douleurs atroces et provoquent des fluxions et des névralgies. Elles donnent à l'haleine une odeur désagréable et malsaine pour ceux qui vous entourent et qui les éloigne de vous.

Soignez donc vos dents, mes enfants, car une fois tombées elles ne repoussent plus, et les fausses dents, si habilement qu'elles soient mises, ne remplacent jamais absolument celles qu'on a perdues, et ne rendent jamais le même service.

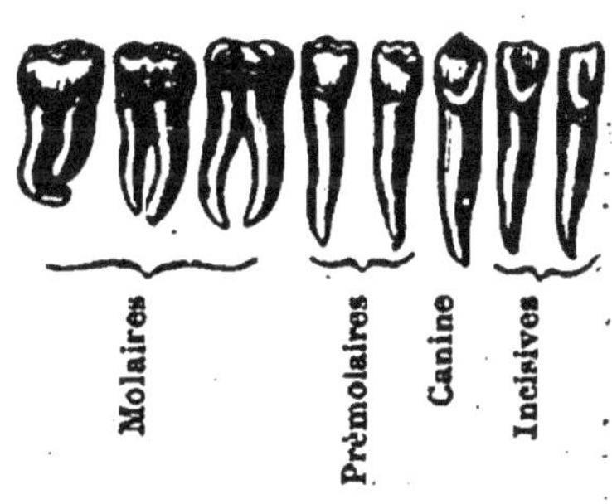

Le meilleur moyen de conserver ses dents, c'est d'éviter l'**altération de l'émail** protecteur. Qu'une fente, en effet, se produise dans cet émail, qu'un léger éclat en soit enlevé, les matières acides attaquent l'ivoire ainsi découvert, et la **carie** se produit. Évitez donc de couper du fil avec les dents, de casser des noisettes ou tout autre corps dur; de manger des sucreries; évitez aussi de manger ou de boire trop chaud ou trop froid : l'émail de vos dents se conservera plus longtemps.

Une grande **propreté** est également nécessaire, pour empêcher l'altération des dents. Après les repas, des débris d'aliments restent entre les dents, près du collet. Sous l'influence de l'air, ces débris se putréfient, et des acides se produisent qui attaquent l'ivoire.

Il est donc absolument nécessaire, par de **fréquents lavages à l'eau tiède,** au moins le matin et le soir, de nettoyer complètement les dents. On se sert pour cela d'une **brosse** un peu dure que l'on passe sur toutes les faces des dents, et l'on emploiera de préférence de l'eau bouillie.

On y ajoutera, si l'on veut, une poudre formée d'un mélange de charbon de bois pilé et de quinquina (quatre parties de charbon pour une de quinquina). Le charbon de bois désinfecte la bouche et absorbe les mauvaises odeurs; le quinquina fortifie les gencives et retarde le déchaussement des dents. De l'eau salée ou boriquée est également bonne, à cause de ses propriétés légèrement antiseptiques.

Il existe encore un ennemi de la dent, c'est le **tartre.** C'est une espèce de dépôt jaunâtre qui se forme au collet et qui résulte de la présence d'une sorte de parasite qui s'attache à l'émail de la dent et le détériore. D'abord mou, il durcit rapidement, donne à l'ivoire un aspect jaunâtre peu agréable et finit par faire corps avec la dent. Il importe de l'enlever par un lavage énergique, à l'aide de la brosse.

Celui qui tient à conserver ses dents fera bien d'ailleurs de les faire visiter de temps en temps par un dentiste, qui leur donnera les soins dont elles ont besoin.

4° Entretien de la chevelure. — Le cheveu est une sorte de plante, et, comme la plante, il a besoin d'air et de lumière. Le cuir chevelu ne saurait donc être l'objet de soins trop attentifs et trop minutieux pour être maintenu en parfait état de propreté.

Ajoutons, mes enfants, que, pour la fillette, la chevelure est un **ornement naturel** auquel elle doit particulièrement tenir et qu'elle serait coupable de négliger.

L'agrément de la physionomie d'une jeune fille ne dépend-il pas en grande partie de la manière dont sa chevelure est soignée et arrangée autour de son visage?

Les cheveux ont besoin d'air. Il faut donc éviter de les emprisonner dans des coiffures lourdes et épaisses, capeline ou bonnet, de les réunir en natte étroite, en chignon pressé. Laissez vos cheveux le plus longtemps possible flotter sur le dos, c'est la coiffure qui convient le mieux à l'hygiène des cheveux, et gardez-vous de les friser, ce qui les dessèche et les casse.

Les débris de l'épiderme, sous forme de **pellicules** blanchâtres, la transpiration souvent abondante de la tête, couvrent les cheveux assez rapidement d'une couche de poussière qui s'oppose encore au passage de l'air.

Chaque jour donc, la jeune fille, en faisant sa toilette, secouera, démêlera et surtout **brossera** sa chevelure. Les soies de la brosse employée seront de préférence rigides. Elle n'usera du peigne fin qu'avec modération, car il irrite le cuir chevelu et augmente le nombre des pellicules.

Elle aura soin de garantir sa chevelure par un fichu ou un mouchoir toutes les fois que sa besogne l'exposera à la poussière.

Souvent enfin elle se lavera la peau de la tête avec une eau savonneuse ou, mieux encore, avec une décoction de bois dit « de Panama ». Ce bois a la propriété de dégraisser et de rendre la chevelure souple et brillante.

Les cheveux sont sujets à **certaines maladies** dues à des microbes qui se développent dans le cuir chevelu, et qui amènent la chute irrémédiable des cheveux. Ces maladies sont **contagieuses.** Une enfant prudente ne mettra donc pas la coiffure des autres et ne se servira que des démêloirs, peignes ou brosses qui lui appartiennent.

Vous n'aurez d'ailleurs rien à craindre si vous donnez à vos cheveux tous les soins de propreté qu'ils exigent. Il est évident que les microbes de la teigne, pas plus que certains insectes bien connus, ne peuvent vivre sur une tête brossée et lavée assidûment.

Entretien des brosses, peignes, démêloirs. — Les peignes et démêloirs sont frottés avec du papier chaque fois qu'on s'en est servi, puis brossés avec une brosse spéciale.

La brosse à cheveux est tout d'abord débarrassée des cheveux tombés de la tête, puis frottée sur du gros papier, qui enlève la plus grande partie de la poussière dont elle s'est couverte.

Il est nécessaire aussi de la laver fréquemment dans une eau contenant un peu d'ammoniaque, en ayant soin toutefois que l'eau ne touche pas le vernis du bois. L'ammoniaque s'évapore très vite, et la brosse est bientôt sèche.

La brosse à dents doit également être soignée, et l'humidité l'aurait rapidement détériorée si on ne la faisait pas parfaitement sécher. Aussitôt qu'on s'est lavé les dents, on doit donc rincer le verre et l'essuyer, puis y placer la brosse, le manche en bas, pour la faire sécher.

Brosse à dents.

EXERCICES PRATIQUES

1. Montrer comment avec une pierre ponce on enlève une tache d'encre ou de fruit sur la main.
2. Montrer comment on se cure les ongles et comment on les coupe.
3. Comment on se cure l'oreille avec une épingle à cheveux et une serviette.
4. Montrer comment on se sert d'une seringue à oreilles, et comment, à l'aide de quelques gouttes d'huile, on peut retirer un corps étranger introduit dans l'oreille.
5. Montrer comment on se sert d'une brosse à cheveux.
6. Montrer du bois de Panama et une décoction préparée (50 gr. dans 1 litre d'eau).
7. Faire voir comment on se lave les dents.
8. Laver un peigne, un démêloir, une brosse à cheveux, après les avoir essuyés avec du papier.

Vᵉ LEÇON

DE LA PROPRETÉ (suite).

**Propreté des vêtements. — Comment une jeune fille
soigneuse évite de salir ses vêtements et leur conserve propreté et fraîcheur.
Des taches. — Comment on enlève les taches. — A
l'aide de quelles substances. — Pourquoi il faut
tenir ses vêtements propres.**

Mes enfants, en veillant soigneusement à la propreté
de votre corps, vous assurez de la meilleure manière la
conservation de votre santé. En soignant la propreté de
votre mise, de vos vêtements, vous contribuez encore à
la propreté de votre corps, et de plus vous êtes certaines
d'être plus favorablement jugées de tous ceux que vous
approcherez.

S'il est vrai que « l'habit ne fait pas le moine », dit un
vieux proverbe français, il n'en est pas moins vrai que l'on
n'accueille qu'avec réserve, au moins au premier abord,
les personnes ou les enfants dont la tenue laisse à
désirer.

C'est que la malpropreté est chose laide, et que nous
nous écartons instinctivement de la laideur; c'est que les
vêtements en désordre, tachés ou troués, supposent chez
celui qui les porte l'absence de sentiments délicats, du
respect de soi-même, et dénotent en même temps un manque de courage et d'énergie qui nous fait peine.

Or, pour être bien mise, pour être proprement mise et
produire une bonne impression à tous ceux au milieu
desquels vous vivez, il n'est pas besoin d'être riche, il
suffit d'être soigneuse. Il n'est pas besoin d'avoir de
nombreux vêtements d'étoffes coûteuses aux couleurs tapa-
geuses; une mise modeste, mais propre, est infiniment
plus agréable à l'œil, parce qu'elle marque chez celle qui

la porte des qualités d'économie, d'ordre et de soin qu'on est toujours heureux de rencontrer chez une jeune fille.

Une **jeune fille soigneuse** fait d'abord durer ses vêtements plus longtemps qu'une enfant négligente. Ce qui met vite un vêtement hors d'usage, ce sont les accrocs, les déchirures, les taches de toute sorte qu'il a reçues et qui l'ont flétri et fané, ou les lessivages nombreux qu'il a demandés et qui ont amené une usure rapide.

La fillette soigneuse n'usera presque pas ses vêtements, parce qu'elle saura les préserver de toute détérioration. Elle a cet art précieux et que vous pouvez toutes acquérir: **l'art de ne pas se salir.** Dans la rue, elle sait marcher légèrement et du pas qu'il faut pour ne pas se crotter; elle voit toujours à temps les flaques d'eau et les endroits boueux; elle a appris à relever convenablement sa jupe; elle ne s'adossera pas à un meuble d'une propreté douteuse; elle est d'une adresse remarquable pour éviter les taches; elle sait manger et boire sans se salir, transporter un plat ou un vase sans en renverser le contenu.

Si elle doit se livrer à quelque besogne forcément salissante, elle se couvre d'un **vêtement protecteur,** tablier avec bavoir et manchettes, et elle pourra ainsi, sans danger pour ses vêtements, vaquer aux soins du ménage, desservir la table, laver la vaisselle, cirer les chaussures.

Elle aime à rire et à jouer, ainsi qu'il est naturel à son âge; mais dans ses jeux mêmes elle est instinctivement attentive à éviter les déchirures et les éclaboussures; et quand elle se repose ou se met à sa table de travail, elle s'assoit sans chiffonner sa robe ou son manteau, sans lui laisser prendre de mauvais plis; elle ne mordille pas sa cravate, sa guimpe ou les doigts de ses gants.

Elle a toujours les mains très propres.

Et à gouverner, à surveiller ainsi tous ses gestes et mouvements, elle développe en elle les qualités précieuses de l'attention, de la prévoyance; elle apprend à éviter l'étourderie et la précipitation.

Rien n'est plus simple que de **conserver à ses vêtements propreté et fraîcheur.**

Chaque jour, en se déshabillant, on plie, ou mieux on
suspend son tablier, son corsage et sa jupe. Il existe des
portemanteaux d'un bon marché extrême (0 fr. 10 la
pièce), et le papa ou le grand frère auront vite fait d'en mettre quelques-uns dans la chambre. Des vêtements qu'on
jette en tas sur une chaise se fripent et paraissent bientôt vieux et laids. En les rangeant avec précaution, on
évitera les mauvais plis, et ils conserveront plus longtemps leur aspect agréable.

Le matin, ils sont secoués et battus, hors de la chambre, autant que possible, puis brossés à l'endroit et à
l'envers pour les débarrasser complètement de la boue
ou de la poussière. On retourne aussi les poches et on
les brosse.

Les vêtements des dimanches ou de fêtes sont brossés et rangés avec un soin tout particulier aussitôt qu'on
les ôte, au plus tard le lendemain. Il faut qu'ils paraissent longtemps frais et neufs.

La robe de toilette de la jeune fille, souvent un peu fragile, est brossée très légèrement. Le satin ou la soie qui
la garnissent sont simplement essuyés avec une pièce de
velours ou de flanelle, la brosse pouvant rompre les fils
délicats de leurs tissus.

Quand les vêtements sont suspendus, on a soin de les
recouvrir entièrement d'une enveloppe pour les protéger
contre la poussière.

Chapeau, parapluie, ombrelle, gants. —
Le chapeau est un objet de toilette des plus fragiles. Il
faut le ranger dans son carton, dès qu'on rentre à la maison, et non le jeter sur un meuble quelconque, où on
l'oubliera peut-être et où il risque d'être sali. Il faut
en enlever la poussière, relever les coques de rubans ou
de dentelles qui s'affaissent, et on le recouvre de papier
léger, en prenant garde de froisser les garnitures.

Le **parapluie** doit être mis d'abord ouvert à sécher,

puis quand, une fois sec, on l'a frotté ou brossé, il faut le remettre dans son fourreau.

L'ombrelle est également essuyée avec soin et replacée dans sa gaine dès qu'elle ne sert plus.

Les gants sont étirés et rangés dans leur boîte, après avoir été visités, reprisés ou réparés, s'ils en avaient besoin. Que les boutons manquants soient toujours immédiatement recousus.

Rangement des vêtements au commencement de chaque saison. — Il est indispensable, au début ou à la fin de chaque saison, de ranger dans des caisses ou dans des armoires les vêtements que l'on cesse de porter. Au préalable, on les bat, on les brosse, on les détache et on les enveloppe complètement d'un fourreau d'étoffe ou de papier.

Les mites et les **teignes** causent parfois des ravages désastreux dans les lainages et les fourrures. On les éloigne au moyen de substances à odeur forte : poivre, tabac, camphre, et de produits spéciaux que vendent les droguistes, ou encore simplement en enveloppant les étoffes de journaux; l'odeur de l'encre d'imprimerie est un préservatif des insectes.

Des taches. — Les taches sur les vêtements doivent être enlevées dès qu'on les aperçoit. Si on attend quelque temps, elles absorberont la poussière, pénétreront plus profondément les fibres des tissus et résisteront davantage au nettoyage. C'est donc une excellente habitude que celle de certaines ménagères qui, les lundis ou les lendemains de fête, passent en revue les vêtements de la veille et les nettoient soigneusement avant de les ranger.

Comment s'enlèvent les principales taches. — D'une manière générale, les taches s'enlèvent au moyen de corps qui les dissolvent. La première chose à faire quand on trouve une tache sur un vêtement, c'est de bien **en reconnaître la nature.**

Il faut se souvenir ensuite que la **potasse,** qui entre dans la composition du savon, dissout les corps gras;

Que la **benzine** dissout aussi les corps gras, et qu'elle
a cet avantage, si elle est bien pure, de ne pas altérer les
nuances claires d'une étoffe;

Que l'**essence minérale** ou l'ammoniaque (alcali) peuvent remplacer la benzine et coûtent moins cher;

Que l'**huile** dissout le goudron et que l'**alcool** dissout
les résines. Rien ne sera plus facile alors que d'avoir
toujours des vêtements exempts de taches.

Les **taches de graisse** sont les plus communes. Sur
un tissu noir ou sur un tissu très bon teint on les enlève
facilement au moyen **d'une eau savonneuse** (employer
du savon blanc). On trempe une brosse dans cette eau et
on brosse la partie tachée; on fait passer de l'eau claire
à travers le tissu pour rincer, et on met sécher sans
tordre. On repasse à l'envers, quand le vêtement est encore un peu humide.

Mais la potasse du savon ne saurait convenir pour le
nettoyage de tous les vêtements, parce qu'elle attaque les
nuances délicates.

Si donc vous craignez l'altération du tissu, placez la
partie tachée sur un linge blanc et frottez-la avec une petite éponge ou un tampon imbibé de **benzine.** La benzine,
qui est très volatile, se vaporise rapidement et entraîne
une partie des corps gras. Le reste passe dans le tampon
et dans le linge placé sous la tache.

L'opération terminée, une précaution bonne à prendre
consiste à saupoudrer la tache de craie ou de plâtre
finement pulvérisé, qui absorbera corps gras et benzine;
vous éviterez ainsi le cerne ou cercle qui entoure parfois de façon si désagréable la tache qu'on a voulu
enlever.

Les **taches de boue, de café, de sucre,** s'enlève-
ront tout simplement à l'aide d'eau claire.

Les **taches de peinture** doivent être traitées par l'es-
sence de térébenthine. La peinture, en effet, est un
composé d'huile et d'une ou de plusieurs poudres colorantes. La térébenthine dissout l'huile et met la substance

colorante en liberté. Mais il faut, autant que possible opérer sur une tache nouvellement faite.

Pour les **taches de vernis, de poix,** on se sert **d'alcool;** le vernis est formé, en effet, d'un corps résineux dissous dans l'alcool, et la poix est une résine. Or nous avons vu que les résines étaient dissoutes par l'alcool.

Le dissolvant **du goudron, du cambouis,** étant l'huile, il suffit, pour faire disparaître les taches de cette nature, d'imbiber d'abord l'étoffe d'huile, puis de dégraisser ensuite par les moyens indiqués.

Les **taches de bougie** exigent parfois un peu plus de précaution. On met la tache entre deux feuilles de papier buvard ou de papier de soie, ou encore entre deux feuilles de gros papier non collé. On passe dessus un fer chaud qui fond le suif, et le papier boit la matière de la tache. Il reste parfois, après l'opération, une tache graisseuse : c'est que la bougie était de mauvaise qualité. On enlève cette tache avec de la benzine.

C'est à l'aide de procédés analogues, mes enfants, que vous pouvez facilement aussi **rafraîchir** certaines parties de vos vêtements plus délicates ou plus exposées que d'autres.

Ainsi les fillettes portent volontiers dans les cheveux ou autour du cou un bout de **ruban de soie.** Le renouveler souvent serait une dépense appréciable ; le porter sali, fripé, serait chose laide : comment le rafraîchir ?

Sur une planche très propre, bien entendu, on étend le ruban, que l'on retient attaché au moyen de deux punaises à dessin ou de deux fines pointes. On le brosse avec de l'eau de savon et on rince à l'eau claire additionnée d'un peu de vinaigre, qui ravivera les couleurs. Puis on le presse dans une serviette et on le repasse immédiatement entre deux linges fins ou entre deux feuilles de papier de soie.

Avec le **velours** fripé ou taché, il convient de procéder autrement : enlevez d'abord les taches, puis mouillez l'envers du tissu avec un chiffon ou une éponge. Reassez ensuite, à l'envers aussi, non en promenant le fer ur l'étoffe, mais en promenant l'étoffe sur le fer bien haud. L'eau dont le velours est imprégné se change en apeurs qui, passant à travers le tissu, en dilatent et en edressent les soies et lui rendent tout son velouté avec la propreté.

Si les soies ne sont pas suffisamment relevées, il suffira, pour achever l'opération, d'exposer le velours pendant n moment au-dessus de l'eau bouillante.

Vos **tabliers noirs** aussi, en mérinos, en alpaga ou satinette, qui vous sont si utiles, ont souvent grand besoin d'être rafraîchis. Vous pouvez très bien faire vous-mêmes cette opération. Faites bouillir pendant deux heures 150 grammes de bois de Panama cassé en menus morceaux dans quelques litres d'eau, de manière que l'eau soit bien mousseuse. Au moment d'opérer, ajoutez trois cuillerées à bouche d'ammoniaque, et lavez votre tablier dans cette préparation. Laissez-le ensuite s'égoutter sans tordre, repassez-le encore humide, et vous aurez le plaisir de pouvoir remettre le lendemain un tablier bien propre. Vous en serez d'autant plus fières que sa propreté sera votre ouvrage.

Les robes en lainage noir ou bleu-marine se lavent très bien par le même procédé.

Dernier conseil à propos des vêtements. — Apprenez à coudre, jeunes filles ; si vous savez tenir une aiguille, que d'économies ne réaliserez-vous pas ! Les habits, réparés à temps, feront un bien plus long usage ; devenus trop petits, il seront transformés pour les plus jeunes, ou encore, bien raccommodés, bien nettoyés, vous les offrirez à de pauvres gens qui seront bien aises de s'en couvrir.

EXERCICES PRATIQUES

1. Faire asseoir une enfant en lui montrant à ne pas chiffonner son tablier ou sa robe.
2. Faire un essuie-plume.

3. Plier une jupe, un corsage, un tablier, et les placer sur une chaise ou dans une malle.

4. Les suspendre de manière à éviter les faux plis : le corsage et le veston sur deux têtes de porte manteau, la jupe par ses deux attaches.

5. Montrer comment, à défaut de porte manteaux, on peut ranger les vêtements de tous les jours sur le dossier d'une chaise.

6. Faire ranger chapeau, parapluie, ombrelle, gants.

7. Essuyer avec un morceau de velours le satin ou la soie qui garnit une robe.

8. Enlever des taches diverses comme il a été indiqué.

9. Nettoyer des rubans de soie et de velours.

10. Laver un tablier d'écolière.

VIe LEÇON

DE LA PROPRETÉ (suite).

De la propreté du linge. — La lessive. — Son importance. — Les différentes opérations de la lessive. — Les savonnages. — Le linge sale.

Une jeune fille bien élevée doit veiller avec le plus grand soin, nous l'avons vu, à la propreté des vêtements qu'elle porte. La **propreté du linge** est pour la ménagère d'importance plus grande encore, car de la propreté du linge de corps dépend en grande partie la santé des membres de la famille, et c'est la propreté du linge de maison, linge de table ou de cuisine, qui contribue pour une bonne part à rendre l'intérieur aimable et agréable à habiter.

Or, le **linge de corps**, qui est en contact plus ou moins direct avec la peau et en absorbe les sécrétions, est rapidement sali; si on ne prend soin de le changer, il n'est plus capable de cette absorption nécessaire. De plus, la couche graisseuse dont il est enduit entre bientôt en décomposition et peut donner lieu à une odeur aussi dé-sagréable que malsaine.

Le linge de table et de cuisine est, de son côté, assez rapidement sali par les débris d'aliments, par la graisse, l'huile, le beurre. Il faut donc régulièrement aussi le changer si l'on ne veut pas provoquer le dégoût autour de la table de famille.

La lessive est l'opération qui a pour but de rendre au linge sa blancheur première, e ı lui enlevant les taches qui le souillent.

Ces taches provenant, pour le linge de corps, des sécrétions faites aux dépens du sang, sont donc en grande partie faites d'albumine. **L'eau froide,** vous le savez, est le dissolvant naturel de ces taches. Quant aux taches, de nature graisseuse pour la plupart, qui souillent le linge de table et de cuisine, elles seront naturellement dissoutes par la potasse ou un de ses composés, le **savon.**

Mes enfants, **la lessive** est un des plus importants travaux domestiques. Pour être menée à bonne fin, elle demande beaucoup de soin et d'attention, et le jour de lessive est, dans tous les ménages, un jour qui marque, pour la peine et le travail qu'il amène avec lui. Mais n'est-ce pas, en revanche, une bien grande satisfaction pour la ménagère et pour la petite fille qui lui a prêté son aide, n'est-ce pas une joie bien vive que de voir un linge sali et fripé se transformer peu à peu en un autre bien blanc et bien sain que l'on aura plaisir à porter et à voir?

La lessive proprement dite comprend cinq opérations successives : **l'essangeage,** le **coulage** ou le **bouillage,** le **lavage,** le **rinçage,** la **mise au bleu** et **l'amidonnage.**

1º Essangeage. — L'essangeage consiste à mettre le linge tremper à l'eau froide pendant 12 heures environ. A l'eau chaude, les taches d'albumine se coaguleraient, comme fait le blanc d'œuf lorsqu'il est mis à cuire, et elles seraient ensuite très difficiles à enlever. Jeter des mouchoirs de poche à l'eau chaude est donc une faute à éviter.

A l'essangeage, les taches de sucre, de café, solubles aussi à l'eau froide, disparaissent également.

. **2° Coulage.** — Pour couler le linge, on le soumet à l'action combinée de la potasse, du savon et de l'eau portée à la plus haute température possible. Il s'agit maintenant de le débarrasser des taches qui ont résisté à l'eau froide.

La potasse, vous le savez, dissout les taches d'origine graisseuse. Or, on la trouve en assez forte proportion dans les cendres provenant de la combustion du bois. Dans les pays où l'on a à sa disposition de ces **cendres de bois,** on les utilise pour la lessive, de la manière sui-. vante :

Dans une grande cuve, on dispose le linge à blanchir préalablement essangé. Au fond est placé le linge le plus sale. Dans la région moyenne on met les draps de lit, les chemises, les serviettes, etc.; le tout est recouvert d'une toile grossière et forte qui déborde tout autour. Sur cette toile, on place une couche de cendres d'égale épaisseur. On rabat sur les cendres les coins de la toile et on verse sur le tout de l'eau de plus en plus chaude.

Cette eau, en traversant les cendres, se charge de potasse, traverse ensuite toutes les parties du linge et dissout les taches que l'on veut enlever. La cuve possède, dans le bas, une ouverture par où on recueille l'eau qui vient de servir et que l'on remet à chauffer, pour l'utiliser de nouveau.

Le coulage dure douze heures, — toute une journée de travail et de surveillance active, — et le résultat n'en est pas toujours sûr, car les cendres ne sont pas toutes également riches en potasse.

Aussi ce procédé, très usité encore dans les pays boisés, est-il souvent remplacé avec avantage par l'emploi d'un appareil assez peu coûteux qu'on nomme **la lessiveuse.**

Voici comment on se sert de la lessiveuse :

Au fond de l'appareil, on met la quantité voulue de potasse et de savon, environ 25 grammes de l'un et 25 grammes de l'autre par kilogramme de linge. On place le double fond. Sur ce double fond, formant grille, on dispose le linge dans l'ordre indiqué plus haut et on remplit d'eau jusqu'à mi-hauteur.

La lessiveuse étant alors mise sur le feu, l'eau dissout la potasse et le savon, s'échauffe et donne de la vapeur. Cette vapeur, ne pouvant trouver d'issue à travers le linge, est comprimée dans le cône (Voir figure) et exerce sur l'eau qui s'y trouve une pression qui la fait monter dans le tube injecteur.

Cette eau bouillante et chargée de potasse et de savon retombe en pluie sur le linge et le traverse dans ses couches successives. Revenue dans la partie inférieure de l'appareil, elle est de nouveau portée à l'ébullition, pour recommencer son ascension et son arrosage.

Avec ce **procédé**, deux heures suffisent pour achever le coulage.

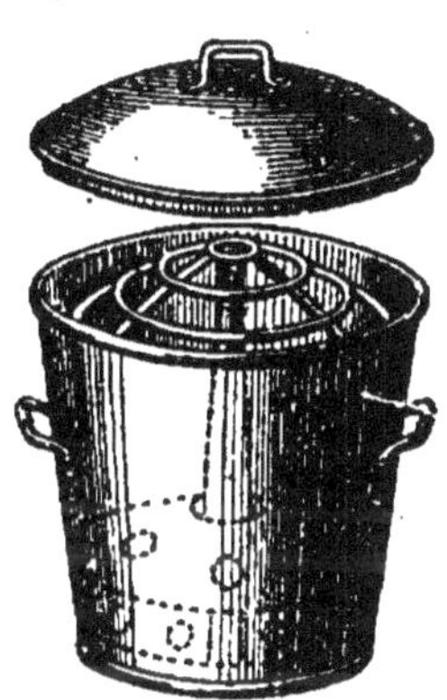

Lessiveuse.

3° **Lavage.** — Le lavage est une opération mécanique des mains et du battoir. Si le coulage a été bien conduit, le lavage demandera peu de travail et de temps.

4° **Rinçage.** — Le rinçage consiste à passer le linge lavé au moins trois fois dans une eau très claire. Il a pour but de le débarrasser de l'eau de lessive, qui laisserait une odeur déplaisante et nuirait à sa blancheur.

5° **Mise au bleu et amidonnage.** — Le linge bien rincé est passé dans une eau légèrement bleuie avec de l'indigo, puis tordu, étiré pour prévenir les plis, et mis immédiatement à sécher, sinon le bleu déposerait et ferait tache.

On donne au linge de table, aux tabliers, aux jupons et pantalons blancs ornés une certaine raideur en les **amidonnant.**

On délaye de l'amidon dans un peu d'eau froide, et on verse peu à peu cette solution dans l'eau bouillante, en remuant constamment avec une cuillère de bois. Sous l'influence de la chaleur, les grains d'amidon se gonflent, se déchirent, et, la quantité d'eau étant relativement faible, ils se soudent et forment une sorte de pâte qu'on bleuit légèrement. On y plonge ensuite les pièces à amidonner. La pâte, en séchant, durcira et empêchera la poussière de pénétrer aussi facilement le tissu. Le linge aura ainsi plus bel aspect et se tiendra plus longtemps propre.

Séchage. — La lessive terminée, le linge doit être séché. Mais le séchage ne doit jamais se faire dans les appartements, dans la chambre à coucher moins encore que partout ailleurs. L'eau, en s'évaporant, rend l'air humide, et par conséquent malsain.

Le linge, lorsqu'il ne peut être séché au grand air, doit être étendu dans un grenier à l'abri des poussières. Un courant d'air le fait sécher plus rapidement. L'air, en effet, ne peut contenir, sous le même volume, qu'une certaine quantité de vapeur d'eau. Dès que la mesure est atteinte, l'évaporation s'arrête. Si on fait arriver de l'air sec, l'air humide se trouve chassé, et l'évaporation reprend plus active.

Remarque. — Pour obtenir un linge parfaitement blanc, il est excellent, après un premier lavage, de l'exposer à l'action directe de la lumière solaire. Sous l'influence de la lumière et de l'humidité, l'oxygène de l'air s'unit à la matière jaune qui reste sur le linge et la décolore.

Certaines ménagères qui sont dans l'impossibilité d'étendre leur linge au soleil ajoutent du **chlore** à l'eau de rinçage. Le chlore blanchit le tissu, mais le brûle. Aussi ne faut-il s'en servir qu'avec prudence et n'en mettre qu'une très petite quantité dans beaucoup d'eau, de manière à atténuer son action.

Savonnage des flanelles, jupons et couvertures de laine. — La potasse attaque tout particulièrement la laine et la soie. Elle les ramollit, les fond, pour ainsi dire. Aussi ne peut-on l'employer pour le nettoyage de ces tissus. On la remplace par le savon, qui est formé de potasse ou de soude unie à un corps gras, huile ou suif, lequel a pour effet d'atténuer l'action de la potasse.

On distingue plusieurs sortes de **savons** : les savons mous, à base de potasse; les savons durs, à base de soude. Le savon de Marseille, aux marbrures bleuâtres, renferme quelques impuretés, mais peu d'eau. Le savon blanc, qui est plus pur, contient environ la moitié de son poids d'eau. Il est par conséquent moins économique, mais, en raison de la faible quantité de potasse qu'il contient, il convient parfaitement pour le lavage des étoffes de laine : flanelles, bas, robes, jupons, couvertures.

On peut d'ailleurs, pour ces nettoyages, atténuer encore l'effet de la potasse du savon, en ajoutant à l'eau quelques cuillerées d'ammoniaque.

L'ammoniaque, en effet, a la propriété de dégraisser le tissu sans le brûler et sans le décolorer.

Lavage des tissus imprimés (tabliers, blouses, rideaux, etc.). — La potasse, l'eau chaude même, altèrent les couleurs. Les tissus imprimés ne doivent donc jamais être soumis au coulage ni lavés dans l'eau de lessive.

On préparera un savonnage tiède dans lequel on lavera les pièces tour à tour, sans jamais les laisser tremper. Aussitôt le nettoyage achevé, on les rincera dans de l'eau additionnée de vinaigre, lequel a la propriété de raviver les couleurs.

On les mettra sécher à l'ombre.

Rangement des cuves. — Aussitôt la lessive achevée, la lessiveuse doit être soigneusement nettoyée; les cuves sont frottées à la brosse de chiendent, bien rincées et rangées à l'abri du soleil et de la sécheresse, à la cave par exemple. Sinon, le bois se contracte, le cercle de fer ou de bois qui retient les planches tombe, la cuve se disjoint et devient hors d'usage.

Il est préférable de faire la lessive à la maison. — C'est une lourde besogne que s'impose la ménagère que de faire faire la lessive chez elle. Mais c'est aussi pour elle une grande satisfaction que de savoir que de cette façon elle a toujours dans son armoire du linge bien propre et bien sain à offrir à son mari ou à mettre à ses enfants lorsqu'il en est besoin. Et lorsque, au dîner de famille, elle peut mettre sur la table une nappe bien blanche, lorsque pour la promenade elle peut parer ses enfants de petites robes bien fraîches ou de tabliers d'une propreté parfaite, n'a-t-elle pas le droit d'éprouver un peu de fierté quand elle songe que ce n'est pas inutilement qu'elle a pris soin de la lessive ?

Des ménagères trop soucieuses de leur tranquillité font laver leur linge au dehors. C'est un tort. La lessive est une opération trop importante pour n'être pas faite sous l'œil de la maîtresse de maison. Si le linge a été mal lavé une ou plusieurs fois de suite, il est difficile qu'il redevienne ensuite jamais bien blanc. De plus, les blanchisseurs font tous usage de chlore, et, leur intérêt n'étant pas en jeu, ils en abusent et endommagent fortement les tissus. Des pièces de linge sont souvent perdues ou échangées, et de toutes les façons les frais sont plus élevés.

Du linge sale. — Le linge sale doit être traité avec certaines précautions. Vous voyez des enfants qui le traitent comme s'il ne devait plus jamais servir, et qui le salissent beaucoup trop. N'en voit-on pas, en classe, qui, à l'occasion, essuient leur ardoise, leur pupitre, ou même leurs bottines, avec leur mouchoir ou le coin de leur tablier, sous prétexte qu'ils sont sales et vont être mis à la lessive ?

A la maison, elles essuient la vaisselle ou même la table grasse ou poussiéreuse avec une serviette de table déjà sale, au lieu de prendre un torchon. Elles laissent traîner dans les coins le linge de corps, exposé à être piétiné. Ces enfants-là ont le plus grand tort. Le linge trop sale, en effet, ne redevient propre qu'au prix de beaucoup d'efforts, de frottements répétés et d'un surplus de savon et de potasse. Usure rapide du linge, perte de temps et d'argent, sont donc la conséquence de cette incurie.

La ménagère soigneuse doit, au contraire, prendre grand soin de son linge sale. Elle doit le visiter et le raccommoder avant le blanchissage; sinon, elle s'expose à ce que le lavage élargisse les trous et mette hors d'usage des pièces encore utilisables. Puis elle doit veiller à ce qu'il soit placé dans un panier spécial, ou mieux dans un sac que l'on doit laver et désinfecter souvent, et où l'on aura soin de ne pas mettre de torchons ou d'essuie-mains encore mouillés. Sous l'influence de l'humidité, il ne tarderait pas à se produire une sorte de fermentation, qui couvre le linge de ta-

Panier à linge.

ches indélébiles. Enfin, elle évitera de laisser du linge sale trop longtemps accumulé. Outre les inconvénients qui pourraient résulter pour le linge lui-même d'un séjour trop prolongé au fond d'un sac ou d'un panier, il est toujours malsain de tenir amassée, dans une maison, une quantité d'objets malpropres et souillés, qui peuvent devenir un foyer d'infection.

EXERCICES PRATIQUES

1. Tremper deux morceaux d'étoffe dans du blanc d'œuf ou albumine; mettre l'un dans l'eau bouillante : l'albumine se

coagule, la tache se fixe; mettre l'autre dans l'eau froide : l'albumine se dissout, la tache disparait.

2. Laver une étoffe tachée de graisse dans une eau de potasse froide : la tache résiste. La laver dans une eau de potasse chaude : elle disparait.

3. Faire tremper un morceau d'étoffe de laine ou de soie dans de l'eau très chargée de potasse. Le tissu est fortement endommagé.

4. Mettre un tissu de coton imprimé dans une eau de potasse chaude et faire sécher : la teinte pâlit.

5. Plonger une étoffe de coton dans un peu d'eau de Javel (eau de chlore) : le tissu blanchit, mais il se déchire. Il a été brûlé.

6. Montrer une lessiveuse. En expliquer le fonctionnement. Faire une petite lessive : serviettes, mouchoirs.

VIIe LEÇON

DE LA PROPRETÉ (suite).

Propreté de la chaussure. — Ce qui nuit aux chaussures. — Manière de nettoyer et de cirer les chaussures. — Autres soins à en prendre. — Boîte de nettoyage.

Vous avez sans doute déjà remarqué, mes enfants, la fâcheuse impression que vous cause la tenue d'une personne bien et proprement mise d'ailleurs, mais dont la chaussure est sale et témoigne d'un entretien insuffisant. Si donc vous voulez éviter de produire sur autrui cette impression, il vous faut soigneusement veiller à la bonne conservation de vos chaussures.

Les chaussures, en effet, sont une cause de grosses dépenses dans une famille, et l'époque où il faudra renouveler nécessairement les chaussures de tous les enfants est un moment que les ménagères voient arriver avec crainte. Vous devez donc faire en sorte de retarder ce moment le plus possible, et avec quelques précautions et de la bonne volonté vous y parviendrez sans peine.

Ce qui nuit le plus aux chaussures, c'est à la fois l'**humidité** et l'**extrême sécheresse.**

Placées dans un endroit humide, les chaussures se couvrent de moisissures formées à leurs dépens. Mouillées, elles se déforment et se rétrécissent.

Trop sèche, la chaussure devient rigide; elle blesse le pied et gêne la marche. De plus, elle se fendille, se casse et devient bientôt hors d'usage.

Il est donc nécessaire, pour préserver les chaussures de ce double inconvénient, de les enduire d'un corps gras, huile ou graisse non salée. C'est ce qu'on appelle **cirer ses chaussures.** Le cirage est, en effet, un corps gras, qu'on a coloré en noir pour conserver à la chaussure sa teinte première. Et cirer ses chaussures n'est pas seulement une mesure de propreté, c'est aussi une mesure de conservation.

Manière de nettoyer et de cirer ses bottines. — Pour être bien nettoyées et convenablement cirées, les bottines doivent d'abord être débarrassées de la boue qui les salit, avec un vieux couteau émoussé ou une lame de bois dur taillé en pointe. On les brosse ensuite avec une brosse de chiendent, sans oublier les semelles.

Puis, avec un petit bâtonnet, et non une brosse, on met un peu, très peu de cirage, de place en place; on étend avec une brosse et on finit avec une deuxième brosse dite « à reluire ». Nous disons **très peu de cirage :** la bottine luira plus vite d'abord, et surtout elle ne graissera pas les mains, les bas, la bordure des jupes ou des pantalons.

Les enfants ont besoin d'un point d'appui pour cirer, surtout si la chaussure est lourde. Ce point d'appui peut être une table ou le genou, mais à la condition de les garantir par un chiffon ou un papier épais.

Bottines en chevreau, en vernis. — Dans

les bottines en chevreau ou en vernis on ne cire que le bord des semelles et les talons. Le cirage contient un peu d'acide qui attaquerait ces cuirs, assez fragiles. On peut d'ailleurs les entretenir assez longtemps à l'état de neuf à l'aide d'un simple coup de chiffon ou de brosse. On les conserve souples et brillantes en les enduisant de lait, de crème ou de beurre de temps en temps. On trouve dans le commerce des préparations spéciales pour l'entretien du chevreau.

Une petite fille soigneuse conserve la boîte dans laquelle lui ont été vendues ses bottines du dimanche. Elle les y replace, après les avoir nettoyées, chaque fois qu'elle s'en est servie, afin de les garantir de la poussière.

Tous ces soins, vous le voyez, mes enfants, sont en somme bien simples à prendre et ne sont pas au-dessus de vos forces. Prenez donc l'habitude de cirer vous-mêmes non seulement vos chaussures, mais aussi celles de toute la famille. Ce sera un grand soulagement pour votre mère. Et prenez l'habitude de faire ce travail à la fin de la soirée. Le lendemain matin assez de besognes vous attendent, si vous voulez, après vous être soigneusement habillées et coiffées, aider encore votre maman à habiller les petits frères ou sœurs pour l'école et à préparer le premier repas du matin.

Autres soins à prendre des chaussures. — Vous savez maintenant que l'humidité ou la chaleur détériorent les chaussures. Vous éviterez donc de les exposer à ce double inconvénient. Quand vous laverez à grande eau votre carrelage ou votre cour, vous mettrez des sabots.

Si, surprises par la pluie, vous n'avez pu éviter de mouiller vos bottines, gardez-vous de les mettre sécher le soir près du feu. Le lendemain matin il vous serait impossible d'y entrer les pieds. Mais essuyez d'abord la bottine mouillée, et, pour éviter qu'elle ne se déforme en séchant, même loin du feu, bourrez l'intérieur avec des chiffons ou du papier froissé. Quand elle sera sèche, il suffira de l'enduire d'huile ou de graisse et de la frotter vigoureusement pour lui faire recouvrer sa souplesse.

Vous éviterez aussi de mettre vos pieds chaussés sur une brique trop chaude ou sur les bouillottes de chemins de fer quand elles sont brûlantes.

Conseils. — La marche est un excellent exercice que vous devez aimer. Mais pour qu'il soit vraiment hygiénique, n'ayez pas de bottines étroites, qui rendent la marche pénible et disgracieuse.

Préférez aux talons hauts les **talons bas et larges,** qui assurent mieux l'attitude verticale du corps.

Boîte de nettoyage. — Maintenant, puisqu'il est entendu que vous vous chargez de l'entretien des chaussures de la famille, il vous faut une boîte de nettoyage. Dans cette boîte vous mettrez les brosses, le couteau de bois, les boîtes de cirage toujours

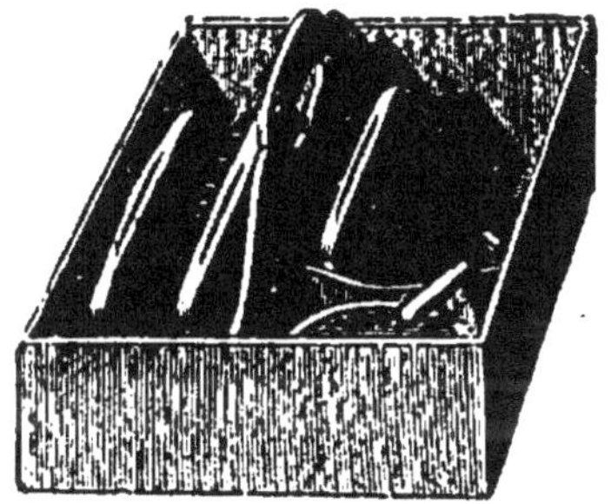

Boîte de nettoyage.

bien munies de leur couvercle, et la pièce d'étoffe qui servira à protéger vos vêtements lorsque vous cirerez les chaussures.

Rien de plus facile à vous que de confectionner cette pièce d'étoffe à l'aide de vieux morceaux de toile ou d'autre étoffe. Placez-en au moins trois l'un sur l'autre, piquez-les et bordez-les proprement, et vous aurez ainsi pour mettre sur vos genoux quelque chose de plus solide et de plus commode qu'une feuille de papier qui glisse ou se déchire.

Dans une petite boîte à part seront les lacets, des boutons de rechange avec du fil et une aiguille, et, ainsi munie, chaque soir, au moment de vous mettre au travail, vous trouverez aussitôt sous la main tous les objets dont vous avez besoin. Ces objets eux-mêmes risqueront moins de s'égarer et de se détériorer, et on ne sera pas

exposé à voir traîner les brosses à cirage dans l'armoire
de la cuisine ou dans quelque coin de la pièce.

EXERCICES PRATIQUES

1. Prendre exactement les dimensions d'un morceau de cuir.
— Le tenir dans l'eau pendant un temps assez long. — Le
faire sécher près du feu. — Faire constater le sensible
rétrécissement produit et la rigidité du cuir.

2. Huiler ce morceau de cuir à plusieurs reprises. — Faire
constater qu'il est redevenu plus souple.

3. Enlever la boue de deux bottines (couteau de bois, brosse
de chiendent).

4. Les enduire de cirage.

5. En faire reluire une immédiatement : elle est bien noire.
Laissez sécher l'autre, la faire reluire : elle est grise.

6. Nettoyer des bottines de chevreau avec de la crème ou
du lait.

7. Nettoyer des bottines en cuir verni. Les ranger dans leur
boîte.

8. Confectionner une pièce de propreté.

9. Composer une boîte de nettoyage.

VIIIe LEÇON

DE L'AIR

**Composition de l'air. — Rôle de l'air dans la combustion. — La respiration est une combustion.
Effets nuisibles de l'air vicié sur la santé. — Nécessité de l'air pur. — Aération des appartements.**

Mes enfants, il n'est pas nécessaire, je crois, de faire
appel à vos connaissances scientifiques pour vous rappeler que, pour vivre et pour se bien porter, nous
avons avant tout besoin d'air, de beaucoup d'air et de
bon air.

Tout le monde sait cela. Mais pour être une bonne ménagère, capable de veiller à ce que rien chez elle ou au-

tour d'elle ne vienne menacer la santé et le bonheur de ceux qui lui sont chers, il faut en savoir davantage. Il faut savoir ce que c'est que cet air dont nous avons tant besoin, et pourquoi nous en avons besoin; et c'est, ici encore, la science qui sera le meilleur guide, le meilleur auxiliaire des jeunes apprenties ménagères.

Composition de l'air. — L'air est un mélange de deux gaz : l'**oxygène** et l'**azote**, réunis dans la proportion d'environ 1 litre d'oxygène pour 4 litres d'azote.

Rôle de l'oxygène dans la combustion. — Or, de ces deux gaz il en est un, l'**oxygène**, qui apparaît comme indispensable à toute combustion. Une expérience très simple le démontre : une bougie placée sous une cloche, dont les bords plongent dans l'eau d'une assiette, s'éteint au bout de peu d'instants, et l'eau monte dans la cloche. On constate alors que l'air enfermé sous la cloche a diminué d'un cinquième : c'est donc que la combustion a enlevé tout l'oxygène de cet air. Dès que l'oxygène a été épuisé, la combustion s'est arrêtée, et la bougie s'est éteinte.

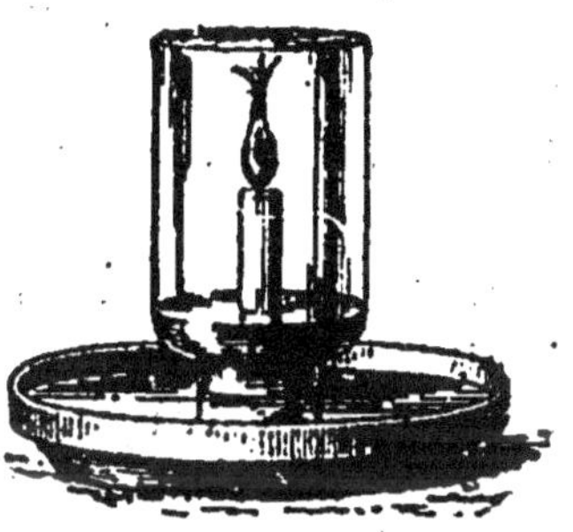
Bougie sous une cloche.

Une autre expérience également simple nous permet de reconnaître ce qui s'est exactement passé sous la cloche : si l'eau de l'assiette sur laquelle repose la cloche est de l'eau de chaux, à mesure que brûle la bougie et que l'eau monte sous la cloche, nous voyons l'eau de chaux se troubler. Elle se couvre de petites particules blanches de carbonate de chaux (craie). Que s'est-il donc passé ?

Le voici : en brûlant, la bougie, composée principalement d'un corps qui se nomme carbone, s'est combinée avec l'oxygène de l'air, et un gaz s'est formé de cette combinaison : l'acide carbonique, qui s'est uni à la chaux pour former le carbonate de chaux.

Voyez-vous maintenant pourquoi ces phénomènes étaient intéressants à constater tout d'abord à propos de l'air?

C'est que la **respiration,** c'est-à-dire le phénomène par lequel l'air pénètre dans notre organisme, est aussi une **véritable combustion.** Si, en effet, avec un fétu de paille ou un tube en verre, vous soufflez dans de l'eau de chaux, elle ne tarde pas à être troublée aussi par la formation de carbonate de chaux. Donc il s'exhale de nos poumons du gaz carbonique, et ceci prouve que du carbone a été brûlé par de l'oxygène dans notre corps.

D'où viennent ce carbone et cet oxygène? Le carbone entre dans la composition de notre chair et de nos os; il se trouve également en assez grande quantité dans le sang.

Quant à l'oxygène, il a été introduit par l'air que la respiration fait pénétrer dans nos poumons. Des poumons il a passé à travers les membranes des innombrables vaisseaux sanguins qui en tapissent les parois, et est venu se fixer sur les globules rouges du sang. Celui-ci le transporte alors jusqu'au cœur, et de là, par les artères, dans toutes les parties du corps.

Mais, pendant tout ce trajet, l'oxygène a brûlé le carbone du sang et les parties vieillies, épuisées, de notre corps, qui doivent être renouvelées; et c'est précisément cette combustion, d'où provient la chaleur vitale (37°), qui détermine la formation de l'acide carbonique, que le sang ramène au cœur par les veines, puis aux poumons, d'où il est rejeté : ce gaz acide carbonique est remplacé par de nouvel oxygène qui rendra au sang ses propriétés vivifiantes, et ainsi de suite.

L'oxygène, d'ailleurs, ne prend pas seulement du carbone à notre corps, il s'attaque aussi à son hydrogène et, avec lui, forme cette vapeur d'eau qui sort de nos voies respiratoires et que l'on voit si bien par les froides journées d'hiver.

Voici donc un fait bien établi : à chaque mouvement de

respiration nous prenons à l'air une certaine quantité d'**oxygène** et nous rejetons de l'**acide carbonique** avec de la **vapeur d'eau.**

L'air vicié est nuisible à la santé. — Une première conséquence de ce fait, c'est qu'il est nécessaire que nous ayons toujours autour de nous une quantité d'oxygène suffisante pour permettre à la respiration de s'exercer librement.

Or, si l'air de la pièce où nous respirons n'est pas renouvelé, la proportion d'oxygène y devient insuffisante. On dit alors que **l'air y est vicié** (l'homme, en une heure, vicie 14 mètres cubes d'air), et le séjour prolongé dans cet air vicié peut devenir très dangereux pour la santé.

Quand on entre dans une salle non aérée où se tiennent depuis un certain temps un grand nombre de personnes, n'est-on pas en effet désagréablement affecté par l'odeur qui se dégage? On se sent oppressé, mal à l'aise. Si l'aération ne se faisait pas bientôt, on finirait par éprouver des maux de tête et une sorte d'engourdissement cérébral qui n'est rien autre chose qu'un commencement d'asphyxie.

En effet, l'air de la salle ne contient plus qu'une quantité insuffisante d'oxygène. Il en résulte un ralentissement de la combustion, c'est-à-dire de la vie, et, comme sous la cloche, si l'on persistait, la bougie pourrait bien finir par s'éteindre, et l'asphyxie amener la mort.

Mais avant d'aboutir à ce résultat extrême, il est bien certain en tout cas qu'un séjour continuel dans un air « renfermé » ou vicié, c'est-à-dire insuffisamment pourvu d'oxygène, est des plus dangereux. Il amène un affaiblissement général de l'organisme, qui nous livre sans défense aux maladies auxquelles l'homme est exposé.

C'est au défaut d'air pur qu'il faut le plus souvent attribuer le développement, si rapide parfois, de la terrible phtisie. Les maladies épidémiques, fièvre typhoïde, variole, choléra, font toujours plus de ravages chez les malheureux ou les insouciants qui habitent des logements trop petits et qu'ils négligent d'aérer.

Nécessité d'aérer les appartements. — Puisqu'il est bien démontré maintenant que, pour nous bien porter, il nous faut beaucoup d'air, et beaucoup d'air pur, la ménagère devra faire en sorte qu'il y en ait toujours le plus possible dans les appartements que nous habitons.

Et d'abord nous habiterons, autant que possible, une maison ou un logement qui « respire bien », muni d'ouvertures nombreuses et larges, situé dans une rue bien large, où l'air circule librement.

Puis, chaque jour, nous aérerons largement nos appartements, de préférence quand le soleil donne, et nous aérerons surtout les pièces où nous séjournons le plus souvent, cuisine, salle à manger, chambre à coucher.

La chambre à coucher surtout doit toujours être bien aérée. Si elle est petite, il faut en laisser la porte ouverte la nuit. Mieux encore, on fera placer aux fenêtres soit des **vitres perforées**, soit un vasistas qui restera presque toujours ouvert. Nous serons ainsi frais et dispos le matin, tandis que ceux qui dorment dans une chambre bien close se lèvent à demi asphyxiés, la tête lourde et de mauvaise humeur.

Que la crainte du froid ne vous retienne pas. Dans le lit, si nous sommes bien couverts, la déperdition de chaleur à travers les couvertures est presque nulle. La tête seule reste exposée à l'air vif; mais comme il s'y fait une circulation très active, elle ne se refroidit guère. En tout cas, nous pouvons la protéger par un bonnet ou par un fichu. Quant aux rideaux, dont trop souvent encore on voit les lits et les berceaux garnis, on doit se les interdire absolument comme tout à fait antihygiéniques.

Plus encore que la personne bien portante, le **malade** a besoin d'air pur. Nous aérerons donc fréquemment sa chambre. Quelques précautions sont à prendre, bien entendu. Le malade sera recouvert entièrement d'un drap, par exemple; puis, rapidement, nous ouvrirons toutes grandes les fenêtres de la chambre, et nous agirons d'autant plus rapidement que la température extérieure sera plus froide.

Jamais non plus nous ne coucherons dans un appartement où il y **a des fleurs** ou même **des fruits** en grande quantité; car les plantes respirent comme nous; les fruits non tout à fait mûrs prennent aussi à l'air ambiant de l'oxygène pour achever de mûrir.

En pleine campagne, l'air se renouvelle par les vents. Dans les habitations, nous établirons aussi de temps en temps **des courants**, qui déplaceront toutes les couches d'air des pièces et en assureront le complet renouvellement.

N'oublions pas que les appareils d'éclairage, bougie, lampe, bec de gaz, etc., consomment aussi une grande quantité d'oxygène et rendent plus nécessaire encore l'aération fréquente des salles (une bougie vicie par heure 7 mètres cubes d'air, un bec de gaz ordinaire 30 mètres cubes). L'éclairage électrique seul n'offre pas cet inconvénient.

Vasistas.

Ne vous plaignez donc pas, mes enfants, quand votre maîtresse ouvre toutes grandes les fenêtres de la classe. De l'air! il faut de l'air! Il est heureusement à tout le monde, et tout le monde en peut prendre sa large part. Si modeste que soit le logement dont elle a le soin, que la ménagère le sache donc bien : qu'elle apporte tous ses soins à y faire constamment circuler l'air le plus largement possible. C'est une des premières règles qu'elle doit s'imposer pour la conservation de la santé de la famille.

EXERCICES PRATIQUES

1. Répéter l'expérience de la bougie allumée sous une cloche.

2. Répéter l'expérience de la bougie brûlant sous cloche sur de l'eau de chaux.

3. Fermer la bouche, pincer le nez et constater qu'on ne peut vivre sans respirer.

4. Exposer dans la classe de l'eau de chaux et faire constater avant la sortie qu'il s'est formé du carbonate de chaux.

5. Remonter une bouteille de la cave : elle se couvre de vapeur d'eau (vapeur d'eau contenue dans l'air).

6. Faire remarquer l'hiver que les vitres des fenêtres de la classe se couvrent d'une sorte de brouillard (vapeur d'eau contenue dans l'air expiré de nos poumons).

7. Faire entrer les enfants dans leur salle de classe qui n'aura pas été aérée pendant la récréation. Faire constater l'impression désagréable, puis aérer.

8. Faire calculer le nombre de mètres cubes d'air que contient la classe; dire au bout de combien de temps l'air en sera vicié.

9. Aérer la classe. Montrer comment cette aération se fait : différence de pression entre l'air intérieur et l'air du dehors.

10. Faire observer la disposition des vasistas : les faire fonctionner.

11. Montrer comment s'établit un courant d'air dans la classe. Précautions à prendre pour que les élèves ne se refroidissent pas brusquement.

IXe LEÇON

DE L'AIR (suite et fin).

Poussières de l'air. — Leurs dangers. — Microbes infectieux.
Précautions à prendre pour nous préserver de ces dangers.
Comment il faut respirer. — Cure d'air.

L'air est essentiellement un composé fixe d'azote et d'oxygène, et nous avons vu de quelle importance il était que l'air qui nous entoure contînt le plus d'oxygène possible; nous avons vu les précautions à prendre pour que cette quantité d'oxygène fût toujours suffisante à entretenir la combustion qui est la vie elle-même.

Il y a d'autres précautions encore à prendre et que la ménagère doit connaître pour que l'air que l'on respire à la maison soit toujours sain et ne devienne pas une cause de maladies souvent dangereuses.

Corpuscules atmosphériques (grossis par le microscope).

En effet, l'air tient en suspension une foule de corps étrangers : des molécules de sable, de charbon, des débris de végétaux, de vêtements, et de plus de nombreux germes de maladies contagieuses.

Vous avez déjà eu plus d'une fois l'occasion d'observer un rayon de soleil traversant soit un trou fait à un volet, soit la fente d'une persienne entr'ouverte, et vous avez pu constater combien sont nombreuses les poussières contenues dans l'air. On en a compté jusqu'à 30,000 par centimètre cube, dans les villes. Cette proportion se réduit d'ailleurs très sensiblement à la campagne, pour devenir même presque nulle sur la montagne et au bord de la mer. Mais dans les pièces habitées elle reste toujours assez forte pour que la ménagère n'ait pas le droit de les négliger.

Or, la plupart de ces poussières de l'air seraient en somme à peu près inoffensives, si elles ne renfermaient malheureusement les germes des maladies infectieuses qui désolent l'humanité.

Ces maladies, en effet, sont dues à la présence d'un **microbe** infiniment petit, spécial à chacune d'elles, et qui, doué d'une vitalité extraordinaire et d'une puissance infinie de multiplication, se loge partout où se déposent les poussières de l'air qui lui servent de véhicule, en attendant qu'une occasion propice lui soit offerte de se développer avec la rapidité qui lui est propre dans quelque organisme qui deviendra sa proie et peut-être sa victime.

Le microbe de la tuberculose, par exemple, sorti de la poitrine d'un malade par le crachat, peut continuer de vivre de longs mois, peut-être même des années. Le crachat, en effet, se dessèche, se réduit en poussières, et ces poussières, entraînées par l'air, vont se loger dans les rideaux, les tapisseries ou les angles des murs.

Respiré avec les poussières de l'air ou introduit dans notre corps par une plaie, le microbe se multipliera bientôt en quantités effroyables, s'il trouve en nous un terrain convenable, si nous sommes surmenés par un travail excessif ou affaiblis par une santé déjà mauvaise, et voici notre santé peut-être détruite pour jamais, notre vie même menacée.

Précautions à prendre pour nous préserver des poussières de l'air. — La ménagère, vous le voyez, mes enfants, ne saurait donc prendre trop de précautions pour éviter que l'air respiré à la maison ne contienne de ces dangereuses poussières.

Le plus puissant destructeur des microbes nuisibles, c'est la **lumière du soleil.** Aussi la laisserons-nous entrer à profusion dans nos appartements.

Lorsqu'on fera le ménage, on battra et brossera les vêtements, les tapis, rideaux, tentures, sièges rembourrés, mais on aura soin de les battre et de les brosser dehors, au plein air, s'il est possible. On ne doit, en tout cas, jamais se livrer à cette opération dans les pièces constamment habitées, et si on ne peut le faire que dans un vestibule ou un corridor, on doit faire en sorte qu'un large courant d'air entraîne à l'extérieur la poussière produite.

Toute **la literie,** matelas et couvertures; toute la garniture du berceau de l'enfant, seront exposés et secoués à l'air.

Avant de balayer, nous arroserons le carrelage ou nous le couvrirons d'une bonne couche de sciure de bois, ou de sable mouillé, ou bien encore nous humecterons notre balai, toujours de manière à soulever, en opérant, le moins de poussière possible.

Nous **essuierons** avec un linge légèrement humide les meubles, les boiseries et les murs, et nous nous interdirons absolument l'usage du plumeau, qui ne fait que déplacer les poussières et les mettre en mouvement, mais ne les enlève pas.

Enfin, nous **garderons dans des vases couverts** l'eau qui doit servir à la cuisine, le lait, le beurre, le bouillon, le reste des sauces, etc., toujours en vue d'éviter qu'ils ne reçoivent le dépôt de quelque germe dangereux que nous pourrions alors absorber en mangeant et buvant, sinon en respirant.

Il sera prudent également, autant que possible, d'éviter le **voisinage des usines** aux fumées et aux odeurs insalubres. Celui aussi **des eaux croupissantes,** d'où se dégagent des gaz malsains par suite de la décomposition continuelle des animaux et des plantes que renferment ces eaux. L'air que nous respirerions dans un pareil voisinage risque fort, en effet, d'être infesté de germes dangereux.

Si nous sommes amenés à nous installer dans un appartement que nous savons avoir été habité par une personne malade, il est absolument nécessaire de faire désinfecter les murs, les boiseries, les parquets, en les lavant, par exemple, avec une solution de chlorure de chaux (500 gr. dans deux litres d'eau).

De même, si l'on a eu à séjourner dans un lieu qu'on peut supposer contaminé, ou si l'on a dû visiter un malade atteint d'une affection contagieuse, il sera prudent de désinfecter, de battre les vêtements dans un endroit clos où l'on brûlera 30 grammes de soufre et de les exposer ensuite à l'air et au soleil; les objets susceptibles d'être lavés le seront avec soin, et en même temps on se lavera les mains et la figure dans de l'eau additionnée d'un désinfectant quelconque.

Quant aux objets qui ont servi à un malade, literie, vêtements, livres, il est clair qu'avant de servir à nouveau ils doivent être l'objet d'une sévère désinfection.

Un bon conseil qu'il est aussi prudent d'observer si l'on veut se garantir le plus possible des poussières malfaisantes, c'est de toujours **respirer par le nez.** Rien n'est plus détestable que l'habitude qu'ont certaines personnes d'entr'ouvrir la bouche pour respirer.

D'abord l'air sec et froid pénétrant directement par la bouche dessèche et irrite la gorge. S'il passe par le nez, il s'échauffe et s'humecte quelque peu.

De plus, les petits poils qui garnissent l'intérieur des narines arrêtent au passage les poussières, s'opposent en partie à leur introduction dans l'appareil respiratoire, et contribuent donc dans une certaine mesure à diminuer les dangers qui peuvent résulter de cette introduction.

Cure d'air. — L'air que nous respirons peut nous être funeste, s'il est impur, c'est-à-dire s'il renferme des germes de maladies; mais il n'en reste pas moins que l'air, l'air pur, le bon air, est ce dont nous avons le plus besoin pour nous bien porter; il semble même que, dans certaines maladies, il soit le meilleur remède qui les puisse guérir.

Aux convalescents, aux enfants, aux personnes menacées de la tuberculose, que conseillent bien souvent les médecins? Une **cure d'air** dans une région très saine : la montagne, la forêt, le bord de la mer. Ces cures d'air produisent des résultats excellents. Pas de drogues; une bonne nourriture, du repos et un air pur suffisent souvent à amener la guérison.

Si l'air a cette importance pour la santé, ne négligez donc jamais rien, mes enfants, je le répète, pour en approvisionner largement votre intérieur et pour veiller à ce que l'air dont vivront les vôtres soit toujours le plus pur possible.

EXERCICES PRATIQUES

1. Si on le peut, examiner un rayon de soleil par le trou d'un volet et faire constater combien sont nombreux les corpuscules en suspension dans l'air.
2. Faire balayer, avec les précautions nécessaires, une petite portion de la classe.
3. Faire essuyer les boiseries ou une portion des murs de la classe avec les précautions voulues.
4. A la maison : battre et brosser au dehors vêtements, rideaux, tapis.

Xᵉ LEÇON

DES MALADIES INFECTIEUSES

Les microbes. — Les vaccins. — Destruction des germes infectieux. — Principales maladies contagieuses. — Antisepsie.

Mes enfants, puisque l'étude de l'air nous a amenés à parler des germes dangereux qu'il tient en suspension, l'occasion est peut-être bonne d'arrêter encore quelques instants votre attention sur ces terribles microbes dont notre illustre Pasteur nous a révélé l'existence, en même temps qu'il nous indiquait la méthode à suivre pour trouver les moyens de les combattre.

Il est d'autant plus utile que vous ayez quelques notions sur ces êtres redoutables et sur les maladies auxquelles ils donnent naissance, qu'ils sont du nombre des plus terribles ennemis que rencontre la ménagère soucieuse du bonheur des siens; l'on pourrait presque dire que la tâche de la ménagère est accomplie pour la plus grande part quand elle a réussi à chasser ces ennemis de l'air que l'on respire à la maison, des meubles où l'on se repose, des objets que l'on touche, du lit où l'on dort, des aliments qu'elle nous prépare, comme aussi du linge et des vêtements de tous les membres de la famille. Les soins du ménage n'ont presque pas d'autre but.

Cellule géante englobant des bacilles tuberculeux; grossie 150 fois.

Les microbes. — Les microbes, qu'on nomme encore bacilles ou bactéries, sont de formes très variées. Tantôt ce sont de petites boules rondes ou allongées qui se réunissent en chapelet, tantôt des bâtonnets qui vivent seuls ou en groupes.

Ils sont infiniment petits et n'ont même pas un millième de millimètre. Une goutte d'eau peut en contenir des millions.

Le microbe, ou bacille, se multiplie d'une façon très rapide. Sous le microscope, on le voit s'allonger, puis se couper en deux parties qui s'allongent à leur tour, pour se diviser elles-mêmes en deux morceaux qui deviennent des microbes semblables au premier. En quelques heures, si la matière (sang, eau sucrée, etc.) où ils sont plongés peut leur servir de nourriture, ils seront des milliards et des milliards et auront changé la nature de cette matière. Et ils sont tous venus d'un seul et même individu !

Heureusement, s'il y a de mauvais microbes, il y en a aussi de bons. Il faut même dire que ces derniers sont les plus nombreux et qu'ils sont pour nous de la plus grande utilité; que sans certains microbes nous ne pourrions digérer nos aliments, et que nous n'aurions ni pain, ni vin, ni bière, etc. Il en est même qui tuent les germes des maladies infectieuses introduits dans notre corps et qui font ainsi l'office de bons gendarmes.

Au nombre des bons microbes il faut placer les **ferments.** Ce sont des microbes végétaux qui produisent la fermentation et permettent ainsi la transformation de la farine en pain, du jus de raisin en vin, du vin en vinaigre. Ce sont eux aussi qui transforment le beurre frais en beurre rance, qui font tourner les sauces, ce qui peut être parfois désagréable à la ménagère, mais ce qu'il faut leur pardonner en raison des immenses services qu'ils rendent par ailleurs.

Répandus en très grande quantité dans l'air, ce sont eux encore qui décomposent et transforment les matières animales ou végétales et donnent lieu ainsi à la production des engrais si nécessaires à la fécondité du sol.

D'autre part, le hasard qui fit découvrir à Jenner le moyen de se préserver de la variole, permit encore à Pasteur de trouver le moyen de lutter avec succès contre les microbes infectieux des autres maladies par le même moyen, par la **vaccine,** qui utilise la puissance des microbes contre eux-mêmes.

On a remarqué, en effet, que si le microbe infectieux donne un poison (toxine) qui peut tuer le malade, ce poison finit par tuer le microbe lui-même, d'où guérison.

On a remarqué également que si on intr[odui]t peu à peu dans le corps d'un individu ou d'un ani[mal d]es quantités de plus en plus grandes de ce poison, [so]us une forme de plus en plus violente, cet individu contracte bien la maladie, mais sous une forme extrêmement bénigne, pour ne plus pouvoir ensuite la contracter sous sa forme dangereuse; il est vacciné.

Dans ces conditions, vous le voyez, mes enfants, malgré le nombre infini des germes de maladies répandus dans l'atmosphère, s'il est indispensable de prendre, pour s'en garantir, un certain nombre de précautions, il ne faut pas non plus s'effrayer outre mesure et vivre dans la crainte perpétuelle des infiniment petits. Quand, par une hygiène bien entendue, on sait se conserver en bonne santé, on n'a pas à les redouter, mais, on ne saurait trop le répéter, le danger n'est évité qu'à la double condition de ne pas offrir au microbe un terrain favorable à son développement, c'est-à-dire un corps anémié ou affaibli par le mauvais air, par les excès alcooliques ou autres, par un excès de fatigue ou une alimentation insuffisante, et à cette condition ensuite que nous ne nous relâcherons jamais de la lutte contre l'ennemi qu'il faut toujours et sans cesse détruire.

Destruction des germes infectieux. — Cette destruction est toujours possible, mais elle exige un certain nombre de précautions minutieuses, qui sont précisément du ressort de la ménagère.

Si vous avez un malade à la maison, sa chambre doit toujours être bien aérée, nous l'avons déjà dit, et la lumière y entrer à flots. Les aliments et les boissons doivent le moins possible y être conservés, sinon dans des vases bien hermétiquement clos.

Si le malade crache, il doit avoir à sa disposition un récipient spécial ou crachoir, que l'on désinfectera fréquemment. Mais s'il a souillé un mouchoir, ce mouchoir devra être trempé encore humide, et avant d'être lavé, dans une solution antiseptique (50 gr. de sulfate de cuivre dans un litre d'eau par exemple), et on agira de même pour le linge de corps, le linge de pansement, s'il y a lieu, les draps de lit, etc.

Quant aux personnes qui soignent les malades, elles ne sauraient évidemment prendre trop de précautions pour éviter la contagion par leurs vêtements; elles ne doivent ni boire ni manger dans la chambre.

Principales maladies contagieuses. — Vous connaissez au moins de nom presque toutes les maladies auxquelles doivent s'appliquer ces précautions. Il en est certainement de beaucoup plus terribles les unes que les autres, mais les plus bénignes peuvent avoir, en se propageant, des conséquences graves, et, qu'il s'agisse des unes ou des autres, il faut également se préoccuper de les arrêter le plus vite possible.

C'est ainsi que la **rougeole**, la **scarlatine**, la **variole**, peuvent le plus souvent être considérées comme des maladies peu graves. Mais leurs conséquences, sans gravité chez les uns, peuvent être terribles chez d'autres. Il importe donc d'agir à leur égard aussi rigoureusement qu'à l'égard de la **diphtérie** (croup), de la **fièvre typhoïde** ou de la **tuberculose.**

La **diphtérie** (croup, angine) peut être mortelle quand le poison fourni par les bacilles a pu infester tout l'organisme, ou quand les membranes ou peaux qui se forment dans la gorge amènent l'asphyxie. Depuis quelques années heureusement, grâce à la méthode Pasteur, on

Crachoir de poche.

a trouvé le vaccin du croup; et tandis qu'autrefois sur 100 malades il en mourait 60 à 70, il n'en meurt plus maintenant que 10 environ. Il en mourrait moins encore si le **sérum** guérisseur était toujours administré à temps.

La **fièvre typhoïde**, souvent épidémique, peut être très grave. Elle se communique par l'eau. Quand on a à soigner un malade atteint de cette maladie, il est donc absolument nécessaire de veiller à ce que ses déjections soient recueillies dans un vase renfermant une solution désinfectante, puis brûlées, afin d'éviter toute contamination des eaux qui circulent dans le sol. En temps d'épidémie, il est indispensable de ne faire usage que d'eau bouillie.

La **tuberculose** (phtisie) est la plus terrible de toutes les maladies contagieuses et celle qui fait les plus grands ravages dans la population. Elle s'attaque à tous les âges, pénètre dans l'organisme par toutes les voies (respiration ou blessure) et se développe sur toutes les parties du corps.

La phtisie pulmonaire en est la forme la plus fréquente et la plus connue. C'est envers elle surtout qu'il importe de prendre le plus rigoureusement toutes les précautions que nous avons indiquées. Il faut exiger que celui qui en est atteint et qui ne garde pas le lit ne crache jamais que dans un récipient spécial qu'il portera toujours sur lui et qui sera fréquemment et facilement désinfecté.

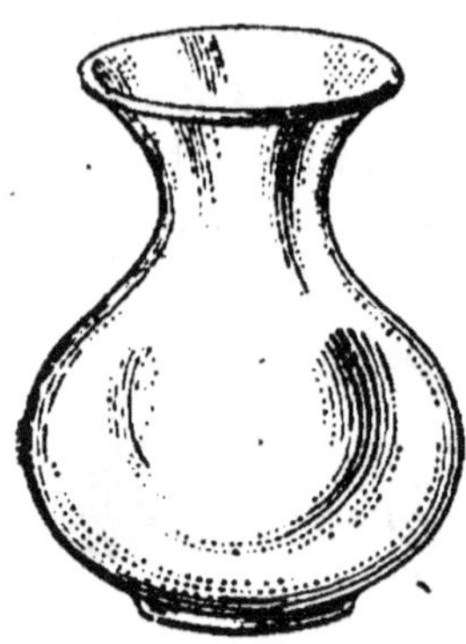
Crachoir de chambre.

Il est encore quelques autres maladies terribles qui sont dues à des microbes malfaisants, telles que la **rage**, le **charbon** et le **tétanos**. Les cas en sont plus rares, et heureusement, toujours grâce à Pasteur, on possède maintenant les vaccins qui permettent de combattre le plus souvent les effets de ces maladies jadis considérées comme incurables.

Bacilles du charbon (grossis 600 fois).

Pansements antiseptiques. — Ce que nous venons de dire des microbes et de la prodigieuse facilité avec laquelle ils sont transportés par les poussières de l'air, vous permet de comprendre ce que c'est que l'**antisepsie** et son utilité.

L'antisepsie est une méthode qui consiste à mettre une plaie à l'abri des microbes qui pourraient s'y déposer, et cela grâce à des liquides qui les tuent irrémédiablement.

Les opérations chirurgicales, les amputations, la guérison des blessures graves, qui réussissaient si difficilement autrefois, ont été singulièrement facilitées, grâce à l'application de cette méthode, qui permet de détruire sûrement le microbe flottant dans l'air, ou resté sur l'instrument du chirurgien, ou caché dans le linge qui recouvrira la plaie.

L'eau phéniquée ou boriquée, la liqueur dite de Van Swieten, le sulfate de cuivre, le chlorure de chaux, sont, à des degrés plus ou moins actifs, les antiseptiques les plus employés. Ils sont d'un bon marché extrême et devraient se trouver dans tous les ménages.

EXERCICES PRATIQUES

1. Dans un liquide sucré, à une température de 25 degrés au moins, jeter un peu de levure de bière.
2. Montrer des moisissures (ferments).
3. Faire une dissolution de sulfate de cuivre.
4. Montrer de l'eau phéniquée, de la liqueur de Van Swieten, du sulfate de cuivre, du chlorure de chaux.

XIᵉ LEÇON

LA LUMIÈRE

**La lumière solaire. — Sa beauté. — Orientation de la maison. — La lumière artificielle. — Composition de la flamme.
Fonctionnement d'une lampe à pétrole. — Avantages et inconvénients du pétrole. — Précautions à prendre dans son emploi. — Entretien.**

La lumière n'est pas moins nécessaire à la vie que l'air lui-même. Privée de lumière, la plante s'étiole et meurt. L'homme qui serait condamné à vivre dans l'obscurité y perdrait rapidement la santé, et l'enfant grandirait chétif et malingre à qui serait refusée la vue de la lumière.

La plus belle de toutes les lumières, c'est évidemment **la lumière du soleil;** nous l'aimons tous, cette belle lumière. Quand elle pénètre dans notre classe ou dans notre chambre, nous sentons comme une caresse qui nous réchauffe et nous réjouit. Le soleil met la gaieté partout. Une pauvre maison illuminée par le soleil paraît bonne à habiter. Toute promenade ou excursion est mille fois plus agréable dès que le soleil est de la partie.

Tous les êtres animés la recherchent. Les insectes ailés choisissent un beau rayon pour y exécuter leurs danses joyeuses. Le lézard sort de sa muraille crevassée et, délicieusement, s'expose à sa chaleur. L'enfant ravi agite ses menottes et lui fait fête; le vieillard enfin présente à ses chauds rayons ses membres engourdis.

Et ceci nous est une indication le jour où nous avons à choisir notre habitation. Autant que possible, choisissons-la **bien orientée**, c'est-à-dire préservée des vents humides et froids, mais aussi placée de manière à recevoir la lumière du soleil pendant la plus grande partie de la journée. La vie y sera certainement plus saine et plus gaie; l'humeur de ceux qui l'habiteront en sera plus légère, et, avec la lumière, contentement et bonheur ne peuvent manquer d'y avoir plus large place qu'aux demeures humides et sombres, qui sont trop souvent encore le lot des malheureux ou même des ignorants.

La lumière artificielle. — Malheureusement le soleil ne brille pas toujours à l'horizon, et pendant les longues heures d'hiver en particulier où sa lumière nous abandonne, il nous faut bien avoir recours à une lumière artificielle pour pouvoir nous livrer à nos travaux.

La **flamme** d'où nous vient la lumière est toujours produite par la combustion d'un gaz ou d'une vapeur. Si l'huile, la bougie, le gaz, donnent une lumière brillante, c'est qu'ils renferment du carbone rendu incandescent. Il est facile de constater la présence de ce carbone en plaçant un instant une assiette au-dessus d'une bougie allumée (noir de fumée).

Voici une bougie. Vous en approchez une allumette. La chaleur produite par l'allumette d'abord, par la mèche

allumée ensuite, fond une partie de la matière solide.
Cette matière, devenue ainsi liquide, monte dans la mèche par capillarité. Elle y est aussitôt décomposée par
la chaleur, et c'est par la combustion des corps qu'elle
renferme, hydrogène et carbone, qu'elle donne la lumière
dont nous avons besoin.

Une **flamme** comprend trois couches différentes : m,
une partie obscure, au centre, l'oxygène de l'air
ne pouvant y arriver; i, une partie éclairante,
formée par la combustion de l'hydrogène et du
carbone; e, une enveloppe extérieure qui reçoit
plus d'oxygène et qui donne par conséquent
une chaleur plus forte. Cette enveloppe serait
la plus brillante si elle n'était assombrie par la
vapeur d'eau et l'acide carbonique qui sont
produits par la combustion.

Toute flamme est **vacillante** si elle n'est
protégée des agitations de l'air; elle est **fumeuse** si l'oxygène ne lui arrive pas en quantité suffisante.

En résumé donc, tout éclairage artificiel est
produit par la combustion d'un corps dans l'air,
d'un corps qui, sous quelque forme qu'il se
présente, chandelle, bougie, huile minérale ou
végétale, gaz, renferme essentiellement de l'hydrogène et du carbone, dont l'incandescence est produite
par la chaleur.

Flamme
d'une bou-
gie.

e, partie de la flamme la plus chaude.
i, partie éclairante.
m, partie sombre.

Comment, dans la pratique ménagère, obtient-on ce
résultat? Quels sont les procédés les plus en usage, les
meilleurs et les plus économiques? Voilà ce que nous
avons maintenant à examiner.

Le mode d'éclairage actuellement le plus répandu est
l'éclairage au pétrole. Le **pétrole** est une huile dite
minérale, parce qu'on la trouve à l'intérieur de la terre.
Il en existe des nappes immenses dans toutes les parties
du monde, mais principalement dans l'Amérique du Nord
et dans la région du Caucase.

Fonctionnement d'une lampe à pétrole.

— Prenons une lampe à pétrole ordinaire. Si nous l'allumons sans placer le verre, nous aurons une flamme vacillante et fumeuse. Avec le verre, elle ne vacille plus : elle est garantie par lui des mouvements de l'air extérieur.

Elle ne fume plus; elle est, en effet, produite dans de meilleures conditions : la combustion du pétrole donnant de la chaleur, l'air contenu dans le verre s'échauffe, se dilate, devient plus léger et tend à monter. Cet air est aussitôt remplacé par un autre plus froid et qui n'a pas encore perdu son oxygène au contact de la flamme. Il s'établit ainsi un **courant d'air** actif, incessant, qui permet à la combustion de se mieux faire. C'est à peine si quelques parcelles de carbone se répandent encore dans l'air. De là vient la plus grande clarté de la flamme.

Certaines lampes perfectionnées sont même munies d'un tube partant de l'intérieur du bec, traversant le réservoir et venant aboutir sous le pied. Par ce tube se produit aussi un appel d'air extérieur, et, la flamme se trouvant ainsi placée entre deux courants d'air, l'un à l'intérieur d'elle-même, l'autre à l'extérieur, la combustion se fait naturellement plus active, tout au profit de l'intensité de la lumière.

Avantages et inconvénients de la lampe à pétrole.

— La lampe à pétrole, étant d'un mécanisme simple, coûte relativement bon marché. Le pétrole est lui-même d'un prix peu élevé. Sa lumière est brillante. Aussi l'usage en est-il actuellement très répandu.

L'éclairage au pétrole a cependant quelques inconvénients. Sous l'influence de la chaleur, le pétrole émet des vapeurs qui répandent des odeurs désagréables et qui, en se déposant sur le corps de la lampe elle-même, la salissent au point qu'on ne peut guère prendre en main une lampe brûlant depuis quelque temps sans risquer de se tacher les mains et les vêtements.

Mais il y a plus : ces vapeurs peuvent former avec

'oxygène de l'air un mélange capable de prendre feu au
ontact d'une flamme et de produire une explosion.

Il y a donc dans l'emploi du pétrole quelques **précau-
ions à prendre** :

On aura soin :

1° De n'employer que du pétrole rectifié;

2° De ne jamais renouveler l'huile du réservoir quand
a lampe est allumée ou quand elle est à proximité d'une
lamme quelconque : c'est d'ailleurs dès le
natin qu'une ménagère qui a de l'ordre doit
oréparer ses lampes;

3° D'éviter de souffler de haut en bas dans
e verre pour éteindre la lampe : la flamme
ainsi rabattue pourrait pénétrer dans le bec et
déterminer ainsi une explosion. Il faut baisser
la mèche et souffler **de bas en haut** à travers
les vides de la monture en cuivre qui tient le
verre;

4° De ne brûler l'**essence minérale**, qui
est très inflammable, que dans les lampes gar-
nies à l'intérieur d'un feutre qui retient le
liquide et permet de renverser la lampe sans
que l'essence coule (lampes Pigeon). Encore
doit-on, dans ces lampes mêmes, ne verser
que ce qu'il faut d'essence pour imbiber le

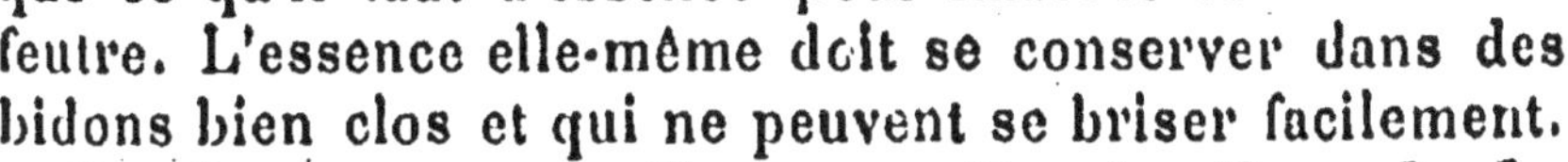
Bec de lampe
à pétrole.

feutre. L'essence elle-même doit se conserver dans des
bidons bien clos et qui ne peuvent se briser facilement.

**Quelques conseils pour l'entretien de la
lampe à pétrole.** — Il faut de temps en temps nettoyer le **réservoir** avec une eau de potasse. Le **bec** doit
être frotté tous les jours, et l'on doit veiller à ce que les
vides de la monture, qui servent de passage à l'air froid,
ne soient jamais bouchés.

Il faut **essuyer la mèche** chaque jour aussi, souvent
la frotter avec du papier de verre pour la débarrasser entièrement des particules charbonneuses, et prendre bien
garde de laisser tomber ces résidus dans l'intérieur du bec.

Si la mèche n'est pas ronde, il est bon de la coudre pour l'obliger à prendre et à conserver cette forme. Elle monte et descend avec plus de facilité et se met mieux au niveau de la partie supérieure du bec. Elle file moins.

Le **verre** sera chaque jour frotté avec un chiffon doux et propre. Lorsqu'il s'encrasse ou se tache, le laver dans une eau de potasse, puis le rincer à l'eau claire et **froide**; l'essuyer et le faire sécher.

Pour ne pas casser le verre, il est nécessaire de ne l'échauffer que graduellement, en ne faisant d'abord qu'une flamme faible. Le verre est mauvais conducteur de la chaleur et il ne se dilate que là où il est chauffé. Si cette dilatation est brusque, la partie dilatée se sépare de celle qui ne l'est pas encore, et le verre se brise.

C'est pour la même raison qu'il est imprudent de poser brusquement l'abat-jour sur le verre d'une lampe allumée depuis un moment. Le fer étant bon conducteur de la chaleur, la monture de l'abat-jour amène un refroidissement subit, qui cause une rupture. On évite cet inconvénient en chauffant un peu l'armature de l'abat-jour avant de le poser, ou mieux en plaçant immédiatement l'abat-jour sur le verre lors de l'allumage.

Enfin, aux ménagères qui emploient l'éclairage au pétrole, nous nous reprocherions de ne pas donner encore un dernier conseil : qu'elles se gardent bien de jamais vouloir activer avec le pétrole le feu de leur poêle ou de leur fourneau : le liquide se transforme vite en vapeurs, au contact de la flamme du foyer, et une explosion violente peut se produire dont elles seraient les premières victimes.

Que si d'ailleurs, par suite d'un accident, chute d'une lampe ou d'un récipient contenant pétrole ou essence, une certaine quantité de ce liquide a pris feu et se répand sur une table ou sur le sol, qu'elles se gardent de jeter de l'eau dessus. Le pétrole, étant moins dense que l'eau, surnage et ne fait que brûler plus activement. Qu'elles emploient plutôt du sable, des cendres ou un linge légèrement humide.

EXERCICES PRATIQUES

1. Plonger dans du pétrole l'extrémité d'une mèche neuve. Remarquer la rapidité avec laquelle l'huile monte dans la mèche.
2. Allumer une mèche non mouillée d'huile et observer.
3. Mettre du pétrole dans une soucoupe et le toucher avec une allumette enflammée. Elle doit s'éteindre aussitôt, si le pétrole est bien rectifié.
4. Mettre un peu d'essence dans une soucoupe et constater qu'elle s'évapore rapidement. — La toucher d'une allumette : elle s'enflamme.
5. Nettoyer toutes les parties d'une lampe et la préparer pour le soir.
6. Allumer une lampe, puis l'éteindre comme il convient.
7. Préparer une lampe à essence minérale.
8. Enflammer un peu de pétrole et montrer que l'eau étend la flamme ; que les cendres ou le sable l'éteignent parfaitement.

XIIᵉ LEÇON

LA LUMIÈRE (suite).

**Autres modes d'éclairage. — La lampe à huile. — La chandelle. — La bougie. — Le gaz de houille. — L'électricité. — L'acétylène. — L'alcool.
Les allumettes. — Allumettes chimiques. — Allumettes amorphes. — Effets de la lumière sur la vue.**

L'huile végétale, extraite des graines de colza, de navette, etc., a été de tout temps employée aussi pour l'éclairage. Si son emploi a beaucoup diminué depuis que s'est vulgarisé l'emploi du pétrole, il est encore bien des personnes qui la préfèrent à l'huile minérale, surtout en raison des moindres dangers que présente son usage. Elle donne une lumière douce et claire et ne répand aucune odeur, mais elle coûte assez cher.

La lampe à huile ne diffère de la lampe à pétrole que sur un point : l'huile montant beaucoup plus lentement dans la mèche que le pétrole, il faut la rapprocher du bec à l'aide d'un mécanisme intérieur, qui est susceptible de se détériorer de temps à autre et augmente naturellement le coût de l'appareil.

Les soins d'entretien sont d'ailleurs les mêmes que pour la lampe à pétrole; la mèche doit seulement, au lieu d'être simplement essuyée et frottée, être régulièrement coupée chaque fois qu'on « fait la lampe ». La combustion de l'huile laisse, en effet, sur la mèche des résidus charbonneux qu'il est nécessaire d'enlever complètement si l'on veut avoir toujours une lumière claire.

La chandelle est faite de suif de bœuf ou de mouton. Elle coûte peu, mais elle est fumeuse, elle coule et dégage une odeur désagréable; la combustion de la mèche ne se faisant que d'une façon très imparfaite, on est obligé de la « moucher » souvent. Son usage tend d'ailleurs à disparaître, même à la campagne.

La bougie est faite également de suif; mais, alors que le suif de la chandelle contenait de la margarine et de l'oléine avec de la stéarine, dans la bougie l'oléine a disparu, et c'est la stéarine qui domine. Aussi la bougie n'at-elle pas les inconvénients de la chandelle, mais sa lumière est vacillante; le prix en est assez élevé pour que la bougie reste, en somme, un éclairage de luxe.

Quand les bougies ont été longtemps exposées à l'air, elles se salissent; on peut les nettoyer en les lavant avec une eau savonneuse froide. On les essuie ensuite avec un linge fin. On les conserve très bien dans un endroit sec en une boîte bien fermée.

La bonne bougie est dure, brillante, et ne graisse pas les doigts.

Gaz d'éclairage. — Dans les localités d'une certaine importance, on éclaire les rues et beaucoup de maisons avec le gaz produit par la combustion de la houille en vase clos. Ce gaz, composé, comme le pétrole, d'hydrogène et de carbone, est conduit par des tuyaux partout où on doit l'utiliser.

Son emploi est commode, puisqu'il suffit de tourner un robinet et d'approcher du bec une allumette enflammée pour avoir aussitôt une lumière assez vive, mais il présente aussi quelques dangers, assez faciles à éviter d'ailleurs.

Par lui-même, il peut produire l'asphyxie, si, par exemple, on laisse par mégarde le robinet d'un bec de gaz ouvert dans une chambre où l'on couche.

Il forme avec l'air un mélange détonant. Si donc une fuite de gaz vient à se produire dans un local fermé, il est imprudent de pénétrer dans ce local avec une lumière. On peut, en effet, provoquer une explosion des plus dangereuses.

Acétylène. — L'acétylène est un gaz qui se produit lorsqu'on met de l'eau en présence d'un corps appelé carbure de calcium. La lumière qu'il donne est extrêmement brillante. Il présente sur le gaz de houille l'avantage que sa production n'exige pas des installations aussi importantes ni aussi coûteuses. Des appareils perfectionnés permettent de le fabriquer en aussi petite quantité qu'il est nécessaire, et chaque particulier peut le fabriquer lui-même.

Cependant son emploi est encore assez peu répandu, en raison d'abord de son prix de revient, encore assez élevé, et des dangers qu'il présente.

Electricité. — L'éclairage électrique est un mode d'éclairage qui laisse évidemment loin derrière lui tous ceux dont nous venons de parler. La lumière produite est très belle. Elle a le grand avantage de ne pas dégager de chaleur et de ne pas consommer d'oxygène. Malheureusement, les installations électriques ne sont encore que le privilège de quelques villes.

Eclairage à l'alcool. — Tout récemment on a découvert le moyen d'obtenir à l'aide de l'alcool un éclairage d'une grande intensité et d'une très grande beauté.

Des becs spéciaux pouvant s'adapter sur toutes les anciennes lampes à pétrole sans aucune modification ont été fabriqués et donnent une très belle lumière, qui deviendra à bref délai la plus économique de toutes celles qu'on a employées jusqu'à ce jour. Les ménagères feront bien de s'intéresser aux progrès de ce mode d'éclairage, qui a dès à présent le grand avantage de ne nécessiter aucun entretien des appareils qui l'utilisent.

Des allumettes. — Quel que soit le mode d'éclairage que l'on adopte, à l'exception toutefois de l'électricité ; quels que soient l'huile ou le gaz qu'on utilise pour avoir de la lumière, il faut toujours provoquer la combustion de cette huile ou de ce gaz, il faut **allumer** sa lampe, son bec de gaz ou sa bougie.

On allume à l'aide de petits bâtonnets qu'on nomme **allumettes** et qui sont garnis à l'une de leurs extrémités de soufre et de phosphore blanc. Le phosphore s'enflamme lorsqu'on le frotte sur un corps dur et sec et non poli. A son contact le soufre prend feu et allume le bois. Le phosphore seul ne suffirait pas, parce qu'il brûle avec trop de rapidité. Ce sont là les **allumettes** dites **chimiques.**

Les allumettes chimiques ont l'avantage de coûter très bon marché et de s'enflammer très facilement. Mais cette facilité même en fait le danger. De plus, le phosphore blanc qui entre dans leur fabrication est un poison violent.

C'est en raison de ce double danger qu'il faut éviter de mettre des allumettes chimiques dans ses poches et de les laisser à la portée des enfants.

Il est prudent aussi de les tenir éloignées du feu : elles peuvent s'enflammer spontanément. Il faut éviter cependant de les placer dans un endroit humide, car alors elles se désagrègent et ne peuvent plus servir.

Les **allumettes amorphes** ne présentent pas les mêmes inconvénients, et la mère de famille doit les préférer aux allumettes chimiques. La pâte employée pour les garnir ne contient d'abord pas de phosphore, et on ne peut les enflammer qu'en les frottant sur un carton recouvert de phosphore rouge, et ce phosphore rouge est inoffensif.

La seule précaution à prendre avec les allumettes amorphes consiste à les frotter légèrement sur le frottoir, pour éviter que celui-ci ne soit hors d'usage avant l'épuisement complet du contenu de la boîte.

Effets de la lumière sur la vue. — La vue est un de nos sens les plus précieux, mais en même temps sa sensibilité exige que l'on prenne quelques précautions pour lui conserver toute son acuité.

Ainsi la **lumière trop vive** fatigue la vue. C'est pourquoi il est utile, quand on doit travailler à la lumière artificielle, de faire usage d'un abat-jour, qui renvoie la lumière sur la table de travail et préserve de son action trop vive les personnes placées dans le voisinage de la lampe. Les abat-jour de couleur rouge sont mauvais pour la vue.

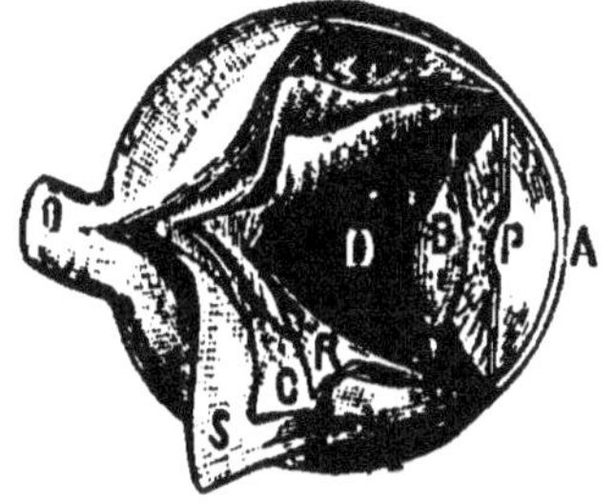

Structure de l'œil.

A et S, cornée. — P, pupille. — B, cristallin. — D, humeur vitrée. — R, rétine. — C, choroïde (membrane). — O, nerf optique.

L'insuffisance de lumière est également mauvaise pour la vue. Elle oblige l'œil à se rapprocher des objets, et peut amener la myopie. On évitera donc tout travail exigeant une grande application de la vue quand l'éclairage ne sera pas suffisant.

Pour coudre ou écrire, on se place de manière à recevoir la lumière d'en haut ou de gauche. Autrement la main qui tire l'aiguille, qui tient le crochet ou la plume, projetterait son ombre sur le travail, empêcherait de bien voir et augmenterait la fatigue de la vue.

EXERCICES PRATIQUES

1. Plonger une mèche neuve dans l'huile végétale : constater la lenteur avec laquelle elle monte.
2. Couper la mèche d'une lampe à huile.

3. Allumer une chandelle et constater ses inconvénients.

4. Allumer une bougie et constater ses avantages et ses inconvénients.

5. Nettoyer une bougie.

6. Apprendre à ouvrir et fermer, à allumer et éteindre un bec de gaz. Nettoyer le fumivore.

7. Composer une boîte contenant les ustensiles nécessaires au nettoyage des lampes (ciseaux, linges, mèches, goupillon, etc.).

8. Enflammer une allumette chimique. Ne pas la frotter sur les murs ni sur les vêtements. Pourquoi?

9. Enflammer comme il convient une allumette amorphe.

10. Se placer de manière que la main donne de l'ombre sur le cahier et en constater l'inconvénient.

Remarquer comment ont été disposées les tables de la classe et chercher la raison de cette disposition.

11. Soit une lampe posée sur une table, ou une lampe suspendue au-dessus de cette table. Quelle est la meilleure position à prendre pour une personne qui doit lire ou coudre à la lumière de cette lampe?

12. Fixer le soleil, la lumière du gaz ou d'une forte lampe, et remarquer une sensation presque douloureuse.

13. Approcher des foyers de lumière, lampes ou becs de gaz, et constater qu'ils dégagent beaucoup de chaleur, ce qui amène des maux de tête et enflamme les paupières.

XIIIe LEÇON

LA CHALEUR

Nécessité de la chaleur. — Du chauffage. — Comment on l'obtient. — Manière d'allumer le feu, de l'entretenir, de l'activer, de le modérer.
Il faut savoir économiser le combustible. — Le foyer familial.

Avec la lumière, le soleil nous fournit aussi la chaleur nécessaire à la vie. Mais s'il est des pays, s'il est des saisons où cette chaleur bienfaisante est fournie à l'homme en quantité parfois plus que suffisante, il est aussi des régions déshéritées qui n'en jouissent que trop rarement, et dans notre pays même il est des saisons où la terre dans sa course s'éloigne trop de « l'astre du jour » pour en recevoir toute la chaleur que l'homme a besoin de trouver, au moins dans son habitation, pour que sa santé n'ait pas à souffrir de l'abaissement de la température extérieure.

De plus, dans tous les pays et en toute saison, il est indispensable à l'homme de pouvoir disposer d'une source constante de chaleur pour les mille usages de la vie domestique, et en particulier pour la cuisson des aliments.

C'est à ce double point de vue que la ménagère doit se préoccuper des moyens qui lui permettront d'assurer le **chauffage** de ses appartements, et qui, en même temps, lui donneront le **feu** dont elle a un besoin constant pour **faire sa cuisine** d'abord, dont elle a besoin aussi pour sa lessive, pour faire chauffer l'eau destinée aux bains des petits et des grands, et pour

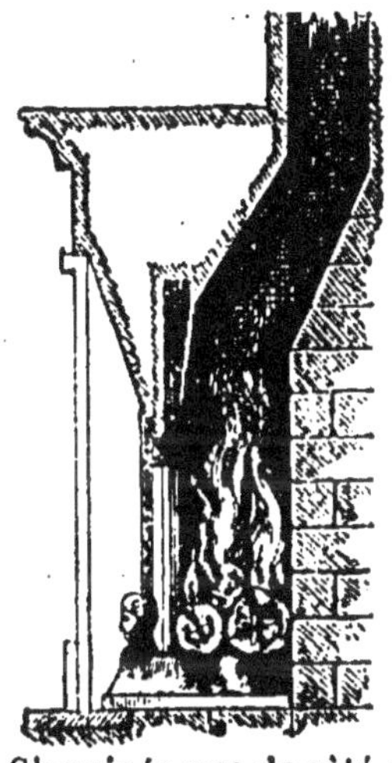

Cheminée vue de côté à l'intérieur.

bien d'autres choses encore, ce feu dont la production et l'entretien est un des soucis les plus constants de la femme d'intérieur.

Le chauffage s'obtient à l'aide d'appareils dans lesquels on brûle de la houille, du bois, du coke, du charbon de bois, du gaz, du pétrole même ou de l'alcool. Dans certaines régions, à la campagne en particulier, l'abondance et le bon marché du bois permettent encore de le réaliser dans la cheminée même sans appareils spéciaux. Mais qu'il s'agisse d'un poêle ou d'une cheminée, le principe qui en règle l'usage est le même.

Dans l'un et l'autre cas, en effet, les choses doivent être établies de façon que **l'air arrive abondam-**

ment et d'une manière continue sur le combustible.

Voyez, par exemple, un poêle allumé. Que se passe-t-il? La combustion du charbon produit de la chaleur qui échauffe l'air du tuyau, puis celui de la cheminée. Cet air, devenu ainsi plus léger, s'élève, monte, puis s'échappe au dehors, entraînant avec lui les produits divers de la combustion (vapeur d'eau, gaz carbonique, noir de fumée, etc.).

Il y a donc **appel d'air froid,** comme dans le verre de la lampe ; cet air arrive par l'orifice inférieur du foyer et par la grille, fournit au charbon, au coke ou au bois l'oxygène qui lui est nécessaire pour se consumer. Un courant d'air incessant s'établit ainsi à travers le foyer : c'est le **tirage.**

Plus une cheminée est haute et étroite, et plus fort est le tirage.

Mes enfants, ne perdez pas de vue ce principe que pour avoir du feu, pour avoir « du bon feu », il faut à votre foyer de l'air, beaucoup d'air, et vous saurez vite allumer le feu et l'entretenir comme il convient, ce qui, pour beaucoup de ménagères même, est encore trop souvent une cause de soucis et de déboires.

Manière d'allumer le feu. — Pour allumer rapidement un feu, il faut avoir la précaution d'aérer le combustible et d'assurer le tirage. On commence donc par vider le foyer et le cendrier de l'appareil et par nettoyer la grille.

Au fond du foyer on place des corps prompts à prendre feu : des copeaux, du papier froissé ou de la paille, au-dessus des menus morceaux de **bois sec,** placés de façon à laisser circuler l'air. La flamme se produira ainsi très vite et communiquera le feu aux menus morceaux de charbon.

Comment on entretient le feu; comment on l'active; comment on le modère. — Dans un poêle, le chargement du foyer doit être plutôt au centre, afin de ne pas empêcher la sortie du gaz. Les ouvertures inférieures et la grille sont dégagées de temps en temps des cendres ou des escarbilles qui les obstruent. Enfin, il faut avoir soin d'enlever avec des pincettes les parties du combustible (pierres ou autres corps étrangers) qui ne brûlent pas et qui finiraient par éteindre le feu, si on les laissait s'accumuler.

Veut-on activer le feu? On dégagera d'abord complètement l'orifice et la grille; on divisera le combustible avec le tisonnier, afin que l'air pénètre à travers toute sa masse. Au besoin, on ouvrira la porte de l'appartement ou une fenêtre, pour faire arriver sur le foyer un air plus abondant et plus chargé d'oxygène.

Veut-on le modérer? Il est un premier moyen qui consiste à fermer plus ou moins **la clef** dont sont en général munis les tuyaux des poêles; mais c'est un moyen dangereux, ne l'oubliez pas : l'arrivée de l'air se ralentit, la combustion du charbon se ralentit, et au lieu d'acide carbonique, il se forme alors de l'**oxyde de carbone**.

Or, l'oxyde de carbone introduit dans les poumons par la respiration se fixe sur les globules rouges du sang, qui ne peuvent s'en débarrasser que difficilement, et deviennent incapables d'absorber l'oxygène. Le sang se trouve ainsi gravement altéré et en quelque sorte empoisonné.

Cet empoisonnement se traduit par des maux de tête, des envies de vomir, et il amène rapidement la mort. 2 à 3 p. 100 de ce gaz dans l'atmosphère la rendent mortelle.

Ce qui augmente le danger des clefs, c'est que souvent on les ferme beaucoup plus qu'il ne convient, ou qu'on oublie, une fois le résultat atteint, de les rouvrir. Chaque hiver, les journaux enregistrent des accidents mortels causés par l'oxyde de carbone.

Il est pourtant utile de savoir ralentir à volonté le feu qu'on a allumé, quand on veut économiser le charbon, ou quand il s'agit de régler la cuisson de certains mets, des rôtis, par exemple. Mais on a alors à sa disposition des

moyens inoffensifs dont on peut user largement : ne pas tisonner son feu, le couvrir avec du charbon mouillé, ouvrir plus ou moins la porte ou le couvercle du foyer, etc.

Une ménagère intelligente connaît le tempérament de son fourneau, comme on dit, la force ou la faiblesse de son tirage, la valeur calorique du combustible qu'elle emploie. Elle sait jusqu'à quel point elle doit le charger pour obtenir à un moment donné la chaleur dont elle aura besoin, et elle le gouverne en consommant juste ce qu'il faut de combustible.

Il faut savoir économiser le combustible. — Le combustible coûte cher, les hivers sont toujours trop longs, et chaque jour la cuisson des aliments impose une dépense nouvelle. Une économie, si légère soit-elle, répétée tous les jours, finit par devenir importante. La bonne ménagère le sait bien et agit en conséquence.

C'est pourquoi : 1° elle mouille toujours son charbon fin, car si celui-ci est jeté en poussière dans le foyer, il tombera à travers le brasier et la grille au premier coup de tisonnier maladroit et ne sera pas utilisé ; 2° elle tient toujours son feu **bien haut.** Le brasier, en effet, se trouvant ainsi proche de la plaque sur laquelle se placent les ustensiles de cuisine, ceux-ci profitent mieux de la chaleur produite. Si le feu est bas, on sera obligé de tisonner pour activer la combustion, obtenir un feu plus ardent et une flamme plus longue. On usera ainsi plus de charbon et on s'exposera, en outre, à laisser éteindre son feu, d'où ennuis, perte de temps et d'argent.

Les cendres du foyer ne doivent pas être jetées. En les criblant on réalise encore une économie notable. De plus, mises à propos sur le feu, les escarbilles recueillies donnent rapidement un feu très clair, propre aux grillades.

Un dernier conseil, mes enfants, que vous pouvez vous-mêmes mettre à profit et qui vous permettra de rendre encore un service à votre maman. Préparez donc le soir, avant de vous coucher et après avoir ciré les chaussures, préparez tout ce qui est nécessaire pour l'allumage du feu, le lendemain matin. Ce sera du temps gagné à l'heure où la ménagère doit se hâter pour que le premier déjeuner soit prêt avant le départ du mari et des enfants pour l'atelier ou l'école, et tout le monde en sera plus content.

De bonne heure aussi, jeunes filles, apprenez à entretenir ce feu bienfaisant, si nécessaire à la vie et au bonheur de la famille que c'est autour du **foyer familial** que se concentre toute la vie intime de la maison. L'hiver, quand vous rentrez de l'école, vos petites mains sont engourdies par le froid, votre corps est transi. Vite vous accourez vers le foyer. Une sensation de bien-être vous pénètre aussitôt, et vous vous sentez heureuses.

La journée s'achève. Près du poêle qui ronfle ou près du feu qui pétille clair, les parents et les enfants se reposent des fatigues de la journée. Les uns lisent, d'autres cousent. Au dehors, le vent siffle, la pluie tombe en clapotant sur les volets bien clos. Qu'il fait bon être alors chez soi avec ceux que l'on aime! Chacun y jouit du bonheur de tous et y reprend force et courage pour le labeur du lendemain.

Soignez-le donc bien et entretenez-le avec amour, ce foyer que les anciens considéraient comme sacré. Souvenez-vous des moments que vous aurez, enfants, passés réunis autour de lui. Ces souvenirs vous seront sans doute plus d'une fois utiles dans la vie; ils vous rappelleront les soins avec lesquels votre mère veillait au bien-être des siens, et vous seront un précieux encouragement à faire en sorte que votre propre foyer donne aux vôtres tout le bonheur que vous avez trouvé près de celui qui a réchauffé votre jeunesse.

EXERCICES PRATIQUES

1. Approcher une bougie d'un poêle allumé et constater que la flamme se dirige du côté du foyer, montrant l'appel d'air que fait celui-ci.

2. Le chauffage est un moyen d'aération. Le montrer en plaçant une bougie près du plafond et en faisant observer la direction de la flamme.

3. Préparer le poêle de la classe, l'allumer. Entretenir le feu. Placer le charbon d'entretien. Tisonner, etc.

4. Modérer le tirage avec la clef, avec la porte ou le couvercle du poêle.

5. Mouiller le charbon fin. Cribler les cendres.

6. Faire constater, à l'aide d'un thermomètre, la température qui règne dans la pièce, et faire constater que la température d'une chambre ne doit pas dépasser 15 à 16 degrés, si l'on veut y être à son aise.

XIVe LEÇON

LA CHALEUR (suite).

Des divers appareils de chauffage. — Poêle en fonte. — Poêle flamand. — Cuisinière ou fourneau. — Poêle à feu continu. — Cheminées prussiennes. Poêle en faïence. — Fourneaux à gaz, à pétrole, à alcool.

Tous les appareils de chauffage communiquent la chaleur à l'air environnant par **rayonnement,** c'est-à-dire dans toutes les directions.

Ce rayonnement se constate aisément. Si nous prenons un thermomètre et que nous l'approchions du foyer, le mercure monte. Si maintenant, entre le thermomètre et le foyer, nous plaçons un simple carton, la colonne baisse. L'écran interposé a intercepté les rayons de chaleur, comme il intercepterait les rayons lumineux que donne une lampe, comme une muraille arrête les rayons du soleil.

Les appareils qui chauffent le mieux sont donc ceux qui offrent la surface rayonnante la plus grande : aussi les constructeurs s'ingénient-ils à augmenter cette surface le plus possible. C'est pour arriver au même résultat que souvent aussi, à l'aide de nombreux retours qu'on donne au tuyau de tirage, on fait en sorte d'en augmenter le plus possible la longueur. Mais encore faut-il qu'on ait soin, dans ce cas, de ne pas laisser la suie s'accumuler dans les conduits de l'appareil. Car la suie, mauvaise conductrice de la chaleur, empêche l'échauffement de toutes les parties qu'elle garnit, et le foyer brûle ainsi sans profit. Aussi une ménagère attentive n'oublie-t-elle pas de nettoyer souvent l'appareil dont elle a la conduite.

Les **appareils de chauffage** sont très nombreux et très variés de formes comme de dimensions. Les principaux sont :

Les **poêles en fonte,** que l'on installe facilement, qui coûtent peu et donnent beaucoup de chaleur. Aussi sont-ils très employés.

Mais ils présentent quelques inconvénients : la chaleur très vive qu'ils donnent dessèche l'air et peut ainsi devenir nuisible. Aussi est-il nécessaire de corriger cet inconvénient en laissant continuellement sur le poêle un vase rempli d'eau qui, par évaporation, redonne à l'air l'humidité nécessaire.

Le **poêle** dit **flamand** est un poêle très en usage dans toute la région du nord de la France et en Belgique. Il sert à la fois à la cuisine et au chauffage. Il est simple et pratique.

La cuisson des aliments se fait sur la plaque supérieure, garnie de trous et de rondelles de diamètres variables, et dans un four autour duquel circulent la flamme du foyer et les gaz chauds.

Thermomètre.

Cuisinière ou fourneau. — La cuisinière ou fourneau est un appareil plus complet et plus perfectionné que les précédents. On en construit en fonte, à bon marché. Les meilleurs sont en tôle, mais coûtent assez cher.

Ces appareils ont le grand avantage de bien utiliser le calorique dégagé, surtout lorsqu'ils sont à circulation complète, c'est-à-dire si la flamme, après avoir léché la plaque supérieure des fours, descend ensuite de chaque côté de ceux-ci avant de se rendre dans le tuyau de tirage. Les gaz chauds, avant de passer dans la cheminée, ont ainsi cédé à peu près tout leur calorique, et il en résulte une grande économie et une grande commodité.

Quelquefois on garnit l'intérieur des fourneaux de briques dites **réfractaires,** qui empêchent la fonte du foyer d'être portée au rouge et la préservent d'une usure trop rapide. Hygiène et économie y trouvent leur compte.

Poêles à feu continu. — Ces poêles sont dits aussi **poêles roulants,** parce que certains sont munis de poignées et de roulettes permettant de les transporter tout allumés d'une pièce dans une autre. Leur foyer est en général très profond et peut toujours recevoir une charge considérable

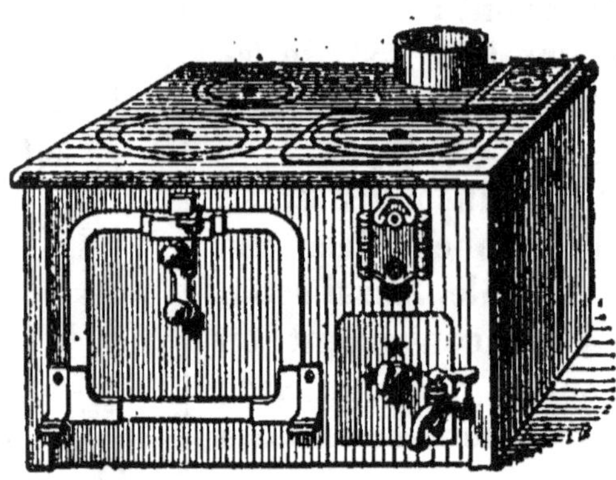

Fourneau de cuisine.

de combustible. L'air ne peut y arriver en quantité suffisante pour bien brûler toute cette masse et s'y fraye avec peine un passage. Il en résulte naturellement que la combustion s'y fait très lentement. On économise ainsi du combustible, on économise aussi du temps, puisque ces poêles ne doivent être rechargés que toutes les dix heures en moyenne; mais en revanche, en raison même de la lenteur de la combustion, on s'expose au redoutable oxyde de carbone. Aussi est-il dangereux d'employer les poêles de ce genre dans les chambres à coucher ou à proximité de celles-ci.

Cheminées prussiennes. — Les salons, les salles à manger, sont ordinairement chauffés avec des appareils dits **cheminées.** Les cheminées, suivant les régions, sont munies ou de chenets pour maintenir le bois qu'on y brûle, ou d'une grille, quand on emploie le charbon ou le coke.

Les cheminées ont un très fort tirage et font un appel d'air considérable. Elles jouent ainsi le rôle de ventilateurs et sont hygiéniques. Mais elles ne chauffent guère que par le rayonnement du combustible enflammé. Les neuf dixièmes de la chaleur produite se perdent dans la cheminée.

On fait d'ailleurs aussi des cheminées en fonte plus économiques et plus pratiques, qu'on appelle **prussiennes.** Ces prussiennes chauffent non seulement par le rayonnement du foyer découvert, mais par celui de toute la caisse en fonte qui l'enveloppe.

Poêles en faïence. — Les poêles revêtus de faïence émaillée, en usage dans toute une région de la France, ne donnent jamais une très grande quantité

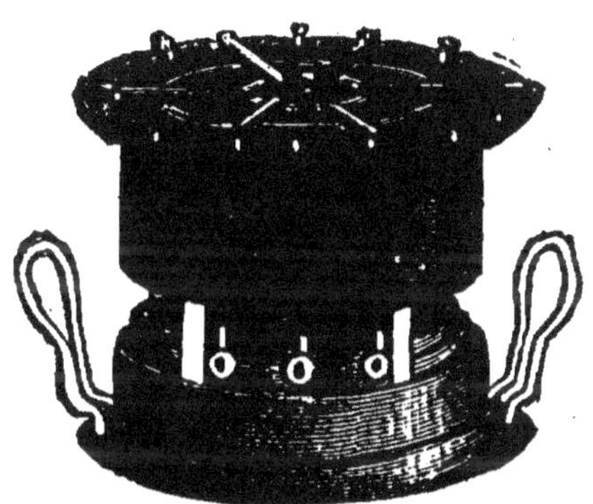

Fourneau au pétrole.

de chaleur à la fois. Mais la faïence, étant mauvaise conductrice de la chaleur, s'échauffe lentement et se refroidit de même. Il en résulte ce grand avantage d'une température constante.

Fourneaux au gaz. — Leur emploi est d'une commodité exceptionnelle, car ils permettent une grande économie de temps et plus de propreté. Ils demandent peu d'entretien, tiennent peu de place, donnent une chaleur instantanée, réglable à volonté. Ils seraient donc parfaits, s'ils ne viciaient pas l'air (ils brûlent sans cheminée) et si le gaz ne coûtait pas si cher.

Là où le gaz n'existe pas, on a essayé de retrouver les avantages des fourneaux à gaz à l'aide de **fourneaux à pétrole.** Ces fourneaux ont aussi en effet l'avantage d'un allumage rapide, de donner également une chaleur assez forte et assez facile à régler. Ils sont assez économiques. Mais ils ont le grand inconvénient de tous les appareils qui utilisent le pétrole. Ils produisent des vapeurs d'une odeur désagréable, et qui, en se déposant sur le fourneau lui-même ou autour du fourneau, ne permettent guère de l'avoir toujours aussi propre qu'on le souhaiterait.

Les fourneaux à alcool, comme les lampes à alcool, ont réalisé depuis quelque temps des progrès considérables. Ils donnent rapidement une chaleur considérable, tout en ne consommant qu'une très petite quantité de liquide, ne produisent ni vapeurs ni odeurs, et n'exigent qu'un entretien tout à fait insignifiant. Aussi, dans l'intérêt des ménagères qui n'ont pas le gaz à leur disposition ou ne peuvent en user à cause de son prix élevé, il est à souhaiter que l'usage des fourneaux à alcool se vulgarise le plus rapidement possible.

Conseils. — Quel que soit le combustible dont vous fassiez usage, bois, houille ou coke, achetez-le toujours au **poids.**

Le bois très jeune ou très vieux donne moins de chaleur. Il est économique d'acheter du bois bien sec. Il pèse moins et brûle mieux.

Les bois qui fournissent le plus de chaleur sont les bois durs (chêne, orme, hêtre). Les bois blancs (tremble, peuplier, bouleau, charme) durent peu et donnent moins de chaleur. Ils conviennent surtout pour allumer le feu, cuire les aliments et chauffer les fours, à cause de la flamme longue et sans fumée qu'ils produisent.

EXERCICES PRATIQUES

1. Montrer un écran et comment on s'en sert pour se garantir la figure d'un feu trop ardent.
2. Examiner en détail, si on le peut, un poêle ordinaire, un poêle flamand, une cuisinière, une prussienne, des fourneaux à gaz, à pétrole, à alcool.

XVe LEÇON

LA CHALEUR (suite et fin).

Entretien du fourneau. — Feux de cheminée.

La ménagère qui aime son intérieur et qui veut qu'on le trouve agréable prend soin de faire régner la propreté dans toute la maison. Mais s'il est un meuble dont elle prend un soin plus minutieux encore que des autres, c'est du fourneau de sa cuisine. C'est une coquetterie, et bien légitime, de la bonne ménagère que d'avoir toujours un fourneau sur lequel il n'y ait ni taches ni poussière. Tout l'ensemble est d'un beau noir, bien brillant. Les garnitures en nickel ou en cuivre resplendissent; les pincettes, pelles, tisonniers, brillent eux aussi à la place qui leur est réservée. Ne semble-t-il pas vraiment que la cuisine préparée sur ce foyer doit être propre et appétissante?

Oui, certes, elle a raison, cette ménagère, d'apporter tous ses soins à l'entretien de son fourneau. C'est toujours une grosse dépense que d'avoir à le renouveler, et à l'entretenir soigneusement on en prolonge certainement la durée.

Comment doit-on procéder pour cet entretien? La méthode la plus employée consiste à faire au fond d'une assiette une sorte de cirage mou avec de la mine de plomb et de l'essence de térébenthine ou simplement un peu d'eau. On en couvre d'une cou he très légère la fonte et la tôle non vernie, et on frotte ensuite vigoureusement et vivement avec une étoffe de laine bien sèche ou une bonne brosse. La tôle vernie, la fonte émaillée, se nettoient parfaitement avec un chiffon imbibé d'essence do térébenthine, qui dissout les taches.

On fait luire le nickel en le frottant avec un peu de

blanc d'Espagne, le cuivre avec le tripoli délayé dans de l'eau ou du vinaigre.

Il est bien entendu qu'avant de cirer ou de frotter votre fourneau, il aura fallu prendre soin de vider le foyer et le cendrier, pour éviter que la poussière ne salisse à nouveau les parties que vous aurez nettoyées.

Si l'appareil est taché, vous devrez également commencer par faire disparaître ces taches, soit simplement avec un chiffon mouillé d'eau savonneuse, soit encore et plus sûrement en les frottant avec un peu de sable ou un morceau de papier de verre.

La toilette complète du fourneau doit se faire chaque semaine au moins et portera sur toutes ses faces : dessus, côtés, intérieur des fours et des portes, etc. Ne pas oublier de cirer en même temps le bac, la charbonnière, et au moins la partie supérieure de la pelle à charbon. C'est aux petits détails qu'on reconnaît la ménagère ayant du goût.

Nettoyer complètement le fourneau une fois par semaine ne suffit d'ailleurs pas. Chaque fois qu'il en aura besoin, et chaque matin avant de l'allumer, on doit passer rapidement sur toute sa surface un chiffon de laine pour enlever les taches, et donner un coup de brosse pour enlever la poussière et raviver le brillant. Quelques minutes à peine suffisent chaque jour à cette besogne.

Il faut éviter de salir. — Une ménagère intelligente et courageuse sait qu'il ne faut pas craindre la fatigue du nettoyage, mais aussi qu'il est sage de ne pas augmenter inutilement sa besogne. Elle ne salit donc guère son fourneau. Qu'elle mette de l'eau dans une casserole ; qu'elle soulève le couvercle d'une marmite bouillante ou mette des légumes dans le pot-au-feu, il ne tombe pas de liquide sur le fourneau. Si, par hasard, il en tombe une goutte, elle est essuyée aussitôt. Le lait, la soupe, sont surveillés, pour prévenir la fantaisie qu'ils ont parfois de faire une promenade sur le fourneau fraîchement ciré.

Ce qu'on fait pendant l'été de certains ustensiles de chauffage. — Le fer exposé à l'air humide se combine avec l'oxygène de l'air pour former l'oxyde de fer, c'est-à-dire la rouille, et la rouille a rapidement détérioré, parfois même mis hors d'usage, les objets auxquels elle s'attaque.

Si donc vous abandonnez momentanément pendant l'été l'usage de certains appareils ou ustensiles de chauffage, il est de toute nécessité de les préserver contre cette cause de destruction. On y arrive d'ailleurs très facilement. Il suffit pour cela de les mettre à l'abri du contact de l'air en les recouvrant d'un corps gras quelconque : vaseline, suif, saindoux.

Pour l'entretien du fourneau, comme pour celui des lampes ou des chaussures, nous ne saurions encore trop vous recommander d'avoir **une boîte de nettoyage** spéciale, renfermant tout ce dont vous avez besoin pour cet entretien. Elle contiendra : de la mine de plomb dans une boîte fermée, divers chiffons, des brosses, du sable et du papier de verre, une bouteille d'essence de térébenthine, etc.

Feux de cheminée. — La suie qu'on laisse s'accumuler dans la cheminée s'enflamme parfois à une étincelle du foyer et peut causer un incendie. Avec du sangfroid, on éteint vite ces feux de cheminée.

Il suffit pour cela de se rappeler que sans air il n'y a pas de combustion possible. On bouchera donc exactement avec un drap mouillé l'ouverture inférieure de la cheminée, après avoir, bien entendu, écarté le poêle rapidement débarrassé de son combustible, et la suie ne tarde pas à s'éteindre.

Il existe encore un moyen plus rapide : si on a à sa disposition de la fleur de soufre, il suffit d'en brûler à l'entrée de la cheminée, puis de boucher. Le soufre, très inflammable, prend l'oxygène de l'air contenu dans la cheminée et n'en laisse plus pour la combustion de la suie. Celle-ci s'éteint rapidement.

EXERCICES PRATIQUES

1. Cirer le poêle ou une partie du poêle de la classe.
2. Nettoyer les pincettes ou la pelle.
3. Les enduire ensuite d'un corps gras, comme on le ferait à l'entrée de l'été.
4. Si on possède un fourneau au gaz, en nettoyer les brûleurs.

XVIᵉ LEÇON

LA MAISON D'HABITATION

La chambre à coucher. — Son mobilier. — Le lit. — La literie. — Conditions d'un bon sommeil.
Entretien de la chambre à coucher. — Comment on fait un lit. — Conseils à la jeune fille.

De l'air, beaucoup d'air, de la lumière et une grande propreté, vous le savez maintenant, mes enfants, voilà ce que l'homme a besoin de trouver autour de lui pour se bien porter. Plus que partout ailleurs il est nécessaire, bien entendu, que ces conditions se trouvent réalisées dans la maison qu'il habite et dans les différentes pièces du logement où il passe la meilleure partie de son existence.

La chambre à coucher est la pièce où l'on dort. Nous y passons à peu près le tiers de notre vie : c'est vous dire combien cette chambre doit être l'objet des soins et des préoccupations de la ménagère.

Dormir, en effet, est aussi nécessaire à l'homme que manger ou respirer. Quand l'homme a fourni une certaine somme de travail, veillé un certain nombre d'heures, il a un besoin absolu de repos. Le bienfaisant sommeil seul donnera un repos complet à son corps et à son esprit, lui apportera momentanément l'oubli de ses peines et de ses souffrances, et lui redonnera une vigueur nouvelle pour reprendre la tâche du lendemain.

La chambre à coucher doit être la plus saine de la maison. —Trop souvent, c'est la vanité, le désir de paraître, qui nous déterminent dans l'usage que nous faisons des diverses pièces de l'habitation. Si l'on a une pièce spacieuse, bien exposée au soleil, on en fait une salle de réception, qui ne servira peut-être que quelques jours par an; et les chambres à coucher, où les

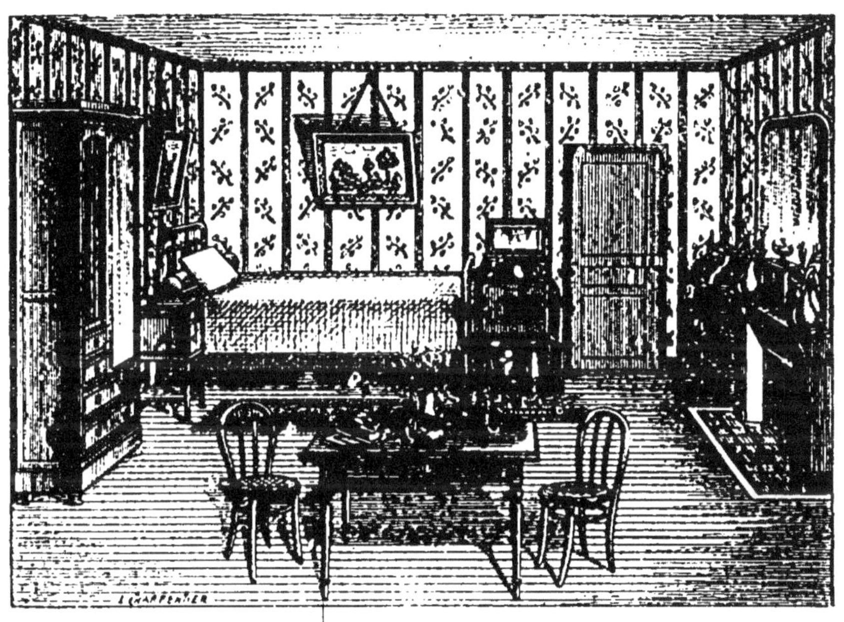

Chambre à coucher.

visiteurs n'ont pas accès, seront petites, mal éclairées, humides peut-être. Cette façon de faire constitue une grave faute contre l'hygiène, et qu'il ne faut jamais commettre.

Les **meubles** de la chambre à coucher seront réduits au nécessaire, car ils tiennent de la place et diminuent la quantité d'air. Peu ou pas de tapis, qui sont des nids à poussières. Pour la même raison, pas de tentures, de rideaux épais, si malaisés à déplacer et à brosser. Ayez aux fenêtres, si vous voulez, des rideaux en cretonne fleurie ou de simple calicot blanc que vous pourrez facilement laver, mais autour du lit n'ayez jamais rien qui arrête la circulation de l'air.

Le lit sera placé de façon à mettre le dormeur à l'abri des courants d'air froid et de la lumière trop directe, mais il ne devra jamais être enfoui au fond de ces alcôves où, pendant si longtemps, on a eu l'habitude de les enfoncer, contrairement aux règles les plus évidentes de l'hygiène la plus élémentaire.

Le lit en fer ou en cuivre est préférable au lit en bois; il s'aère mieux et est moins favorable au développement des parasites. Le meilleur **matelas** est un matelas fait de 4 parties de laine de mouton et d'un cinquième de crin. Le crin empêche le tassement de la laine.

Les paillettes de blé ou d'avoine sont moins confortables, mais très saines aussi, si on les a soumises à un fort criblage et si on les renouvelle souvent.

La plume est mauvaise. Elle est trop chaude, et, pour la tête en particulier, la chaleur est plus à craindre que le froid, à cause de l'apport de sang qu'elle y provoque. Les oreillers de plume trop moelleux sont donc à éviter.

Les pieds, au contraire, seront tenus bien chaudement au moyen d'un couvre-pieds; mais on évitera l'édredon de plumes qui amène la transpiration et affaiblit le corps, ainsi que les **couvertures** lourdes, qui gênent la circulation et qui par conséquent ne « tiennent pas chaud ». Les couvertures doivent être de préférence en laine, afin de pouvoir se laver. On les choisira de tissu moelleux; elles emprisonneront ainsi beaucoup d'air, mauvais conducteur de la chaleur, et elles seront à la fois plus légères et plus chaudes.

Conditions d'un bon sommeil. — Dans une chambre où rien n'arrêtera une large circulation de l'air, dans un lit où il n'aura ni trop froid ni trop chaud, le dormeur ne peut manquer de goûter un sommeil vraiment réparateur, dans le silence et l'obscurité de la nuit, qui lui sont aussi particulièrement favorables.

Il est prudent aussi, pour bien dormir, de ne jamais

se coucher avant d'avoir complètement digéré le dernier repas, soit deux ou trois heures après. Les rêves, les cauchemars qui troublent le sommeil, sont souvent dus à des digestions incomplètes ou pénibles. Les boissons excitantes, café, thé, les émotions vives, éloignent également le sommeil.

Il n'est pas bon de se coucher toujours sur le même côté : l'une des moitiés de la poitrine est comprimée par le bras et par le poids du corps; la respiration est rendue plus difficile. Mieux vaut reposer sur le dos; les mouvements respiratoires s'accomplissent alors sans aucune gêne.

Pour les enfants en particulier, il est nécessaire de veiller avec soin sur **l'attitude du corps pendant le sommeil**. Vous avez pu souvent remarquer que lorsqu'un enfant se tient mal pour écrire, qu'il se penche trop en avant, son épine dorsale se courbe, ses épaules se rapprochent, et il finit par avoir le dos rond. Les ligaments qui attachent les os les uns aux autres, à force d'être tendus dans le même sens, se sont relâchés, et à la longue la colonne vertébrale et les os de l'épaule de cet enfant ont fini par prendre cette attitude disgracieuse, qui est nuisible en même temps, car elle gêne les mouvements de la respiration.

Eh bien, une déviation analogue peut se produire si le lit de l'enfant est trop moelleux et si des oreillers trop épais lui tiennent la tête trop haute : si, en effet, l'enfant se couche alors sur le dos, le relèvement excessif de la tête courbe l'épine dorsale d'arrière en avant, le dos se voûte, et le cou s'incline.

Pour prévenir ces déformations du corps, on doit faire coucher les enfants sur des matelas plutôt durs et formant un plan presque horizontal. Pas d'oreillers. Le matelas sera seulement légèrement soulevé du côté de la tête.

Entretien de la chambre à coucher. — Il paraît superflu de démontrer la nécessité de la tenir très propre.

6

Le parquet sera lavé fréquemment à la brosse et à l'eau de potasse; on ajoutera parfois à cette eau un peu de chlorure de chaux, qui est un désinfectant. S'il est ciré, il devra chaque jour être soigneusement balayé et frotté à la brosse et au chiffon de laine.

Si les murs sont tapissés de papier, ils devront être fréquemment essuyés avec un chiffon légèrement humide. Il serait d'ailleurs bien préférable qu'ils fussent seulement peints à l'huile ou enduits de peinture laquée, la peinture supportant mieux les lavages nécessaires à la salubrité de la chambre. Une chambre blanchie à la chaux est très saine, à condition que le blanchissage en soit renouvelé de temps en temps.

Manière de faire un lit. — Dès qu'on est levé, on ouvre largement la fenêtre, et près de cette fenêtre ouverte on étend sur deux chaises rapprochées, afin qu'ils s'aèrent, les draps et les couvertures. En même temps, on place le matelas sur le pied du lit.

Quand le soleil et l'air ont rempli leur office, on refait le lit. Le matelas est secoué, battu, retourné; les draps, bien tendus, sont ensuite assujettis sous le matelas; les couvertures sont étendues et bordées avec soin, le couvre-pieds et le couvre-lit posés avec goût.

Ainsi arrangé, le lit le plus modeste a bel aspect.

Quelques conseils. — Mes enfants, sans doute vous aimez à dormir, et c'est bien naturel. A votre âge, 9 ou 10 heures de sommeil sont encore nécessaires, tandis qu'à l'adulte 8 heures sont largement suffisantes. Le bébé, l'enfant jusqu'à sept ou huit ans, ne dorment jamais trop.

Dormez donc et dormez bien, votre santé l'exige; mais **levez-vous de bonne heure** et sautez vivement du lit au premier appel qui vous est fait. L'habitude une fois prise, il ne vous en coûtera guère, et vous en recueillerez de grands avantages. « Qui se lève tard, tout le jour trotte, » dit un proverbe. Grâce à l'avance prise aux premières heures de la journée, la ménagère matinale, au

contraire, va toujours de son pas mesuré ; avec une hâte
tranquille elle accomplit toute sa besogne : les repas
sont prêts à l'heure. Si nous sommes à la campagne, les
bêtes ont leur ration au temps marqué. Tout se fait avec
ordre, comme il convient, pour le plus grand bien de tous.

L'écolière qui se lève tôt peut se recueillir, réfléchir
un peu à sa tâche du jour, à ce qu'elle a fait la veille, à
ce qu'elle fera aujourd'hui. Car elle jouit à ce moment
d'une tranquillité qu'elle ne retrouvera plus quand la
maison tout entière sera réveillée. Levée de bonne heure,
c'est alors aussi qu'elle pourra se rendre utile à sa mère

en l'aidant dans tous les menus travaux par lesquels
s'ouvre la journée d'une ménagère.

Aimez votre chambre, jeunes filles, que vous en
jouissiez seule ou que vous la partagiez avec vos sœurs.
Tenez-la très propre, par raison d'hygiène, sans doute,
mais aussi par respect de vous-même et pour le plaisir
que vous y trouverez. N'oubliez pas de balayer sous les
meubles, sous le lit en particulier, d'essuyer dans les coins
et d'entretenir les objets dans un parfait état de propreté.

Ayez cet art qu'on ne cesse de vous recommander,
« l'art de ne pas salir » ; n'éclaboussez pas la table de
toilette et le parquet en vous lavant ; ne meurtrissez pas
les meubles avec votre balai ; ne pénétrez pas dans votre
chambre avec des chaussures boueuses ou mouillées

Ornez votre chambre, si vous le pouvez, mais aussi discrètement que possible et sans jamais l'encombrer. Sur la cheminée, un ou deux bibelots reçus en cadeau et quelques photographies, rien de plus. L'ordre qui régnera dans votre chambre à coucher en sera toujours le plus bel ornement.

EXERCICES PRATIQUES

1. Si la salle de classe était une chambre à coucher, où devraient se placer le lit, les différents meubles : garderobes ou portemanteaux, table de toilette, etc. ?

2. Montrer à convertir une table quelconque en table de toilette : dessus, clouer une toile cirée ; dissimuler les pieds au moyen d'un rideau en cretonne s'ouvrant au milieu. Sous la table se placent le broc, le seau de propreté, etc.

3. Montrer comment on peut faire placer une tablette dans une encoignure pour y placer les objets de toilette, quand on manque de place ; comment, avec un morceau de toile cirée assortie à la tapisserie, on préserve le mur des éclaboussures.

4. Montrer deux couvertures : l'une ouatée et piquée, l'autre en laine blanche, et demander ce qu'on doit penser de l'une et de l'autre.

5. Prendre de la laine dans un matelas et faire constater la nécessité du cardage.

Si on le peut, faire observer un cardage fait à la machine : on se rendra compte de l'usure que subit la laine quand elle est cardée par ce moyen.

XVIIᵉ LEÇON

LA MAISON D'HABITATION (suite).

**La salle à manger. — Mobilier et ornementation.
Entretien de ce mobilier.
Manière de mettre le couvert et d'orner la table.**

Pendant la plus grande partie de la journée, les membres de la famille sont tous plus ou moins dispersés. Le père est à son travail ou à ses affaires; les plus grands enfants sont à l'atelier, les petits à l'école. L'heure des repas les rassemblera tous. La **salle à manger** doit donc se faire pour eux hospitalière et gaie.

Dans la salle à manger tous réunis, on aimera à trouver non seulement le réconfort physique, mais aussi le réconfort moral. Il y régnera donc une propreté et un ordre parfaits. Quelques gravures bien choisies, des fleurs fraîches et quelques-uns de ces jolis riens que sait faire une femme adroite, réjouiront la vue. Le journal et les livres préférés seront placés à portée du père et du grand frère. Le soleil y pénétrera discrètement et apportera sa note joyeuse. En hiver, un bon feu entretiendra une chaleur modérée.

Entouré ainsi de bien-être, le père oubliera un moment ses fatigues, ses ennuis, les craintes qui l'assaillent peut-être pour l'avenir. Il jouira de ce confortable qui est la récompense de son travail et qu'il est heureux de voir partagé par sa femme et ses enfants.

C'est dans la salle à manger aussi que nous recevons nos amis; c'est une raison encore pour la rendre attrayante. Nous devons désirer qu'ils se plaisent chez nous, qu'ils y trouvent les heures trop courtes. Ce résultat n'en sera que plus sûrement atteint, croyez-le bien, si nous les accueillons dans une salle à la fois propre et ornée avec goût.

Mobilier. — Il n'est pas nécessaire que notre mobilier soit luxueux. Ce qu'il faut rechercher avant tout, c'est l'harmonie ou l'accord agréable des couleurs et des formes.

Les meubles principaux de la salle à manger, buffet, table, chaises, seront donc du même bois, auquel on aura donné une teinte semblable. Un buffet en vieux chêne accompagné d'une table en acajou et de chaises en cerisier forment un ensemble désagréable à l'œil. Cet ensemble ne sera pas moins choquant si les meubles n'ont entre eux aucune parenté de forme, si, par exemple, les moulures ou ornementations du buffet n'ont aucun rapport de ressemblance avec celles de la table ou des chaises.

S'il y a des tentures aux fenêtres, que ces tentures, les tapis de table, le tapis qui couvre le parquet, ne soient pas de couleurs qui contrastent violemment entre elles. Que là encore il y ait accord, harmonie, entre les teintes, et que ces teintes soient en général discrètes; elles n'en seront que plus douces à l'œil et de meilleur goût.

Le choix de la vaisselle n'est pas indifférent non plus : choisissez-la aux formes simples, aux teintes douces et gaies et d'ornementation sobre.

Ornementation. — Un mobilier harmonieux et bien entretenu est le premier et le plus bel ornement d'une salle à manger. On peut, cependant, si on en a le moyen, chercher à orner les murailles de quelques tableaux, par exemple, mais il faut aussi savoir les choisir.

Mieux vaut cent fois une muraille nue qu'une muraille affligée de ces images horribles qu'on vend dans les marchés, de ces chromos qui sont une injure au bon sens et au bon goût, tellement ce qu'ils représentent ressemble peu à ce qu'ils ont la prétention de représenter : des arbres qui ne sont pareils à aucun arbre connu, des personnages aux attitudes impossibles et aux gestes faux et prétentieux, le tout peint de couleurs criardes et grossières. Mais bien plutôt achetez, — le prix n'en est pas plus élevé, — achetez des photogravures reproduisant les œuvres de nos grands maîtres en peinture ou en sculpture, celles qui reproduisent une belle scène familiale ou patriotique, qui font penser et réfléchir en même temps qu'elles nous donnent l'impression de la beauté vraie.

Il en est de même des bibelots que vous pouvez aimer à disposer sur la cheminée ou sur quelque étagère. Gardez-vous comme d'un outrage au bon goût de ces bibelots que vendent les bazars et qui sont toujours sans aucune valeur artistique. Une mode éphémère en fait parfois le succès, mais la mode passe, et on s'en lasse vite. La plupart demandent beaucoup de soins pour être tenus

propres, et il en est même qui ne peuvent résister au nettoyage. C'est donc en même temps de l'argent perdu que celui qu'on a consacré à de pareils achats.

Si votre budget ne vous permet pas de grosses dépenses pour l'ornementation de votre salle à manger, contentez-vous d'un ou deux objets, vases ou statuettes, mais qui aient au moins une certaine valeur artistique. On fait aujourd'hui en ce genre de très jolies choses d'un prix très abordable. Un vase de forme simple, mais élégante, une statuette de pose naturelle et gracieuse, embellissent infiniment plus un intérieur que vingt bibelots médiocres, sinon grotesques.

Entretien du mobilier de la salle à manger, des parquets et des tapis. — Pour donner aux meubles une plus belle apparence et en même temps pour les protéger contre les atteintes de l'air et de l'humidité, on les recouvre en général d'une sorte de couche imperméable, peinture, vernis ou cire.

Mais, suivant que les meubles sont peints, vernis ou cirés, les soins à prendre pour leur entretien sont différents.

La peinture étant faite d'huile dans laquelle on a délayé une poudre colorante, le savon, la potasse, l'essence de térébenthine attaquent la peinture en dissolvant l'huile ; les **meubles peints** ne doivent être que lavés à l'eau claire et tiède. Les parties les plus salies, près des poignées et des serrures, sont frottées avec un chiffon mouillé et couvert de pierre ponce finement pulvérisée.

Les vernis pour meubles sont composés d'une substance résineuse dissoute dans l'alcool ou l'éther. Ils donnent aux surfaces qu'ils recouvrent l'aspect brillant et poli du verre, mais ils ont l'inconvénient de se fendiller sous l'action d'une chaleur trop directe et trop forte.

Les **meubles vernis** sont d'ailleurs d'un entretien facile. Il suffit de les frotter soigneusement chaque jour avec un bon chiffon.

Les **meubles cirés** sont plus délicats, en raison de l'enduit qui les recouvre et qui n'est qu'une sorte de pâte molle faite de cire dissoute dans l'essence de térébenthine. On les essuie et on les brosse pour chasser la poussière qui a pénétré dans les moulures ou dans les sculptures, et on les frotte ensuite avec un chiffon de laine. On les encaustique comme les parquets lorsqu'il en est besoin.

Les **glaces** et les **vitres** se lavent à l'eau claire avec une éponge. Puis on les essuie avec un vieux chiffon de toile ou une peau de chamois bien propre et bien tordue.

Les **marbres** dont on fait les cheminées et les appuis de fenêtres sont des calcaires attaqués par les substances acides, vinaigre, fruits, etc. On les nettoie avec de l'eau savonneuse tiède. On peut ensuite leur rendre leur brillant en les cirant, ou en passant à leur surface un linge légèrement imbibé d'huile.

Les parquets cirés doivent être chaque jour balayés, et au moins frottés et essuyés avec un gros chiffon de laine. On les cire et on les brosse à des intervalles plus ou moins rapprochés, selon que le besoin s'en fait sentir.

Les **tapis de linoléum**, fort en usage pour la salle à manger, sont formés d'une grosse toile recouverte d'une épaisse couche de peinture protégée par un vernis. Ce vernis est détérioré par la potasse et les acides. On le lave avec une eau légèrement savonneuse et tiède qu'on essuie aussitôt. On peut les cirer comme les parquets; ils sont ainsi plus brillants et se salissent moins vite.

Les tapis en fibres végétales dits **d'aloès ou de ficelle** sont battus, brossés et même lavés, si besoin est. On se sert pour cela d'une eau ammoniacale.

Les **tapis de laine** sont brossés et battus dehors. Ceux qui sont cloués au parquet sont essuyés avec un linge humide.

Sur la table on place souvent, au lieu d'une nappe de toile, une **nappe en toile cirée,** plus économique que la nappe en toile. Comme le linoléum, la toile cirée est altérée par la potasse et les acides. Aussi ne doit-on la laver qu'à l'eau tiède et claire. Quand elle est encrassée, on délaye dans l'eau très peu de savon et on essuie immédiatement. Elle ne doit jamais être pliée, on la roule sur un bâton.

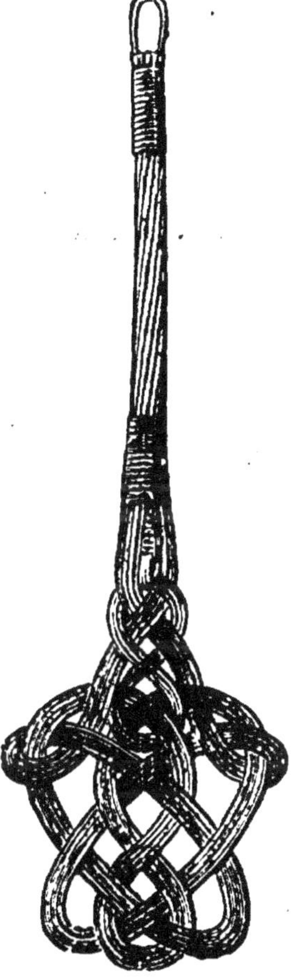

Batte à tapis.

Manière de mettre le couvert et d'orner la table. — Quand, **aux jours de fête,** vous invitez parents ou amis à s'asseoir à votre table, la salle à manger devra évidemment prendre son aspect le plus riant, et la table sera mise avec un peu d'apparat.

Et d'abord, si vous le pouvez, vous mettrez sur la table une couverture de coton, sur laquelle vous poserez ensuite la nappe. Cette couverture assourdit le bruit causé par le contact des ustensiles, adoucit le choc toujours possible des verres sur la table et évite la casse.

Puis, vous placerez les assiettes en laissant entre elles

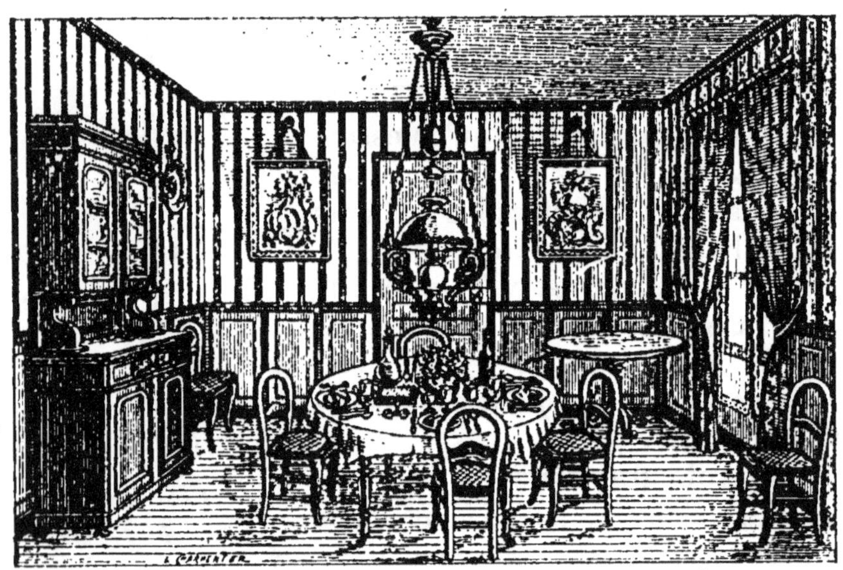

Salle à manger.

un intervalle d'au moins 60 centimètres. Il ne faut pas que les convives se heurtent du coude ou éprouvent de la gêne dans leurs mouvements.

La fourchette sera mise à gauche de l'assiette; à droite seront la cuillère et le couteau, en face le couteau à dessert.

Devant chaque couvert on dispose les verres par rang de taille.

Sur chaque assiette, la serviette pliée avec goût et contenant le pain.

Tous les trois ou quatre couverts, on met une salière,

une carafe pour la bière, le cidre ou l'eau, et une bouteille
de vin, de façon à ce que l'on ait à sa portée tout ce qui
est nécessaire.

Au milieu de la table ou à ses extrémités on égaye le
couvert d'une gerbe ou d'une corbeille de fleurs. On dispose un peu partout, mais avec symétrie et goût, les des-
serts : gâteaux ou fruits, qui, en faisant ressortir la blancheur de la nappe, servent aussi d'ornement à la table.

Aux jours ordinaires, la table, sans doute, sera mise
plus simplement, et c'est à vous, jeunes filles, qu'appartient la charge de le faire. Acquittez-vous-en avec soin.
Chaque jour, comme aux jours de fête, vous devrez disposer avec goût, si simplement soit-il, tout ce qui doit
servir au repas. Une table mise convenablement témoigne
du désir de plaire, et c'est une attention que vous ne ré-
serverez pas seulement aux parents et amis. Il en coûte
si peu pour bien faire ! il suffit d'y penser et de le vouloir.

Un autre soin vous revient encore : celui de **servir à
table,** et ce rôle ne saurait vous déplaire, puisqu'il sera
pour vous une occasion de permettre à votre mère de se
reposer un peu, de causer et de manger tranquillement.
Vous veillerez à ce que rien ne manque sur la table : pain,
sel ; vous verserez à boire, vous changerez les assiettes,
etc., tout cela adroitement, sans bruit, avec prévenance
et d'un air souriant. C'est ainsi que vous apprendrez
sans efforts à être bonne et active.

Plantes et fleurs d'ornement. — C'est encore
à vous, jeunes filles, qu'il appartient d'entretenir dans la
salle à manger ce qui contribue le plus à lui donner un
aspect souriant et gai : fleurs et plantes.

Quelques graminées, quelques herbes entremêlées de
coquelicots, de bluets ou de simples pâquerettes peuvent
servir à composer un gentil bouquet. Une plante verte,
bien portante, vous sourit dès votre entrée dans une
maison. Vous vous renseignerez donc sur les soins qui
conviennent aux **plantes d'appartements,** et vous les
traiterez en conséquence. Comme les animaux, les plan-

tes se nourrissent et respirent. Il faut donc leur donner des engrais, les arroser régulièrement, les exposer à l'air et à la lumière et même les laver fréquemment, car elles respirent surtout par leurs feuilles. On se sert pour cela d'une éponge fine ou d'un linge très doux et d'eau claire.

Pour lui faire produire des fleurs, il faut donner à la plante une nourriture plus forte et l'eau nécessaire à la dissolution des substances dont elle a besoin. Au moment de la floraison, l'arrosage sera donc plus abondant.

EXERCICES PRATIQUES

1. Préparer de l'encaustique pour cirer un meuble (faire fondre **à froid** 20 à 25 grammes de cire dans un décilitre d'essence de térébenthine.
2. Montrer une brosse à cirer le parquet. — En dire le prix. — La garnir de drap ou de toute autre étoffe épaisse destinée à amortir les coups de la brosse contre les meubles.
3. Cirer le bureau de la maîtresse.
4. Montrer l'effet de la chaleur sur une planche vernie. L'effet de l'alcool sur cette même planche.
5. Laver un tapis en toile cirée.
6. Nettoyer une partie de la porte peinte de la classe.
7. Composer un bouquet avec des fleurs diverses en justifiant la manière de faire. — Montrer que le bon goût suffit pour faire un ensemble gracieux de fleurs très simples et même dédaignées.

XVIIIe LEÇON

LA MAISON D'HABITATION (suite et fin).

La cuisine. — Batterie de cuisine. — Choix des ustensiles. — Leur entretien. — Lavage de la vaisselle.

La cuisine est la pièce de la maison qui exige le plus de soins pour être toujours en parfait état de propreté; car il est évident que c'est la pièce la plus exposée à être

salie par toutes les besognes qu'on doit y faire : préparation des aliments, lavage de la vaisselle, nettoyage des
chaussures, etc.; et, d'autre part, il est clair que non
seulement il serait désagréable, mais qu'il pourrait être
dangereux d'user d'aliments qui auraient été préparés ne
fût-ce que dans des conditions douteuses de propreté.

La première condition que doit remplir une cuisine
saine, c'est de **pouvoir s'aérer largement;** sinon

Cuisine.

quelques soins qu'on prenne, les appareils de chauffage,
et surtout ceux qui n'aboutissent pas à une cheminée,
tels que les fourneaux à gaz, à pétrole ou alcool, et aussi
les vapeurs produites par la cuisson des aliments, en
auraient rapidement vicié l'air, au grand détriment de la
santé même de la ménagère. Autant que possible, il est
aussi préférable qu'elle ne soit pas exposée au midi, afin
que, l'été, la chaleur ne vienne pas augmenter la fatigue
de celle qui doit y travailler.

Une seconde condition pour assurer la propreté de la
cuisine, c'est qu'elle puisse facilement et fréquemment

se laver. Le sol en sera donc formé, de préférence, d'un **carrelage en céramique.** Les taches faites sur un carrelage ne sont jamais que superficielles, tandis qu'elles pénètrent un plancher. Elles s'enlèvent donc facilement avec de l'eau chaude, du savon noir et une brosse.

Les murs de la cuisine seront également et pour le même motif peints à l'huile. La table et les chaises seront en bois blanc, parce que ce bois se prête bien au nettoyage.

Batterie de cuisine. — La batterie de cuisine se compose des divers ustensiles nécessaires à la confection des repas, à la préparation, à la cuisson et à la conservation des aliments. Ces ustensiles, de formes et de dimensions extrêmement variées, suivant les usages auxquels on les destine, peuvent être en cuivre, en fer (fer battu ou fer-banc), en fonte, en tôle émaillée, en nickel, ou en terre.

Le **cuivre** est très résistant, mais, outre qu'il est d'un prix assez élevé, il est facilement attaqué par l'oxygène, lorsqu'il est humide. Les substances acides, fruits, vinaigre, les matières grasses rancies, l'altèrent également. Il se forme alors un composé verdâtre, le vert-de-gris, qui est un poison. Le cuivre est le meilleur métal pour la cuisine, mais à la condition d'un entretien attentif.

Le **fer** se couvre aussi, à l'air humide, d'une couche de rouille, produite par la combinaison de l'oxygène de l'air et du fer. Cette rouille est inoffensive pour la santé, mais elle communique aux mets un goût et une couleur désagréables. De plus, le fer rouillé devient poreux; l'air, par suite, le pénètre plus facilement, et l'oxydation se propage vite, rongeant l'ustensile et amenant sa destruction rapide.

Il faut donc isoler ces deux métaux, cuivre et fer, par un autre métal non attaquable. **L'étain** remplit parfaitement cet office. Il s'altère très difficilement, et si l'air forme avec lui des oxydes, ces oxydes n'ont pas du moins de propriétés malfaisantes.

Les ustensiles en **fer-blanc** sont faits de lames de fer

préalablement étamées et soudées à l'aide d'un mélange de plomb et d'étain qui est fusible. Les ustensiles en **fer battu** sont ceux qui, fabriqués d'abord en fer ordinaire, ont ensuite été recouverts d'une couche d'étain. Ils peuvent durer indéfiniment.

La **fonte** est du fer non purifié. Aussi a-t-elle le même inconvénient que le fer : à l'air humide, elle se rouille ; elle est fragile : un ustensile de fonte se brise en tombant. Mais on fait aujourd'hui des ustensiles en fonte étamée qui sont d'un bon usage et qui remplacent le cuivre.

Tôle émaillée. —. Les ustensiles en tôle émaillée sont en fer recouverts d'un émail. Cet émail a un grave inconvénient. Il a beaucoup d'analogie avec le verre, et, comme le verre, il est mauvais conducteur de la chaleur. Il en résulte que si certaines parties d'un ustensile en tôle émaillée se trouvent plus exposées à la chaleur que d'autres, l'émail se brise, éclate. Les menues parcelles détachées se mêlent aux aliments, et, introduites dans le tube digestif, elles y peuvent causer de graves désordres.

On agira sagement en proscrivant l'usage de tous les ustensiles émaillés, lorsqu'ils sont détériorés.

Le **nickel,** si ce n'était son prix encore élevé, est très appréciable.

Poterie en terre. — Les ustensiles en terre étaient connus dès la plus haute antiquité. Ils supportent très bien le feu. Ils ont sur le fer et le cuivre l'avantage de s'échauffer et de se refroidir lentement. Aussi conviennent-ils à toutes les préparations culinaires qui demandent une cuisson à température constante.

Choix des ustensiles. — Le choix à faire parmi les ustensiles qui peuvent composer une batterie de cuisine est déterminé par les ressources dont on dispose et par l'usage auquel on les destine.

Les ustensiles en cuivre étamé, en fer battu, en fonte étamée, peuvent servir pour toutes les préparations culinaires. Ils sont très solides. Il est seulement nécessaire de veiller attentivement au bon état de la couche d'étain qui recouvre l'intérieur. Cette couche étant très mince, le frottement auquel on la soumet pour le récurage l'a vite usée. Il faut la faire renouveler dès que le métal est à nu.

La tôle émaillée a un aspect qui flatte l'œil; elle est facile à nettoyer. Mais, quoique son prix d'achat soit peu élevé, elle est en définitive d'un usage coûteux. Un coup de feu, un choc, suffit à faire sauter l'émail et à mettre l'ustensile hors d'usage. Elle ne doit en tout cas jamais servir pour les rôtis ni pour faire revenir les viandes ou les légumes. Elle convient très bien, lorsqu'elle est intacte, pour les bouillons, les légumes cuits à l'eau, les soupes, etc.

Il faut se méfier des poteries communes. Elles sont couvertes d'un vernis à base de plomb avec lequel les acides

Accroche-casseroles.

forment des composés vénéneux. Elles ne doivent pas être employées pour les conserves au vinaigre : cornichons, choux rouges, etc. On leur préférera les vases en verre ou en faïence.

Entretien de la batterie de cuisine. — On récure le **cuivre** et on lui rend son brillant en le frottant avec du **tripoli,** poudre très dure et extrêmement fine qui ne raye pas le métal. Le tripoli est délayé dans de l'eau. Avec un chiffon on en frotte vivement l'objet. On finit de faire luire avec un chiffon sec et doux.

L'eau de cuivre peut rendre les mêmes services que le tripoli. Une ménagère prudente n'en use pas. Ce liquide est, en effet, un poison violent, et, laissé par mégarde à la portée des enfants, il pourrait être la cause d'accidents graves.

Les poêles en fer, les cocottes en fonte brute, sont

récurées au savon minéral et lavées aussitôt qu'on s'en est servi, puis légèrement graissées : le corps gras isole le métal de l'air et le préserve de l'oxydation.

Les cocottes en fonte étamée, les ustensiles en fer battu, sont également récurés et lavés à l'eau de potasse et essuyés minutieusement.

Les couverts, les plats en étain, les ustensiles en fer-blanc, acquièrent un brillant très vif si on les récure avec une composition faite de sable fin, de potasse et d'eau chaude. On les rince à grande eau, et on les laisse s'é-goutter au soleil ou près du feu, puis on les essuie en les frottant encore.

La fonte et la tôle émaillée qui seraient encrassées se nettoient très bien et rapidement avec un peu de sable fin ou des cendres et de l'eau.

Les poteries se nettoient, comme la vaisselle, avec de l'eau de potasse chaude.

Il existe une substance qui remplace avantageusement toutes les autres pour les divers récurages: c'est le **savon minéral**, qui se trouve dans le commerce.

Lavage de la vaisselle. — La ménagère qui a de l'ordre lave et range la vaisselle aussitôt après les re-pas. Elle trouvera, à procéder ainsi, plusieurs avantages : sa table de cuisine ne sera jamais encombrée, sa vais-selle est moins exposée à être brisée. Et enfin le lavage se fait ainsi bien plus rapidement que si les restes d'ali-ments ont eu le temps de sécher et de se fixer sur les as-siettes ou les plats.

Pour laver la vaisselle, il est nécessaire d'avoir une bas-sine spéciale en fer galvanisé, où l'on fera subir aux ob-jets un premier nettoyage, à l'aide de la lavette, dans une eau bien chaude additionnée d'un peu de carbonate de soude. L'eau chaude fait, en effet, simplement fondre les corps gras; le carbonate les dissout. On lave d'abord les **couverts** et on soigne tout particulièrement les four-chettes, qui ne doivent conserver entre leurs dents aucun débris.

Les **assiettes** sont d'abord débarrassées, avec un chiffon de papier, des restes d'aliments qui ont pu y être laissés et qui saliraient l'eau trop vite. On les lave ensuite une première fois, puis on les passe dans une autre eau chaude et claire placée dans une seconde bassine à côté de la première et d'où elles doivent sortir tout à fait nettes. On les pose sur l'égouttoir. Comme elles sont chaudes, l'évaporation de l'eau se fait rapidement, et lors de l'essuyage on salit peu les torchons.

Après la vaisselle proprement dite, on lave les ustensiles dans lesquels a eu lieu la préparation des aliments. Pour mieux nettoyer le fond des casseroles, on emploie une petite brosse ronde de chiendent.

Dès que l'eau est grasse ou se refroidit, on la change.

Verres, carafes. — Les boissons n'étant pas des corps gras, il n'est pas nécessaire de laver les verres et les carafes dans une eau chaude et renfermant de la soude. De l'eau froide suffit, et l'on risque moins, avec l'eau froide, de voir le verre se briser, en raison de sa mauvaise conductibilité. On essuie avec un torchon spécial un peu vieux et fin.

Si les carafes sont encrassées et restent ternes, on y agite du marc de café ou des cendres avec un peu d'eau. Le frottement détache les impuretés. En y ajoutant un peu de vinaigre, on dissout les matières calcaires déposées sur les parois par l'eau que ces carafes ont contenue.

Les **bouteilles** doivent être lavées aussitôt après avoir été vidées, et mises ensuite sur leur égouttoir spécial.

Les couteaux. — Pour nettoyer les couteaux, on en essuie d'abord la lame avec un linge humide, puis avec un torchon sec. On ne plonge jamais un couteau dans l'eau chaude. L'acier s'y détrempe, et le manche en bois est vite détérioré par l'humidité. En essuyant la lame, il faut avoir soin de tourner le coupant en dehors, pour ne pas couper le torchon. Pour avoir des couteaux absolument propres, il faut mouiller légèrement l'extrémité d'un bouchon, qu'on passe sur de la brique à couteau pilée, et on en frotte vivement les deux côtés et le dos de la lame. On les passe ensuite sur un cuir à couteaux pour les rendre brillants. Les couteaux doivent être rangés à l'abri de l'humidité.

Il serait à souhaiter que dans toutes les cuisines il y eût un **évier** en pierre ou une table creuse couverte de zinc pour le lavage de la vaisselle. La vaisselle terminée, on lave la bassine et l'évier avec une brosse de chiendent, de l'eau de potasse chaude et du sable, si besoin est. On les rince et on les essuie. Si l'évier est muni d'un conduit destiné à entraîner les eaux sales au dehors, on y verse de l'eau bien chaude, et de temps à autre, pour le désinfecter, une dissolution de chlorure de chaux.

Les **lavettes** sont rincées, tordues et mises à sécher.

Un conseil que nous donnerons volontiers à la ménagère en terminant, c'est de ne pas se contenter de tenir propre l'intérieur de ses ustensiles; elle soignera aussi l'extérieur. Les casseroles et autres ustensiles allant sur le feu seront donc nettoyés au dehors comme au dedans. L'ensemble de la batterie de cuisine en aura d'abord plus bel aspect, et on ne sera pas exposé à se salir les vêtements ou les mains chaque fois qu'on aura besoin de prendre un plat ou une casserole.

Pour obtenir cette propreté complète, il faut d'ailleurs plus de précaution que de temps. Ici, comme en tout, il est plus facile d'éviter le mal que de le combattre, d'éviter de salir que de nettoyer. Ne mettez donc jamais les ustensiles directement sur le feu. Conservez toujours le feu bien haut dans votre fourneau, et, au moment voulu, vous aurez une plaque suffisamment chaude.

Le mobilier de la cuisine comporte un certain nombre d'objets en zinc ou en fer galvanisé, c'est-à-dire recouvert d'une couche de zinc, tels que bassines, seaux ou brocs. On n'oubliera pas que le zinc s'oxyde en présence des acides et donne naissance, lui aussi, à des composés vénéneux, et que, par conséquent, ces ustensiles ne doivent jamais servir aux usages culinaires. Du vin mis seulement pendant une heure ou deux dans un broc en zinc peut donner de fortes coliques à ceux qui le consomment.

EXERCICES PRATIQUES

1. Récurer un objet en cuivre : chandelier ou plateau d'une balance.
2. Laver et graisser une poêle en fer, une cocotte en fonte.
3. Nettoyer un plat en émaillé.
4. Nettoyer un plat en terre.
5. Laver quelques assiettes, des verres, une carafe.
6. Récurer quelques couteaux.
7. Oter un bouchon qui a pénétré dans une bouteille (corde avec un nœud).
8. Montrer à laver une bouteille en se servant de la brosse à bouteilles. Prix de cette brosse.
9. Montrer à tricoter une lavette en coton; à confectionner une lavette avec des morceaux de vieux gilets ou de maillots en coton qu'on superpose et qu'on borde.
10. Montrer comment on essuie un couteau pour ne pas couper le torchon.

DEUXIÈME PARTIE

(Leçons XIX à XXXVIII.)

Hygiène de l'alimentation

(Notions générales et élémentaires de cuisine).

XIXᵉ LEÇON

Objet et nécessité de l'alimentation. — Rôle et nature des aliments. — Valeur relative des divers aliments.

La nécessité que la nature impose à l'homme de manger et de boire n'est pas à démontrer. Mais d'où vient cette nécessité ? Il est bien facile de s'en rendre compte, si l'on réfléchit un seul instant à l'usure incessante à laquelle sont soumis les éléments qui composent notre corps.

Notre chair, nos os, nos nerfs, sont essentiellement faits de petites cellules dont les éléments premiers sont des corps simples : oxygène, hydrogène, azote et carbone. Ils comprennent aussi, mais en quantité moindre, du phosphore, du soufre, de la chaux, du fer, etc.

Mais, par le fait même de la vie, ces éléments sont entraînés sans arrêt par une destruction perpétuelle; et c'est précisément la combustion de ces éléments, c'est-à-dire la destruction des cellules qui forment les tissus de notre corps, qui exige que, sans cesse aussi, les pertes subies de ce fait par notre organisme soient réparées. C'est pourquoi, en un mot, nous sommes obligés, pour continuer à vivre, de boire et de manger.

Or, les pertes faites par le corps sont considérables.

Chaque jour, en effet, un adulte perd plus de 3,200 grammes de matières diverses, en eau, carbone, oxygène, sels minéraux, etc. La vapeur d'eau et l'acide carbonique qui sortent de la poitrine par le fait de la respiration, la sueur, les urines, sont des déperditions bien apparentes et dont chacun peut se rendre facilement compte.

C'est donc par l'**alimentation** que nous réparons ces pertes, et les aliments pris en vue de cette réparation doivent, bien entendu, égaler en **qualité** et en **quantité** les substances éliminées.

Les aliments nécessaires à l'homme se divisent en deux grandes catégories dont le rôle est très différent.

1° Les uns sont les **aliments respiratoires**, qui contiennent principalement de l'hydrogène et du carbone. Ce sont les graisses, les huiles, le beurre, le sucre. Leur rôle consiste surtout à produire **de la chaleur et de la force.**

2° Les autres sont les **aliments azotés ou albuminoïdes,** ainsi nommés parce que leur composition est analogue à celle de l'albumine ou blanc d'œuf : ce sont les véritables **aliments réparateurs,** c'est-à-dire ceux qui servent essentiellement à réparer les pertes subies à chaque moment de la vie par nos tissus La viande des animaux, le blanc de l'œuf, sont au nombre des principaux aliments réparateurs.

Un grand nombre d'aliments, tels que les **féculents** (blé, haricots, lentilles, fèves, riz, pommes de terre), tels que le **lait** et les **œufs,** sont d'ailleurs des aliments à la fois respiratoires et réparateurs.

En dehors de ces deux grandes catégories d'aliments, il en est d'autres qu'on peut appeler **accessoires,** dont le corps a également besoin.

Ce sont, par exemple, la **chaux,** qui entre dans la composition des os et qu'on trouve dans le lait, le jaune d'œuf, les salades ;

Le **phosphore,** qu'on trouve dans la viande, dans l'œuf, dans le blé ;

Le **fer**, dans la viande et certains légumes ;

Le **soufre**, dans les œufs, les navets, les radis, les choux, etc. ;

L'**eau** enfin, dont il nous faut une grande quantité, puisqu'elle forme les deux tiers du poids de notre corps, et le **sel**, qui existe dans l'albumine, mais que nous absorbons à l'état naturel en le mêlant à presque tous nos aliments.

Tous ces éléments si divers, dont notre corps a besoin, en proportions variables, bien entendu, nous ne saurions évidemment les trouver tous dans une seule substance. De là la nécessité où nous sommes de **varier nos aliments.** Sinon, au cas où, par exemple, nous voudrions rendre au corps l'azote qu'il a perdu en une journée en ne mangeant rien autre chose que des pommes de terre, il nous faudrait en absorber de cinq à six kilos.

Remarquons d'autre part que le corps ne prend aux aliments que ce dont il a besoin. L'excédent non seulement n'est pas utilisé, mais il devient nuisible au jeu des organes, et l'estomac, qui a dû le recevoir et le digérer quand même, s'est ainsi fatigué sans profit.

Dans ces conditions, il est facile de comprendre la nécessité qui s'impose à la ménagère soucieuse de la santé des siens, de composer les repas qu'elle leur prépare de manière à rendre au corps les matériaux qu'il a surtout perdus, et ces matériaux diffèrent tout naturellement suivant le travail auquel chacun de nous se livre. Il est clair, par exemple, qu'un ouvrier terrassier qui a remué la terre au grand air de la campagne n'aura pas dépensé les mêmes éléments qu'un employé de bureau qui sera resté courbé de longues heures sur un travail surtout cérébral.

La ménagère doit d'abord tenir compte de ces différences. Il lui faut aussi connaître le mieux possible la composition et la valeur des aliments, leur richesse en carbone, en azote, etc. Si elle veut éviter l'excès ou l'insuffisance de l'une ou l'autre des substances dont on a principalement besoin, elle doit éviter de charger l'estomac d'un excédent d'éléments dont notre organisme n'a que faire, ou au contraire de le laisser manquer de ce dont il a le plus besoin pour reprendre sa vigueur normale.

Enfin il est essentiel aussi pour elle de connaître la **valeur nutritive approximative** des principaux aliments, afin de ne pas accorder plus d'importance qu'ils ne méritent à des aliments qui restaurent peu, comme l'asperge, par exemple.

Il lui est intéressant de savoir, par exemple encore, que si on représente par 100 la richesse de la viande de bœuf, à poids égal,

CELLE DU	SERA REPRÉSENTÉE PAR
Jambon	157
Porc	116
Volaille	95
Mouton	85
Hareng saur	163
Fromage	160
Lentilles	158
Haricots et pois	150
Pommes de terre	22
Asperges	11

XXe LEÇON

Appareil digestif de l'homme. — Conditions nécessaires au bon fonctionnement de cet organe. — Comment il faut manger. — Le repas de famille.

Le manger et le boire sont tellement nécessaires à l'homme que la nature a mis à notre disposition tout un ensemble d'organes spéciaux qui n'ont d'autre fonction que d'assurer la nutrition, c'est-à-dire la réparation et le développement par l'alimentation des tissus de notre corps. L'ensemble de ces organes constitue l'**appareil digestif.**

L'appareil digestif comprend essentiellement quatre parties : la **bouche,** l'**œsophage,** l'**estomac** et l'**intestin.**

Dans la bouche, les **dents** broient et divisent les aliments durs ou volumineux. Pendant que les dents agissent, il arrive, provenant de glandes situées dans la bouche, un liquide appelé **salive** qui ramollit la matière introduite et qui permet de l'avaler facilement. La salive commence d'ailleurs à transformer les aliments : elle change les **féculents** en **glucose** (sucre), qui est assimilable, c'est-à-dire capable d'être directement incorporé à la substance même de notre corps. Une bouchée de pain longtemps mâchée finit par avoir une saveur sucrée. L'aliment bien imprégné de salive prend le nom de **bol alimentaire.**

Les aliments passent ensuite dans un conduit nommé **œsophage** pour se rendre à l'estomac.

Appareil digestif de l'homme.
a, glandes salivaires; c, trachée-artère; d, estomac; f, gros intestin; g, foie; i, intestin grêle.

L'**estomac** est une sorte de poche musculaire presque toujours en mouvement, qui, en se contractant, **brasse** et mêle le bol alimentaire avec un autre liquide qu'on nomme **suc gastrique.** Le suc gastrique, lui, agit sur les aliments albuminoïdes, qu'il rend liquides et assimilables.

De l'estomac, les aliments passent dans l'**intestin,** où ils subissent alors l'action d'un troisième suc très important, formé par une glande appelée pancréas et qui se nomme le **suc pancréatique**. Le suc pancréatique achève ce que n'a pu faire la salive ou le suc gastrique : il agit à la fois sur toutes les espèces d'aliments. La **bile** est un quatrième suc très amer, que fournit le foie et qui aide, lui aussi, à la digestion.

Ainsi digérée, la partie utile des aliments, devenue liquide, peut être **absorbée**. Elle passe alors à travers la paroi intérieure de l'intestin, arrive dans de fins vaisseaux, qui se réunissent pour en former de plus gros et aboutir dans les veines. Entraînée dans le torrent général de la circulation du sang, elle va partout où il en est besoin pour réparer les pertes subies par le corps.

La connaissance de ces organes vous permettra maintenant de comprendre les conditions nécessaires à leur bon fonctionnement, et de vous rendre compte de la manière dont on doit manger pour obtenir le plus sûrement le résultat cherché par l'alimentation : la réparation et l'entretien de nos forces physiques, c'est-à-dire, en d'autres termes, le maintien d'une bonne santé.

Ces conditions peuvent se résumer en un certain nombre de préceptes faciles à comprendre et que vous ne devriez jamais oublier :

1° **Mange lentement et mâche bien.** Il importe de bien broyer les aliments et de bien les insaliver avant de les avaler. Le travail de la digestion étant ainsi bien préparé, l'estomac se fatigue moins.

On évitera aussi de manger gloutonnement, au risque d'avaler des corps durs qui, introduits dans l'estomac et les intestins, peuvent en blesser les parois et y causer des abcès toujours graves.

2° **Mange avec sobriété.** Il importe aussi de ne pas prendre plus d'aliments que le corps n'en a besoin, et surtout de ne pas en prendre une trop grande quantité dans un même repas. L'estomac distendu outre mesure ne pourrait plus que difficilement se contracter et pétrir avec le suc gastrique le bol alimentaire qu'il a reçu. La digestion serait lente et lourde, on ressentirait un malaise général qui serait déjà une punition de n'avoir pas écouté la nature.

Il faut donc s'arrêter de manger quand la faim est à peu près satisfaite; il faut, suivant l'expression populaire, « laisser l'appétit au plat ».

D'ailleurs être sobre est une marque de respect pour soi-même. Aimer trop les plaisirs de la table, manger plus qu'il ne convient, être gourmand, n'est-ce pas céder à un entraînement grossier et avilissant? Résister, au contraire, à la tentation, alors que des mets appétissants s'offrent à nous, c'est remporter sur nous-mêmes une victoire, et, en évitant un dommage pour notre santé, nous avons fortifié notre volonté.

3° Bois modérément. Boire avec excès en mangeant est également mauvais. Outre que la boisson distend aussi l'estomac, elle délaye les sucs digestifs, et ceux-ci perdent de leur force. La digestion est donc rendue plus fatigante encore. Un repas qui comprend déjà des mets liquides par eux-mêmes, soupe, légumes ou fruits, se digère mieux si on ne boit pas ou si on boit peu.

4° N'abuse pas des excitants. Le sel, le vinaigre, le poivre, l'ail, la moutarde, etc., s'ils facilitent la digestion quand ils sont pris modérément, fatiguent au contraire l'estomac quand on en abuse. Si, ordinairement, on digère bien, il est inutile de se servir d'excitants; si on digère mal, l'usage des excitants affaiblira encore l'énergie de l'appareil digestif.

5° Mange à heure fixe et à intervalles réguliers. L'estomac prend des habitudes qu'il est bon de respecter. Chacun sait que, l'heure du repas passée, certaines personnes n'éprouvent plus la faim. Elles mangent alors sans plaisir et digèrent plus difficilement.

Les repas doivent être espacés, d'abord pour laisser à la digestion du repas précédent le temps de se faire complètement, en second lieu pour donner à l'estomac et à ses glandes le repos nécessaire.

Il faut entre les repas un intervalle de quatre ou cinq heures. Pour un enfant, cet intervalle pourra être moindre, mais, même pendant la première année, il ne devra jamais être inférieur à 2 ou 3 heures. Les coliques dont souffrent les tout jeunes enfants sont presque toujours dues à la fâcheuse habitude qu'on a de leur donner à boire dès qu'ils jettent quelques cris.

6° Enfin les **exercices violents**, le **travail cérébral**, sont à éviter après les repas. Une bonne digestion demande à se faire tranquillement, dans le repos des autres organes du corps ou pendant un exercice modéré.

La digestion se fait mieux aussi à une certaine température que par le **froid**, qui, pendant ou après le repas, peut paralyser en quelque sorte l'estomac et causer une indigestion.

Un bain froid pris avant l'achèvement complet de la digestion est extrêmement dangereux. Il en résulte dans l'organisme des troubles tels que la mort en résulte presque fatalement. Et cependant il n'y a pas de saison d'été où l'on n'ait à enregistrer des accidents causés par l'imprudence de personnes qui se sont baignées peu de temps après avoir mangé.

Toutes ces conditions d'ailleurs qu'exige un bon repas, vraiment réparateur, il dépend un peu de vous, mes enfants, de vous surtout, jeunes filles, apprenties ménagères, qu'elles soient remplies à la maison, où déjà, vous le savez, vous avez votre rôle à tenir près de la maîtresse de maison.

Que chaque jour, à l'heure où le père revient de son travail, où les enfants rentrent de l'école pour le **repas de famille**, la table, mise par vos soins, leur annonce que le déjeuner ou le dîner sont prêts ; et cette exactitude sera une première satisfaction pour tous ces jeunes appétits, déjà mis en éveil par la bonne odeur qui s'échappe du fourneau.

On se mettra à table gaiement. Pendant que les enfants babillent, chacun cause librement, et bien que peut-être travailleurs et écoliers n'aient que fort peu de temps pour prendre leur repas, on mangera lentement tout en bavardant ; et le repas, que la ménagère a eu soin de préparer aussi sain que possible et aussi confortable que ses ressources le lui permettent, le repas s'achèvera dans les meilleures conditions possible pour être bien goûté et bien digéré.

On s'est mis à table à l'heure, on a pu manger doucement comme il convenait, et, puisqu'on n'est pas en retard, on pourra regagner tranquillement ses occupations sans risquer de troubler la digestion par une précipitation antihygiénique.

Et ce repas de famille, mes enfants, pris doucement et gaiement, n'est pas seulement pour le travailleur une satisfaction donnée aux appétits de la nature, c'est en même temps un repos où, avec des forces physiques, il reprend du courage au travail, avec la satisfaction d'avoir passé quelques instants paisibles au milieu des siens.

Nous évoquions tantôt avec vous l'image du foyer familial, le soir, lorsque, la journée finie, tous s'approchent de la lampe de famille ou du poêle qui ronfle, pour se livrer librement chacun à ses occupations favorites ; et nous ajoutions que le souvenir de ces heures calmes vous serait utile peut-être plus tard à supporter les soucis et les tracas de la vie. Le souvenir du repas de famille tel que nous souhaitons à chacune de vous de pouvoir le prendre, sous la présidence du père de famille et sous la surveillance attentive de la mère, ce souvenir, croyez-le bien, mes enfants, est aussi un de ceux qu'on n'oublie pas.

En attendant, sachez jouir du bonheur que ces instants passés les uns près des autres peuvent vous procurer. Par votre prévenance, votre gentillesse, votre empressement, contribuez même à l'augmenter le plus possible : il passera toujours trop vite pour vous et les vôtres.

1. Mâcher longtemps du pain; le bien imprégner de salive. Constater qu'il prend un goût sucré. La substance féculente du pain s'est transformée en glucose ou sucre naturel.

2. La bile sécrétée par le foie aide à la dissolution des corps gras contenus dans nos aliments. Avant que l'on connût la benzine, on se servait de fiel de bœuf (bile) pour dégraisser les étoffes. Nettoyer une étoffe par ce procédé.

3. Prendre deux morceaux de craie d'égale grosseur et pulvériser l'un d'eux. Verser du bon vinaigre sur les deux morceaux placés dans des godets différents. Il y aura grande effervescence (bouillonnement) pour la craie écrasée, qui ne formera bientôt plus qu'une sorte de bouillie. Le morceau conservé entier est à peine attaqué. Conclusion : la division des aliments par les dents facilite l'action des sucs digestifs.

XXIᵉ LEÇON

L'alimentation doit varier suivant les climats, les saisons; suivant les occupations; suivant l'âge et le tempérament de chacun.

L'alimentation a pour but, nous l'avons vu, de fournir à notre corps **la chaleur** et par conséquent **la force** dont il a besoin pour le travail qu'il doit donner; elle a pour but aussi de réparer les dépenses de chaleur et de force que lui a occasionnées ce travail.

Or, ce besoin de chaleur et de force et la dépense que l'homme peut en faire varient évidemment avec les circonstances dans lesquelles s'exécute notre travail et avec le milieu où il s'accomplit. Il est clair par conséquent que l'alimentation doit varier d'après ces circonstances et d'après le milieu où chacun de nous est appelé à vivre et à travailler.

L'alimentation devra donc varier d'après

les climats. — Dans les pays froids, l'alimentation devra évidemment fournir au corps une plus grande quantité de chaleur que dans les pays du Midi. C'est pourquoi on y consomme surtout des aliments fortement respiratoires, des féculents et des graisses : l'habitant des régions glacées boit même de l'huile et dévore des quantités considérables de viande.

Un pareil régime serait, au contraire, odieux et parfaitement malsain pour l'homme des pays chauds, à qui convient un régime sobre composé d'aliments légers, de fruits en particulier. Le Napolitain, insouciant et paresseux, ne se contente-t-il pas de quelques pastèques, sous les chauds rayons de son beau soleil d'Italie ?

Une conséquence de ce que nous venons de dire, c'est que les marins, les soldats et, d'une manière générale, tous ceux que leurs voyages amènent à changer de climats, doivent changer en même temps de régime, c'est-à-dire adopter le régime de chacun des pays où ils sont momentanément appelés à séjourner. C'est une condition essentielle pour y toujours conserver une bonne santé.

Suivant les saisons aussi l'alimentation doit varier dans un même pays. L'**hiver**, un régime fortifiant, où dominent les aliments gras et les féculents, est le meilleur. L'**été**, au contraire, une nourriture légère est préférable, des légumes et des fruits riches en sucs.

L'alimentation doit varier surtout suivant les occupations. — La dépense de force variant avec le travail fourni par l'homme, l'alimentation de celui qui reste oisif sera nécessairement différente de celle que devra choisir le travailleur. Celui qui travaille surtout du corps devra, à chaque repas, prendre des aliments très nourrissants, qui fournissent les matériaux nécessaires à la production de la chaleur qu'il doit développer et à la reconstitution de ses tissus. Ce serait un très mauvais calcul de sa part que de chercher à économiser sur sa nourriture ; sa santé s'en ressentirait, et chacun sait qu'il coûte plus d'avoir affaire au médecin et au pharmacien qu'au boulanger.

Mais cette même nourriture nécessaire au travailleur serait, au contraire, très malsaine, dangereuse même pour celui qui travaille peu. Avec une nourriture forte, il verrait rapidement la graisse envahir ses organes, les empêcher de fonctionner convenablement, et il serait à bref délai envahi par un gênant embonpoint.

Ce serait d'ailleurs une erreur de croire que l'homme qui travaille de l'esprit ne fatigue pas et n'a pas besoin d'une nourriture substantielle. Le travail intellectuel provoque une fatigue aussi intense que le travail musculaire et nécessite, lui aussi, une grande production de chaleur, et par suite un régime alimentaire réconfortant.

Cependant il importe que ce régime soit fait d'aliments renfermant beaucoup de principes nutritifs sous un petit volume, afin que le sang reste moins longtemps à l'estomac et ne rende pas trop difficile le travail que le cerveau doit accomplir. Ce régime convient d'ailleurs à tous ceux que leur travail oblige à une vie sédentaire, employés de bureaux, couturières, modistes, etc.

L'ouvrier des champs, au contraire, celui qui vit surtout au dehors et respire l'air à pleins poumons, qui est sans cesse en mouvement, chez qui la circulation et la respiration, c'est-à-dire la combustion, sont toujours actives, digérera facilement des aliments gras et volumineux : potages épais, ragoûts de pommes de terre, lard, etc. Ce sont même là les aliments qui lui sont le plus nécessaires.

L'alimentation doit varier avec l'âge. — L'estomac fatigué des vieillards ne supporterait certainement pas la nourriture substantielle qu'exige l'appétit des adultes. Il lui faut une nourriture facile à digérer, des aliments légers et bien cuits.

Les enfants ont besoin d'une nouriture à la fois abondante et substantielle. Leur appétit, si prompt à s'éveiller, « faim d'écolier », le court espace de temps après lequel ils peuvent manger à nouveau, prouvent la nécessité pour eux d'une bonne nourriture.

Il ne faut pas oublier, en effet, que les aliments qu'on donne aux enfants, après avoir pourvu au maintien de la chaleur animale, après avoir réparé l'usure journalière des tissus, devront fournir un excédent qui servira à les faire grandir, à créer des tissus nouveaux.

Pour les **tout petits,** c'est encore une autre alimentation, et qu'il est bien important de choisir convenablement. Vous qui avez petit frère ou petite sœur, mes enfants, retenez bien ceci et tâchez de bien persuader votre maman de la nécessité de s'y conformer.

Le tout petit frère ne doit jamais manger de pain ni de viande. Il n'a pas de dents, comment pourrait-il broyer les aliments? Le pain, les pommes de terre, même divisés, même réduits en bouillie claire, ne peuvent lui être donnés. Son estomac n'a pas encore la force musculaire suffisante; sa digestion serait pénible et accompagnée de coliques.

Les bébés nourris ainsi sont parfois gros et joufflus, mais ils sont peu robustes en réalité, et les maladies infantiles font parmi eux beaucoup de ravages.

Le seul aliment qui convienne au petit enfant, c'est le **lait,** qui se digère bien, qui contient tout ce qui est nécessaire à la nourriture du corps. Il est peut-être le seul qui mérite le nom d'aliment complet, et n'est-ce pas pour cela que la nature prévoyante en a donné à la mère du nouveau-né?

La mortalité des enfants élevés avec des panades ou des soupes est considérable. Ceux qui survivent se portent toujours moins bien que ceux qui ont été nourris de lait, et surtout que ceux qui ont été élevés au sein. Plus tard, remarquez-le, ils seront toujours d'une santé moins sûre et moins robuste.

Enfin, d'une manière générale, chacun fera bien, dans le choix de sa nourriture, de consulter le **tempérament** de son estomac, et en somme, en dehors des règles générales que nous venons de voir, c'est à chacun de déterminer quels sont les aliments qui lui conviennent le mieux, c'est-à-dire ceux qu'il digère le plus facilement et qui lui procurent plus sûrement, après le repas, cette sensation de bien-être qui est le meilleur indice d'une alimentation appropriée aux besoins de notre organisme.

EXERCICES PRATIQUES

1. Montrer qu'après une course rapide, en récréation, qu'après avoir monté rapidement l'escalier qui conduit à la classe, par exemple, les mouvements respiratoires sont plus vifs et plus précipités, d'où une consommation plus active à l'intérieur du corps. — Rappeler qu'il en est de même après un travail exigeant un grand déploiement d'efforts musculaires (transport d'un meuble, d'une malle lourdement chargée).
2. Rappeler qu'après un travail considérable du cerveau le sang afflue à la tête.
3. Rappeler que si on se met à faire un devoir ou à apprendre une leçon difficile aussitôt après le repas, on éprouve plus de difficultés pour venir à bout de son travail, et qu'en même temps on éprouve une sorte de malaise général qui témoigne d'une digestion troublée.

XXIIe LEÇON

Nécessité de l'art culinaire. — Préparation et cuisson des aliments. — Présentation des mets. — Composition d'un repas.

Le choix des aliments n'est pas la seule préoccupation de la ménagère. Il faut encore qu'elle s'occupe de leur préparation et de leur cuisson ; et pour que cette préparation donne aux aliments toute leur valeur nutritive, elle exige des connaissances spéciales, indispensables à toute maîtresse de maison soucieuse d'assurer le bien-être des siens et de leur assurer la conservation d'une santé vigoureuse.

Ces connaissances constituent précisément l'**art culinaire**, dont nous voudrions maintenant vous donner les notions essentielles, mes enfants, pour vous permettre d'abord de vous rendre utiles à votre mère dans cette partie de sa tâche, qui n'est ni la moins délicate ni la moins lourde de toutes celles qui lui incombent, et pour vous mettre en mesure de remplir convenablement cette tâche vous-mêmes, quand, à votre tour, vous aurez à veiller sur le bonheur d'une famille.

La préparation et la cuisson des aliments ont un dou-

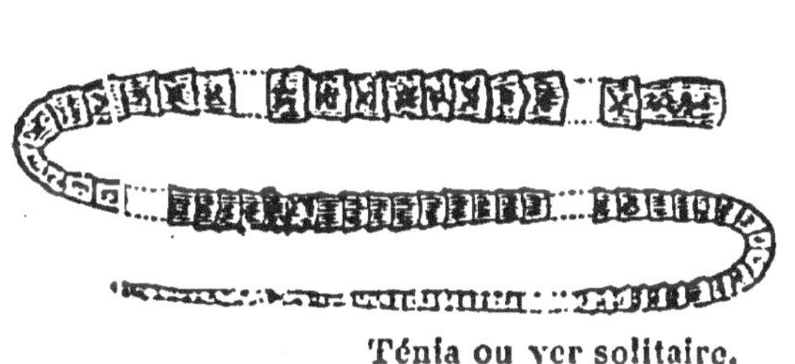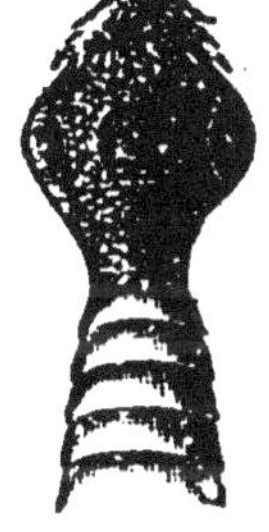

Ténia ou ver solitaire.

ble objet : 1° détruire les germes de maladies que peuvent contenir les substances destinées à l'alimentation; 2° préparer et faciliter la digestion.

1° Les **germes de maladie** peuvent se trouver assez fréquemment dans la **viande des animaux**, et aussi à la surface des **légumes** et des **fruits**. Dans les muscles de certains porcs, on trouve le germe du ténia ou ver solitaire, de la trichine et de la tuberculose. Or, le germe du ténia introduit vivant dans le tube digestif s'y développe rapidement et donne naissance au ver solitaire. La trichine, autre parasite du porc, est un petit ver long d'un demi-millimètre environ, qui, lorsqu'il pénètre dans l'intestin de l'homme, le perfore et va se loger dans les muscles. Il s'y multiplie, cause des douleurs assez vives et peut amener la mort.

Or, le ver solitaire et la trichinose sont fréquents en Allemagne et en Amérique, où l'on fait un grand usage de porc, du jambon et du saucisson crus. Si, en France, les cas d'affections de ce genre sont plus rares, c'est qu'on a l'habitude de cuire ces viandes.

La tuberculose est assez fréquente chez le porc et chez le bœuf, et il est à craindre qu'elle ne se communique à l'homme par la viande de ces animaux ou par le lait des vaches qui en sont atteintes.

Les végétaux, en particulier l'oseille, les épinards, les poireaux, la salade, les fruits, peuvent aussi devenir la cause de maladies graves, parce qu'ils donnent parfois abri aux microbes de la fièvre typhoïde, du choléra, etc., quand ces plantes ont été arrosées avec de l'eau contaminée provenant de mares, des égouts, de citernes mal entretenues ou de puits situés à proximité de fosses d'aisance.

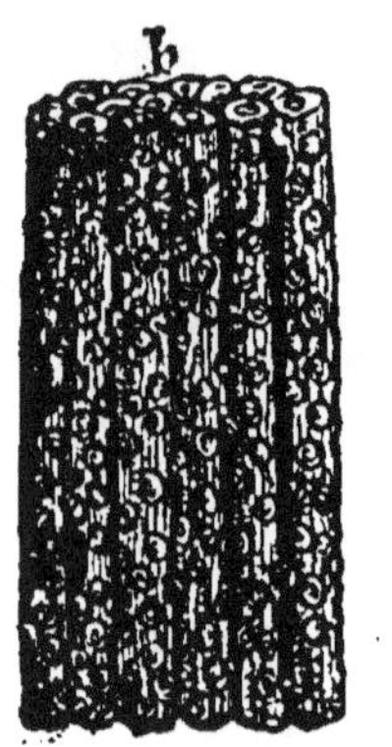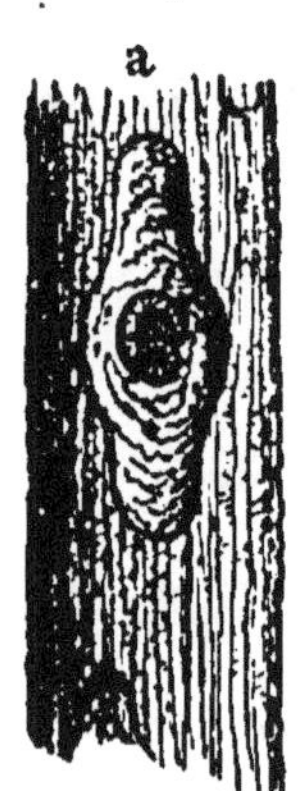

Trichine.

a, trichine dans sa cellule. — *b*, fragment du muscle envahi par la trichine.

Or, la chaleur seule peut arriver à tuer tous les germes de ces maladies. Dans les villes, la visite quotidienne des viandes faite à l'abattoir par un vétérinaire peut bien assurer une sécurité relative. Mais dans les localités de moindre importance et à la campagne, n'arrive-t-il pas trop fréquemment que des animaux même malades sont livrés à la consommation? Et il est très difficile à la ménagère de reconnaître si le lard ou le bœuf qu'on lui a vendus sont parfaitement sains.

Lors donc que vous aurez le moindre doute sur la qualité de la viande, sachant que les germes de maladies ne peuvent résister à une température de plus de 78°, vous la soumettrez à une cuisson prolongée dans l'eau ou la graisse, bouillon ou ragoût. Il est préférable, dans ce cas, de ne pas la faire rôtir, car dans un rôti, celui-ci

fût-il bien cuit, la température intérieure ne dépasse pas
60°. Ce mode de cuisson n'assure donc pas la destruction
complète des germes. L'intérieur des viandes bouillies
ou préparées en ragoût, au contraire, étant porté jusqu'à
95° au moins, ces préparations stérilisent parfaitement
les aliments.

Il en sera de même pour le lait, dont on ne doit jamais
faire usage sans l'avoir soumis à une ébullition d'au
moins dix minutes, qui amènera la destruction des microbes infectieux. C'est une précaution qu'on doit toujours prendre, quand même l'animal qui fournit le lait
aurait une apparence de bonne santé, car il est très difficile de reconnaître si une vache est tuberculeuse ou non.

Enfin, il est des bouchers
peu consciencieux qui vendent
parfois des viandes d'animaux
tués depuis plusieurs jours, et
qui ont déjà subi un commencement de putréfaction. Il faut
rejeter absolument ces viandes,
et n'accepter jamais celles qui

Grain d'amidon, gonflé, déchiré
par la cuisson.

sont d'apparence et d'odeur suspectes. La décomposition
de la viande produit de véritables poisons, que la chaleur
n'arrive pas toujours à détruire.

Quant aux légumes, il sera toujours prudent, s'ils doivent être consommés crus, comme les radis, les salades,
de les laver à grande eau et à plusieurs reprises. En
temps d'épidémie, il est préférable de ne manger fruits
et légumes que cuits.

2° La cuisson des aliments prépare et même commence la digestion. En effet, la vapeur d'eau et une température voisine de 100° (eau bouillante) font subir aux
matières albuminoïdes une transformation semblable à
celle que produit le suc gastrique.

La cuisson brise l'enveloppe des légumes, qui est formée d'une matière non assimilable; elle détermine le
gonflement des grains de fécule, qui se déchirent, com-

mencent à se délayer et se présentent alors dans un état qui facilite beaucoup l'action des sucs digestifs.

Enfin une cuisson faite à point, bien menée, donne aux mets même les plus simples et les moins coûteux, une saveur et une odeur appétissantes qu'une cuisson mal faite développe peu ou point.

Composition des repas. — Une préparation soignée des aliments est donc absolument nécessaire pour que leur absorption apporte à notre corps le réconfort dont il a besoin, et la ménagère doit y apporter tous ses soins.

Elle doit aussi se préoccuper d'entretenir l'appétit des siens, et, si la manière dont les aliments sont préparés y contribue pour une bonne part, la manière dont le repas est composé n'y contribue pas moins.

Pourquoi, par exemple, mange-t-on de la **soupe** avant le principal repas? C'est que l'odeur et la saveur d'une soupe bien faite excitent la production de la salive. De plus, par elle-même, elle contient toujours quelques principes nutritifs facilement assimilables, qui, tout de suite, provoquent dans l'estomac la sécrétion du suc gastrique. Elle prépare ainsi cet organe à la besogne que l'obligeront à faire dans quelques instants les plats vraiment réparateurs.

C'est pour le même motif que s'est établi l'usage des **hors-d'œuvre :** radis, saucisson, sardines, au début d'un repas dans lequel la soupe ne figure pas. Par leur saveur excitante, en effet, ces aliments produisent le même effet que le potage.

Une alimentation **variée** est également nécessaire, car elle aiguise et stimule l'appétit. On mange plus volontiers un mets qui n'a pas été servi depuis quelque temps. Rappelons-nous, de plus, qu'il n'existe presque pas d'aliments qui contiennent dans des proportions convenables les substances nécessaires au corps. D'où encore une nouvelle raison de varier le plus possible ceux qu'on nous offre. Il y a dans la nature tant d'ali-

ments variés qui se présentent à nous avec des façons si
diverses de les cuire et de les assaisonner! N'est-ce pas
une indication qu'il faut en user?

Un dîner composé d'un seul plat de viande est d'ailleurs plus coûteux, en même temps que moins hygiénique, qu'un repas qui comporte un peu plus de variété,
soupe, viande, légumes, petit dessert, etc.

Présentation des mets. — La manière dont
les mets sont offerts n'est pas non plus à dédaigner.
Nous avons dit déjà le plaisir qu'on éprouve à s'asseoir
devant un couvert bien mis, sur une nappe bien propre
et avec une vaisselle nette et brillante. Ce plaisir ne sera
que plus complet si de plus les mets posés sur la table
sont disposés sur les plats avec un peu de goût; si, par
exemple, la viande du bouillon est bien posée sur quelques branches de persil; si les œufs durs sont bien disposés en couronne sur l'oseille qui les accompagne; si
les fruits destinés au dessert sont placés régulièrement, en pyramides si l'on veut, sur quelques feuilles
vertes.

Ce sont là des soins bien simples et bien faciles, qui
ne coûtent qu'un peu d'attention, mais qui disposent
aussi à faire honneur au repas préparé par la bonne ménagère.

EXERCICES PRATIQUES

1. Examiner des haricots peu cuits et des haricots bien cuits.
L'enveloppe des premiers résiste sous la dent, celle des
seconds se brise facilement.
2. Effet produit sur l'appétit par du riz réduit en bouillie,
ou au contraire par du riz bien cuit qui a conservé sa
forme.
3. Effet produit sur l'appétit par des cerises jetées pêle-mêle
sur une assiette, ou au contraire par des cerises disposées
dans un fruitier orné de feuilles de vigne fraîches.

XXIIIᵉ LEÇON

LES BOISSONS

L'eau. — Sa composition. — Sa valeur hygiénique. — Eau potable; stérilisation de l'eau. — Les filtres. — La glace.

L'eau, telle que nous la trouvons dans la nature, est formée de la combinaison de deux corps simples : l'hydrogène et l'oxygène, unis dans la proportion de deux tiers d'hydrogène contre un tiers d'oxygène. Elle renferme en quantités variables de l'air, de l'acide carbonique et des matières minérales : carbonate de chaux, sulfate de chaux, etc.

L'eau forme les deux tiers du poids de notre corps. Chaque jour, les sécrétions des reins, des poumons et de la peau en éliminent 2 à 3 kilogrammes, qui doivent lui être restitués. Cette restitution a lieu par les aliments solides qui en contiennent tous, mais surtout par les boissons, dont l'eau est la base. L'eau fournit aussi au corps une partie des substances calcaires dont il a besoin, et en particulier la chaux qui entre dans la composition des os. L'eau nous est donc indispensable. Malheureusement on n'apprécie peut-être pas comme elle mérite de l'être sa valeur comme boisson. Il est vrai qu'elle ne coûte rien ; qu'elle n'a pas une saveur bien déterminée qui impressionne agréablement le palais; aussi, en général, la dédaigne-t-on, quand on ne la craint pas !

Et cependant **l'eau est la meilleure des boissons.** Elle est la plus simple, la seule que la nature ait mise à notre portée; elle est la plus facile à digérer. Un verre d'eau pris le soir avant de se coucher ou le matin en se levant, rafraîchit le tube digestif, aide à la circulation dans l'intestin des résidus de la digestion, et prévient ainsi la constipation. Véritablement, les avantages qu'offre l'eau comme boisson sont tels qu'on est en droit de s'étonner que l'usage n'en soit pas plus répandu et ne soit pas universel.

Bien entendu, pour que l'usage de l'eau soit bon, il faut que l'eau soit **potable,** c'est-à-dire propre aux usages domestiques. Il ne suffit pas d'ailleurs, pour qu'une eau soit potable, qu'elle soit limpide, inodore et fraîche et de saveur légère.

En effet, en dépit d'une belle apparence, l'eau peut être ou médiocrement saine ou même dangereuse; c'est le cas : 1° lorsqu'elle contient un excès de matières calcaires; 2° lorsqu'elle renferme des microbes ou ferments nuisibles.

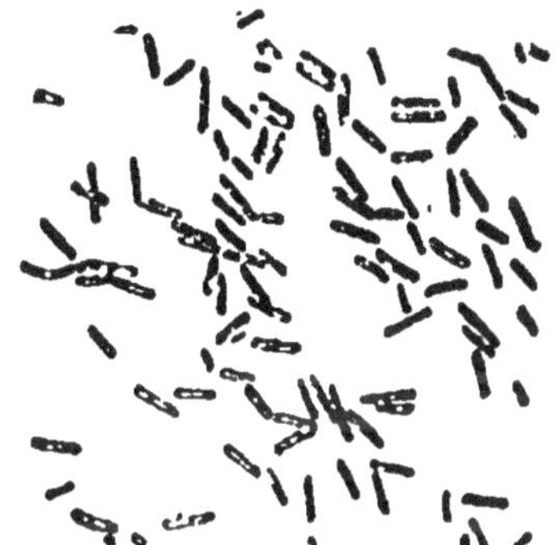

Bacilles de la fièvre typhoïde (grossissement au microscope).

1° Si la proportion des matières calcaires est trop forte, l'eau est alors de digestion difficile, elle pèse à l'estomac, et on dit qu'elle est lourde. Cette eau ne cuit pas bien les légumes, surtout les pois, les haricots; car la matière calcaire imprègne ces légumes et les durcit. Elle ne dissout pas le savon : le calcaire s'unit au corps gras du savon et donne un composé insoluble qui apparaît sous forme de petits flocons blancs appelés grumeaux.

2° L'eau peut contenir et contient souvent des germes infectieux. Il est bien établi aujourd'hui que certaines maladies contagieuses, fièvre typhoïde, dysenterie, choléra, etc., sont transmises et propagées par l'eau. Les microbes de ces maladies se développent dans l'intestin du malade et sont rejetés avec les matières fécales. Si ces matières ne sont pas recueillies dans des fosses d'aisances bien cimentées, leur contenu s'infiltre à travers le sol, gagne le puits et infeste l'eau qu'il contient

Cette eau alors employée comme boisson ne peut manquer de propager la maladie.

Les rivières se trouvent ainsi souvent contaminées, car elles servent trop fréquemment de déversoirs aux eaux d'égouts et aux eaux ménagères des localités qu'elles traversent, et l'histoire des épidémies démontre que lorsqu'une maladie épidémique a sévi aux régions élevées d'une vallée, il est rare que cette maladie ne gagne pas de proche en proche toutes les localités situées sur le cours de la rivière qui l'arrose.

La plus grande prudence est donc à recommander dans l'emploi de l'eau qui doit servir à l'alimentation. Les eaux de rivières, de marécages, seront rejetées. Les eaux de source, qui, en traversant le sol, ont en quelque sorte été filtrées, sont les meilleures. Les eaux de puits sont bonnes aussi, en général, à moins que ces puits ne soient dans un voisinage compromettant; il suffit qu'à proximité une fosse à purin, bien close aujourd'hui, laisse demain échapper ce qu'elle contient, pour que l'eau du puits voisin soit, par des infiltrations, vite contaminée et par suite dangereuse.

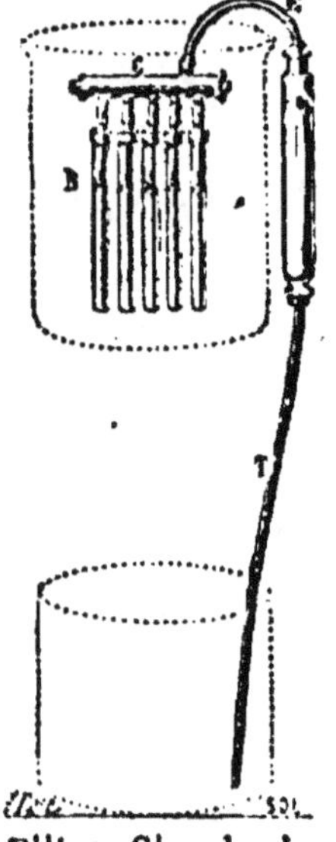

Filtre Chamberland à siphon sans pression (vu à travers le vase).

B, bougies porcelaine, C, collecteur. E, T, tube amorceur, caoutchouc.

Stérilisation de l'eau. — Il est facile d'ailleurs de rendre tout à fait inoffensive l'eau qui sert à la boisson, soit en la débarrassant de ses microbes à l'aide d'un filtre, soit en les tuant par l'ébullition. C'est ce qu'on appelle **la stérilisation de l'eau.**

Le meilleur filtre actuellement connu, le seul qui offre des garanties sérieuses au point de vue de la stérilisation de l'eau, est le **filtre Chamberland**, du nom de son inventeur.

Il se compose d'une sorte de bougie creuse en porcelaine cuite, D, mais non vernissée. L'eau arrive autour de la bougie, E, et filtre à travers ses parois, dont les pores sont trop petits pour laisser passer les microbes. L'eau qui sort alors de la bougie, B, est tout à fait pure.

Cependant, pour que ce résultat soit sûrement atteint, il est de toute nécessité que le filtre soit nettoyé fréquemment, tous les deux jours au moins. Pour cela, on le fait tremper quelque temps dans l'eau bouillante, puis on le frotte doucement avec une brosse et un antiseptique.

A défaut de filtre, le moyen le plus sûr de stériliser l'eau, c'est de la **faire bouillir** de 20 à 30 minutes. L'eau bouillie offre encore plus de garanties que l'eau filtrée. En temps d'épidémie, l'eau bouillie devrait être seule employée.

L'ébullition présente bien un léger inconvénient : en chassant les gaz contenus dans l'eau, elle la rend plus lourde et peut-être moins digestible. On peut assez facilement remédier à cet inconvénient en la battant au grand air.

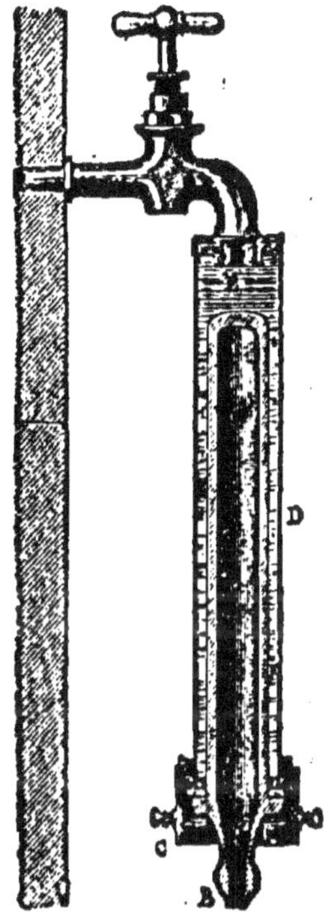

Filtre Chamberland à pression (vu en coupe).

A B, bougie creuse en porcelaine. D, enveloppe métallique. E, eau non filtrée. C, joint à vis.

C'est également par l'ébullition que l'eau trop riche en matières calcaires peut être rendue plus apte à la **cuisson des légumes.** Le carbonate de chaux se dépose en effet au fond et sur les parois du vase, et en laissant reposer, puis en décantant, on a une eau pure où les légumes cuiront très bien.

Certaines ménagères facilitent aussi cette cuisson en ajoutant à l'eau un peu de carbonate de soude.

Glace, eau glacée. — Dans les pays chauds ou pendant l'été on fait parfois usage d'eau congelée ou glacée pour rafraîchir les boissons. C'est un usage qui peut être dangereux, lorsque la glace a été fabriquée avec de l'eau qui n'est pas pure. Le froid, en effet, ne tue pas les microbes.

D'ailleurs de l'eau glacée prise en quantité telle qu'elle n'ait pas le temps de s'échauffer avant de passer dans le tube intestinal peut causer des troubles graves, coliques, diarrhée ou même inflammation d'intestin. En effet, si l'estomac est constitué de façon à pouvoir supporter des changements assez brusques de température, il n'en est pas de même de l'intestin, qui, normalement, ne reçoit les aliments que lorsqu'ils ont pris la température de l'estomac.

Après le repas en particulier, il est prudent de s'abstenir d'absorber de la glace ou de l'eau glacée. A ce moment, en effet, les vaisseaux sanguins doivent apporter à l'estomac toute la chaleur qui lui est nécessaire pour accomplir son travail. Or la glace, par le froid qu'elle produit, contracte ces vaisseaux, ralentit par suite ou même arrête la circulation du sang, rend ainsi la digestion plus difficile et peut même provoquer une indigestion.

Il n'est pas moins dangereux, enfin, quand, par une forte chaleur ou après un rude travail, on est tourmenté par une soif ardente, de se rafraîchir avec de l'eau froide, de l'eau de source par exemple. Chaque année cette imprudence cause la mort de nombreux travailleurs, forts et bien portants, qui, bien qu'en sueur, n'ont pas su résister à la tentation et ont contracté de redoutables maladies de poitrine.

EXERCICES PRATIQUES

1. Faire bouillir de l'eau et constater le dégagement de nombreuses bulles de gaz.
2. Observer les parois des récipients dans lesquels on fait ordinairement bouillir de l'eau (bouilloires, chaudières); on constatera un dépôt calcaire.

3. Examiner avec un fort microscope une. goutte d'eau de rivière ou de ruisseau. On y apercevra de nombreux microbes.

4. Observer un filtre Chamberland. Apprendre à le nettoyer.

XXIVᵉ LEÇON

LES BOISSONS (suite).

Les boissons fermentées : le vin. — Sa fabrication. — Usage qu'on en peut faire. — Sa conservation. — Ses falsifications. — La bière. — Le cidre. Le café et le thé. — De quelques boissons hygiéniques et rafraîchissantes.

L'eau est la meilleure des boissons. Cependant, il est d'autres boissons dont l'usage modéré ne saurait être nuisible à sa santé. De ce nombre sont les **boissons fermentées,** dites aussi **boissons hygiéniques,** par opposition à celles qui sont pour nous d'une consommation dangereuse en raison de la quantité d'alcool qu'elles renferment.

Les principales boissons fermentées sont : le **vin,** la **bière et le cidre.**

1º Le **vin** provient du raisin. En écrasant du raisin, on obtient un jus sucré. Au bout de quelques jours, on constate que la saveur sucrée a disparu et que le jus a un goût piquant. Il est devenu du vin. C'est la fermentation qui l'a ainsi transformé; cette transformation est due d'ailleurs à un microbe végétal, ou ferment, répandu en poussière dans l'air et qui se trouve sur les grains mêmes du raisin. Ce ferment s'est développé avec une rapidité extraordinaire dans le jus de raisin, et en a transformé le sucre en alcool ou en acide carbonique.

Le vin contient de l'eau, du tanin, des matières azotées et minérales, de 7 à 16 p 100 d'alcool, des acides divers, le tout coloré par une matière rouge provenant de la peau du raisin. (Quand on veut obtenir du vin blanc, on pressure le raisin avant la fermentation.)

Le vin est une boisson bien française. Les grands crus de Bordeaux, de Bourgogne et de Champagne ont une renommée universelle bien méritée. Et en réalité, par les matières azotées et minérales qu'il contient, le vin est nutritif et tonique. Quand il est pur, et n'est pas trop alcoolisé, son usage modéré augmente les sécrétions de l'estomac et favorise la digestion; son influence sur la santé est donc plutôt heureuse. « Le bon vin réjouit le cœur de l'homme, » dit un proverbe. Il rend, en effet, momentanément le travail intellectuel ou physique plus facile, et donne une sensation de bien-être, en même temps qu'il augmente la bonne humeur.

Mais, au contraire, si la dose absorbée est trop forte ou si le vin n'est pas naturel, le résultat obtenu est d'une tout autre nature, et au lieu de cette sensation de bien-être, de cette gaieté de bon aloi que nous signalions tout à l'heure, c'est un abattement physique et intellectuel qui le rend impuissant à tout travail qu'éprouve l'homme qui a bu du vin, du mauvais vin surtout, en trop grande quantité, et, avec cet abattement, des maux de tête et des troubles intestinaux.

Faisons donc au vin une place dans notre régime alimentaire; ayons même en réserve une bonne bouteille de nos vieux crus pour offrir à nos parents et à nos amis aux jours de fête. Mais n'exagérons ni son importance ni sa valeur comme boisson. Tenons-nous surtout en garde contre les falsifications sans nombre dont il est l'objet.

Conservation du vin. — Le vin se conserve ordinairement en bouteilles. Pour mettre le vin en bouteilles, il convient de choisir un temps sec, et non orageux, sinon le vin est exposé à perdre de sa limpidité et de sa qualité.

Avant de boucher les bouteilles, il est bon de faire

bouillir les bouchons. Un séjour prolongé dans l'eau les gonfle, les rend élastiques, et par conséquent permet de les faire pénétrer plus facilement dans le goulot. L'eau bouillante stérilise les bouchons et rend plus certaine la conservation du vin. Les bouchons de mauvaise qualité communiquent au vin un goût déplaisant.

Les bouteilles doivent être emplies de façon à ce qu'il y reste le moins d'air possible. L'air, en effet, peut contenir des germes capables de se développer dans le vin et d'en altérer les qualités.

Quand on débouche une bouteille, on doit veiller à ne pas perforer le bouchon. Il pourra ainsi servir encore, non pour boucher du vin, mais pour des usages courants : boucher une bouteille contenant du vinaigre, de l'huile, un reste de bière, etc.

Falsification du vin. — Le **mouillage** est le mode de falsification le plus pratiqué. On mouille le vin, c'est-à-dire on l'additionne d'eau; mais, le liquide pouvant alors paraître fade, on y ajoute de l'alcool d'industrie, presque toujours malsain. S'il est trop clair, on a recours à une coloration artificielle que l'on obtient trop souvent avec un véritable poison : la **fuchsine.**

Pour aider à la conservation du vin, on y met du **plâtre.** Mais si la proportion de plâtre est trop élevée, le vin devient irritant pour l'estomac et l'intestin, où il peut causer des troubles assez graves.

On fabrique aussi du **vin sans raisins,** avec de l'eau, de l'alcool et des essences ou extraits qu'on trouve dans le commerce. Inutile de dire que le vin fabriqué est une boisson des plus malsaines et des plus dangereuses.

2° La **bière** est aussi une boisson fermentée faite avec des grains d'**orge** à demi germés et devenus ainsi sucrés, et du **houblon.** Elle renferme de 3 à 8 pour 100 d'alcool. Le sucre, les matières albuminoïdes, les phosphates qu'elle renferme, la rendent nourrissante. Le houblon lui communique des propriétés diurétiques et dépuratives.

La bière serait donc une excellente boisson, si elle n'était, elle aussi, trop souvent falsifiée par des brasseurs peu consciencieux. Comme on fait du vin sans raisin, on fait aussi de la bière sans orge ni houblon. L'orge est remplacée par de la glucose, et le houblon par du buis, de la noix vomique ou autres substances amères, qui ne sont pas toutes inoffensives.

Il n'est donc pas étonnant qu'on se trouve parfois incommodé après avoir bu certaines bières, et qu'on ait si souvent tant de peine à conserver de la bière sans qu'elle s'altère. La bière doit toujours être tenue dans une cave fraîche, sinon elle devient peu agréable à boire.

Quand, à la fin d'un tonneau, les derniers litres viennent à s'aigrir, on peut leur rendre leur saveur primitive en les mettant en bouteille avec une cuillerée à café de riz et un bon morceau de sucre par bouteille. On bouche, et, grâce au riz et au sucre, il se fait une fermentation qui redonne à la bière du goût et du stimulant.

3° Le **cidre** et le **poiré** sont obtenus par la fermentation du jus de pomme ou du jus de poire, qui sont aussi plus ou moins sucrés. Ils contiennent de 2 à 6 pour 100 d'alcool.

Le cidre est une boisson très répandue dans toute la région nord-ouest de la France, en Bretagne et en Normandie principalement. C'est une boisson rafraîchissante et hygiénique, mais assez pauvre en substances nutritives et qui ne vaut pas la bonne bière.

Le cidre mousseux, qui s'obtient en mettant en bouteille le cidre encore doux, est un liquide pétillant, à la fois sucré et acide, très agréable à boire, surtout pendant les chaleurs.

Au nombre des boissons hygiéniques, il en est deux dont l'usage est très répandu et ne présente pas d'inconvénients pour la santé : ce sont le **café** et le **thé**.

Le **café** est la graine d'un arbuste qu'on cultive au Brésil, en Afrique et dans les Antilles. Il contient un principe stimulant, la caféine, qui a la propriété d'exci-

ter les contractions du cœur et d'activer la circulation.
Par le grillage ou torréfaction, on développe en lui un
arome que n'a pas le café vert et qui lui donne toute sa
valeur.

L'infusion de café constitue une boisson tonique et ex-

Branche du caféier.
a, grain de café.

citante, dont l'action se fait surtout sentir sur le cœur et
sur le cerveau. **Pris à dose modérée,** le café est hygiénique; il contient une notable proportion de principes
nutritifs, et, en activant la circulation, il facilite la digestion. Mais il est contraire aux enfants et aux personnes
d'un tempérament nerveux.

Préparation du café. — Pour avoir de bon café,
il faut faire céder aux grains, préalablement broyés, tous

les principes qu'ils renferment. On arrive à ce résultat en versant lentement et par petites quantités de l'eau bien bouillante sur la poudre de café bien tassée (on met de 7 à 8 gr. de café par tasse). Si on laisse bouillir le café en préparation, il se trouble et perd son arome.

Quelques ménagères ajoutent de la chicorée au café, par économie, disent-elles, et pour donner au liquide une couleur plus foncée. Elles ont tort. La chicorée n'a aucune valeur nutritive; elle détruit le goût agréable du

<table>
<tr><td>Moulin à café.</td><td>Cafetière-filtre.</td><td>Boule pour faire infuser le thé.</td></tr>
</table>

café, et, qu'elles y prennent garde, c'est le mauvais café, le café sans arome, qui attire le petit verre. Quand le café est bon, on s'abstient aisément d'y ajouter de l'alcool. Soignez donc bien la préparation de votre café, et n'y mettez pas de chicorée!

Falsifications du café. — Comme toutes les denrées alimentaires, le café est l'objet de nombreuses falsifications. On fabrique artificiellement des grains de café à l'aide d'une pâte composée des matières les plus diverses, glands, châtaignes, argile, vieux marc de café, chicorée, etc., et, avec un moule spécial, on détaille cette pâte en grains tout à fait semblables à ceux du véritable café. Ces grains sont ensuite enduits d'un vernis qui leur donne la couleur et le brillant du café grillé. On peut les reconnaître à leur poids plus faible et au goût particulier qu'ils donnent à l'infusion.

Le café qu'on achète moulu est plus falsifié encore. On le mélange à de la fécule de pomme de terre, de la farine de haricots ou de fèves, des racines de diverses plantes, même à de la brique et à du sable pilés. On y ajoute surtout de la chicorée. La présence de la chicorée est d'ailleurs assez facile à reconnaître. Il suffit de jeter une pincée de ce café dans un verre d'eau. La chicorée tombe aussitôt au fond du liquide en le brunissant; la poudre de café surnage un instant.

Le **thé** est la feuille d'un arbuste qui pousse surtout en Chine. La feuille roulée et séchée de cet arbuste, sous l'action de l'eau chaude, donne une boisson agréable qui a la plupart des qualités du café.

Branche de thé.

Le thé est un excitant et favorise la digestion. Son abus peut faire naître des troubles nerveux assez graves.

Comme le café aussi, le thé est souvent falsifié. Les Chinois, qui le récoltent, commencent par y mêler des feuilles d'un autre arbre que l'arbre à thé. Les négociants anglais, français ou russes qui le leur achètent y ajoutent des feuilles de fraisier, de saule ou de frêne, qu'ils découpent et roulent habilement. On peut dire que tous les thés bon marché sont des thés falsifiés.

Parmi les boissons hygiéniques et rafraîchissantes on peut encore citer quelques infusions ou décoctions faciles à préparer pour la ménagère et qui, l'été, lui permettront de satisfaire, sans grands frais et sans danger pour la santé, la soif toujours très vive des petits, que la chaleur n'empêche jamais de jouer et de se donner beaucoup de mouvement.

Elle obtiendra ainsi une boisson très agréable en versant de l'eau bouillante sur des **tranches de pommes ou de poires** et en l'additionnant d'un peu de sucre et de vinaigre. Cette boisson est également bonne chaude ou froide.

Une **infusion de citron**, non moins agréable, s'obtient aussi en versant de l'eau bouillante sur des tranches de citron, avec un peu de sucre; au moment de boire, on ajoute un peu de vin.

Une **infusion d'anis** s'obtient en versant un litre d'eau sur 8 à 10 grammes d'anis. Une boisson très rafraîchissante et très parfumée est encore très facile à faire par la décoction des racines de réglisse : c'est le **coco**. On vend d'ailleurs des boîtes de coco qui, pour un prix minime, permettent de faire une grande quantité de boisson très saine.

Combien il serait à souhaiter que les ouvriers des champs et des chantiers prissent l'habitude de se désaltérer à l'aide de ces boissons! Ils en viendraient vite à les préférer aux boissons fermentées, qui ne donnent qu'une excitation passagère. Si la ménagère voulait prendre la peine de les leur préparer soigneusement, et savait leur faire comprendre quelle économie de santé et d'argent ils réaliseraient ainsi!

EXERCICES PRATIQUES

1. Écraser du raisin, goûter le jus et le laisser exposé plusieurs jours à l'air. Faire constater alors qu'il a pris une saveur piquante; et remarquer la présence de l'acide car-

bonique, qui apparaît à la surface sous forme de petites bulles.

2. Faire la même expérience avec du jus de pomme ou du jus de poire.

3. Croquer un grain d'orge, sa saveur est fade. — Croquer un grain d'orge germée, sa saveur est sucrée.

4. Observer de la levure de bière et montrer du houblon.

5. Abandonner dans un verre du vin, de la bière ou du cidre : au bout de quelques jours les boissons seront troubles; elles auront le goût du vinaigre.

6. Examiner différentes sortes de cafés.

7. Ecraser du café et le mélanger à de la chicorée en poudre, on ne peut s'apercevoir de la falsification. Mettre le mélange dans l'eau : la chicorée tombe au fond du verre, le café surnage.

8. Faire une infusion de café.

9. Faire une infusion de thé.

XXV° LEÇON

LES BOISSONS (suite et fin).

L'alcool. — Sa provenance. — Effets de l'alcool sur l'organisme. — Son action sur l'intelligence, sur la volonté. — L'alcoolisme. — Rôle de la femme et de la jeune fille dans la lutte contre l'alcoolisme.

Pourquoi faut-il qu'à propos de l'alimentation de l'homme, et des boissons qui concourent à cette alimentation, on ait besoin de parler de l'**alcool,** c'est-à-dire d'un poison terrible, qui, à aucun degré, n'aurait jamais dû figurer au nombre des substances qu'il se plaît à absorber? C'est que, hélas ! l'alcoolisme existe, et que toutes les fois qu'on s'occupe de l'hygième domestique, on doit signaler le mal, montrer nettement les méfaits dont il est responsable, afin de mettre en garde contre lui les ménagères et tous ceux qui, avec elle, ont un rôle important à jouer dans la lutte contre le fléau.

L'alcool est extrait du vin par la distillation. On le retire aussi de la betterave, des céréales et même de la pomme de terre; on l'appelle alors alcool industriel.

L'alcool industriel n'est jamais pur; il contient toujours des substances qui sont de véritables poisons, dont on ne peut le débarrasser que par une série d'opérations longues et coûteuses. Aussi n'est-il jamais complètement rectifié.

Alambic pour distiller l'alcool (vu intérieurement).

C'est cependant cet alcool empoisonné qu'on emploie pour fabriquer le vin à bon marché. C'est encore lui dont on fait les eaux-de-vie communes. Et comme par lui-même il est dépourvu de parfum et a même un goût désagréable trahissant les impuretés qu'il renferme, on lui donne artificiellement l'arome et la saveur du cognac ou eau-de-vie de vin, en l'additionnant d'huiles spéciales extrêmement dangereuses, plus dangereuses que l'alcool lui-même (quelques gouttes de ces huiles injectées sous la peau d'un lapin le tuent en trois ou quatre minutes).

Les liqueurs diverses et notamment les **apéritifs,** vermout, amers, absinthe surtout, sont en général faits de cet alcool, et sont encore plus à redouter, car la saveur particulière de ces liqueurs cache très bien le goût de l'alcool employé à les fabriquer; et cette saveur elle-même est le plus souvent due à l'addition de substances toxiques.

Effets de l'alcool sur l'organisme. — Tous les organes de l'homme sont atteints par l'alcool. L'alcool, dès qu'il pénètre dans l'estomac, commence par congestionner cet organe et par rendre les digestions pénibles et lentes. Par la suite il peut amener l'ulcération des parois de l'estomac, et causer ainsi des souffrances horribles, amener des vomissements de sang. Chez d'autres, en passant dans le sang, l'alcool amènera l'amincissement des parois des artères, qui se dilatent; un anévrisme en résulte bientôt, et avec l'anévrisme un danger de mort à peu près inévitable.

Ailleurs c'est le foie, ce sont les reins, ce sont les poumons que désorganise l'alcool, et du trouble apporté dans le fonc-

Physionomies typiques : avant et après les ravages alcooliques.

tionnement de ces organes, résultent de nombreuses maladies qui peuvent rapidement emporter celui qu'elles attaquent.

Car il est à remarquer précisément que non seulement l'alcool amène avec lui tout un cortège de maladies inévitables, mais encore qu'il rend l'organisme sans défense contre toute espèce d'affection. Et telle maladie ordinairement sans gravité, et dont on guérit presque toujours, vient-elle à tomber sur un homme habitué à boire de l'alcool, cette maladie subitement s'aggrave, se complique, et finalement terrasse et tue la malheureuse victime de ses habitudes intempérantes.

Les blessures d'un alcoolique se guérissent toujours bien plus difficilement que celles d'un homme sobre, et pour un alcoolique une opération chirurgicale est toujours dangereuse.

En résumé, l'alcool affaiblit toujours la santé et finit fatalement par la ruiner complètement. Malheureusement, son action ne s'arrête pas là. L'alcool anéantit peu à peu, avec le corps de l'homme, tout ce qui fait sa valeur et sa noblesse : l'intelligence et la volonté, pour le ravaler au-dessous même du niveau des brutes.

Son action sur l'intelligence. — Le cerveau, en effet, est moins encore que nos autres organes à l'abri des funestes effets de l'alcool. L'alcoolique éprouve de la peine à comprendre; il perd la mémoire; ses idées ne s'enchaînent plus, son jugement se fausse. Il finit par avoir des hallucinations pendant le sommeil, puis à l'état de veille. Il devient sombre, ne voit plus autour de lui qu'ennemis et dangers, l'idée du suicide le hante et le poursuit. La folie est là qui le guette et qui bientôt s'en empare, pour ne plus jamais lui laisser de répit.

Sur la volonté, l'action de l'alcool n'est pas moins destructive. Le malheureux qui, peu à peu, sans presque s'en apercevoir, a contracté la funeste passion de l'alcool, ne peut plus guère s'en corriger. Il voit sa santé décliner : il voit autour de lui sa femme et ses enfants souffrir par sa faute; il se sent un misérable; le récit, qu'il lit dans les journaux, des crimes commis par des alcooliques l'affole, parce qu'il sait que, tôt ou tard, lui aussi, dans un moment d'ivresse, il deviendra criminel! et cependant il continue de boire! Sa volonté est devenue inerte, impuissante, devant cet alcool qui le fascine et l'entraîne à sa perte!

Tels sont, mes enfants, les effets de l'alcoolisme, de ce terrible fléau dont l'homme, alors qu'il est jeune, encore vigoureux de corps et d'esprit, ne se méfie pas suffisamment. Il ne faut pas oublier, en effet, que non seulement devient alcoolique celui qui s'enivre à des intervalles plus ou moins rapprochés, mais qu'on peut le devenir tout en se croyant tempérant. « En absorbant **tous les jours** de l'alcool (liqueurs, apéritifs, trop de vin ou trop de bière), on devient alcoolique sans s'être jamais grisé. Beaucoup de gens sont ainsi alcooliques sans le savoir et qui n'ont jamais cessé de se croire sobres. » Encore une fois, on ne se défie pas assez de l'alcool; on ne sait pas assez que, pris quotidiennement, même à faibles doses, il aura des conséquences désastreuses pour la santé.

Un point douloureux sur lequel il faut insister aussi, c'est qu'en dépit de ces terribles conséquences que chacun peut voir autour de lui, la **consommation de l'alcool augmente** néanmoins chaque année, en France, dans des proportions considérables. Notre pays est, en Europe, un de ceux qui en usent le plus. Aussi l'alcoolisme y fait-il des ravages terribles !

Le mal est d'autant plus grave qu'en détruisant sa santé l'alcoolique ne se fait pas seulement tort à lui-même, mais que par avance il détruit dans toute sa descendance les facultés et la santé de ceux qui naîtront de lui. De santé débile en général, scrofuleux, contrefaits ou même idiots, frappés inéluctablement dans leur vigueur physique, dans leur intelligence et leur volonté, voilà ce que sont en général les enfants d'alcooliques.

Quel peut bien être l'avenir d'une nation que ravage un mal si redoutable? Les patriotes ont aujourd'hui poussé le cri d'alarme, et avec eux des médecins ont vigoureusement marqué la gravité de la situation. Mais peut-on empêcher le fléau de s'étendre et de poursuivre ses ravages? Oui, mes enfants, on le peut. Il y faudra de longs et persévérants efforts, il y faudra le concours sans relâche de toutes les bonnes volontés, de tous les jeunes surtout, de ceux qui n'ont pas encore contracté la funeste habitude; mais on peut y parvenir.

Nous en avons pour preuve l'exemple de la Suède. La Suède, vers le milieu du siècle dernier, mourait de ce mal honteux qu'on nomme l'alcoolisme. Elle a pris peur à temps et résolument a lutté contre le fléau. Les résultats obtenus ont été magnifiques. La consommation annuelle, qui, en 1830, était de 20 litres en moyenne par habitant, est aujourd'hui tombée à 3 litres. Ce que d'autres peuples ont fait avec succès, pourquoi ne le ferions-nous pas?

La femme, la jeune fille, ont un rôle à remplir dans cette entreprise si nécessaire. — C'est à elles, tout d'abord, qu'il appartient de répandre dans leur famille et autour d'elles, avec patience, avec douceur, mais avec insistance, et toutes les fois qu'elles en auront l'occasion, la vérité sur l'alcool. Qu'elles ne se lassent pas de dire au père et au grand frère :

1º Que, contrairement à un préjugé tenace et fortement enraciné, l'alcool ne réchauffe pas. L'excitation qu'il produit n'est que momentanée, car l'alcool n'est pas un aliment. Et cependant, combien de malheureux ignorants cherchent dans le petit verre, dans une consommation excessive de bière ou de vin, la force que seules peuvent leur donner les substances réparatrices, pain, viande, œufs ou légumes?

2º Que l'alcool est un poison qui non seulement détruit la santé physique de l'homme, mais qui l'atteint aussi profondément dans tout son être intellectuel et moral.

Et combien le **rôle de la ménagère** en particulier pourrait être considérable dans cette terrible lutte! C'est elle, c'est elle mieux que qui ce soit au monde, nous dirions même volontiers c'est elle seule qui pourrait amener son mari, son grand fils, son frère, à moins fréquenter le cabaret.

Pourquoi vont-ils au cabaret, les malheureux? C'est que bien souvent ils trouvent là ce qui leur manque chez eux : la propreté, la gaieté, la conversation. Que de fois, si la femme avait un intérieur bien tenu et paisible, des enfants aimables et bien élevés; si elle s'intéressait au travail de son mari et si elle savait l'intéresser au sien, à la bonne ordonnance de la maison, à la direction et à la conduite des enfants, que de fois elle saurait le retenir à la maison!

Une cuisine bien faite, savoureuse et soignée, attache incontestablement l'homme à la table familiale et l'éloigne du cabaret. Le dimanche, le jour de paye, la bonne ménagère, la ménagère intelligente, sait qu'un petit **extra,** un plat plus succulent, une table mise avec plus de soin, feront plaisir aux travailleurs, et ne manque pas de leur offrir ce régal. Les liens qui unissent les parents et les enfants en deviendront plus étroits, tout le monde en sera plus heureux, et une première victoire aura été remportée contre l'alcoolisme.

Vraiment on ne saurait se lasser de le répéter : quel beau rôle peuvent jouer les femmes dans cette lutte, qui est vraiment la lutte d'un peuple pour la vie ! Et comme la pensée du bien qu'elles peuvent faire devrait les encourager à tenter la lutte ! C'est alors véritablement qu'elles auraient bien mérité le beau nom de gardiennes du foyer.

Dès maintenant, vous-mêmes, mes enfants, encore une fois, vous pouvez aussi et déjà faire beaucoup de bien. Répétez chez vous, à vos frères, les enseignements de l'école. Soyez très sobres vous-mêmes. Si vous ne prêchiez d'exemple, toutes vos recommandations resteraient sans effet. Buvez la boisson en usage chez vous, bière ou cidre, avec modération ; coupez d'eau votre vin, et abstenez-vous complètement d'eaux-de-vie et de liqueurs.

On vous en estimera davantage, soyez-en persuadées. Vous montrerez ainsi à tous, d'abord que vous êtes sincèrement convaincues des méfaits de l'alcoolisme, et ensuite qu'avec un peu de volonté il devient facile de résister à la tentation des plaisirs grossiers et de se conduire selon la raison.

Et, avec la satisfaction d'avoir pour votre part contribué au bien des vôtres, vous aurez votre récompense naturelle dans une meilleure santé et, ce qui n'est peut-être pas indifférent à votre petite coquetterie, dans plus de gentillesse aussi, car la sobriété est le meilleur moyen de conserver au teint sa fraîcheur et son éclat.

1. Mettre de l'alcool sur une coupure : on constatera son action corrosive.
2. Faire avaler une cuillerée à café ou un petit verre d'eau-de-vie à un lapin. L'animal est tué.

XXVIe LEÇON

LES ALIMENTS

**Le lait. — Sa composition. — Sa valeur alimentaire. — Stérilisation du lait. — Le biberon. — Falsifications. — Préparations diverses du lait.
Le beurre. — Sa fabrication. — Sa conservation. — Falsification du beurre. — Le fromage.**

La composition du lait explique la place importante qu'il occupe et qu'il doit occuper dans l'alimentation.

Le lait, en effet, contient toutes les substances nutritives nécessaires à l'homme :

1° **Du beurre et du sucre** (8 p. 100 environ), qui sont des aliments respiratoires;

2° **De la caséine** et **de l'albumine,** substances azotées et réparatrices (4 p. 100);

3° **Des sels minéraux,** phosphates de chaux, de potasse, de soude, de fer, sel marin ;

4° Et enfin **de l'eau** (87 p. 100).

Le lait est donc un aliment complet. Les principes nutritifs se trouvant à un état de division extrême, ils subissent facilement l'action des sucs digestifs et demandent peu de temps pour être absorbés.

C'est précisément parce que le lait est si nutritif et si digestible qu'il convient si bien aux enfants. Ceux-ci trouvent, en effet, dans le lait tout ce qui est nécessaire pour réparer et développer leurs tissus : muscles, os, nerfs, etc., et de plus ils le peuvent digérer avec facilité, alors que leurs organes encore imparfaitement dévelop-pés ne pourraient transformer le pain, la viande ou les légumes, et les amener à un état de dissolution suffisant pour permettre aux principes nutritifs d'en passer dans le sang.

La même raison en fait un aliment précieux pour les convalescents, pour les vieillards, pour tous ceux en un mot dont l'estomac fatigué se refuse à absorber d'autres aliments, ou ne pourraient pas le faire sans danger.

La **conservation du lait** exige quelques précautions. Laissé au repos, le lait se couvre d'abord d'une couche jaunâtre assez épaisse. C'est la **crème**, formée par l'en-semble des globules graisseux qui, plus légers, sont montés à la surface du liquide. C'est la crème qui donnera le beurre. Au moment d'employer le lait pour l'alimenta-tion, il est clair qu'il faudra remuer le liquide, pour que la crème se mêle à nouveau à tout le lait.

Mais si la formation de la crème n'altère pas la valeur du lait, les ferments que renferme l'air, en se développant dans le lait, décomposent le sucre qu'il contient et pro-duisent de l'acide lactique, qui détermine la coagulation de la caséine. La caséine est la matière primitive du fro-mage.

Tout acide, vinaigre, jus de citron ou d'orange, suc de l'oseille, corps gras ranci, mélangé au lait, amène sa dé-composition rapide, « fait tourner le lait », suivant l'ex-pression usuelle.

De là la nécessité de conserver le lait dans des vases parfaitement propres.

La décomposition du lait peut être retardée si on le conserve dans un endroit très frais, parce que les fer-ments se développent moins bien à une température un peu basse. La conservation sera plus certaine encore si on tue ces ferments par l'ébullition.

Stérilisation du lait. — D'ailleurs, qu'il s'agisse ou non d'assurer la conservation, il est toujours prudent de faire d'abord bouillir le lait, de le **stériliser par l'ébullition.**

En effet, outre ces ferments que l'air peut déposer dans le lait et qui peuvent amener sa décomposition rapide, nous ne pouvons jamais être assurés de sa pureté. Des vaches atteintes de tuberculose ou d'autres maladies peuvent en transmettre le germe par leur lait. De plus, les marchands additionnent souvent le lait d'eau plus ou moins saine. Il faut donc absolument détruire les microbes qu'il peut contenir.

Mais l'ébullition à laquelle on soumet le lait dans les ménages est insufffisante. Le plus souvent on retire le lait du feu quand il monte, et de crainte qu'il ne « se sauve ». Or la montée du lait sur le feu a lieu quand la chaleur atteint seulement 80°. Si donc on veut rendre le lait inoffensif, il faut le laisser sur un feu doux et prolonger son ébullition dix minutes au moins.

Le meilleur procédé pour stériliser sûrement le lait consiste à le faire bouillir au bain-marie. On le met dans des bouteilles qu'on maintient dans l'eau bouillante pendant 40 minutes environ. Le lait prend et conserve la température de l'eau pendant tout le temps que dure l'ébullition.

Il existe même pour l'emploi de ce procédé des appareils spéciaux destinés à stériliser le lait qu'on doit donner aux petits enfants. Mais à défaut de ces appareils, qui sont d'un prix assez élevé, on peut se contenter d'une marmite ordinaire dans laquelle on place les flacons et dans laquelle on verse de l'eau jusqu'à ce que le niveau en atteigne celui du lait dans les bouteilles. Pour empêcher le contact des flacons avec le fond de la marmite et les maintenir debout, il suffit de tasser entre eux et sous eux un peu de paille ou de foin. Aussitôt l'ébullition achevée, les bouteilles, qui, bien entendu, sont restées ouvertes pour laisser passer la vapeur formée par l'eau contenue dans le lait, sont immédiatement fermées à l'aide d'un bouchon bien net, passé à l'eau bouillante, et on les dépose dans un endroit frais.

Il est bon que chaque flacon ne contienne exactement que la quantité de lait nécessaire à un repas. Car le transvasement exposerait de nouveau le liquide aux influences de l'air.

Enfin, au moment de faire boire le lait, on réchauffe le flacon au bain-marie et on lui donne la température du corps humain (37°).

Emploi du lait dans le biberon. — Il est clair que toutes les précautions que l'on prend pour assurer la pureté du lait qu'on donne aux enfants doivent être prises également pour assurer la parfaite innocuité du vase avec lequel on le fait boire aux nourrissons, c'est-à-dire du **biberon.**

Le meilleur biberon est le plus simple et le plus facile à nettoyer. « Ce sont, dit l'Académie de médecine, les biberons qui ne peuvent pas se nettoyer très facilement, en particulier les biberons à tube, qui tuent, en les empoisonnant, la plupart des nourrissons. » Le biberon à long tube est très commode sans doute pour la tranquillité de la mère. Mais il est impossible de jamais nettoyer parfaitement ni le tube en verre ni le tube en caoutchouc. Le lait s'attache aux parois et fermente rapidement, donnant naissance à des végétations et à des microbes qui occasionnent vite des troubles graves dans l'estomac et dans l'intestin. Les coliques et les diarrhées des enfants n'ont souvent pas d'autre cause.

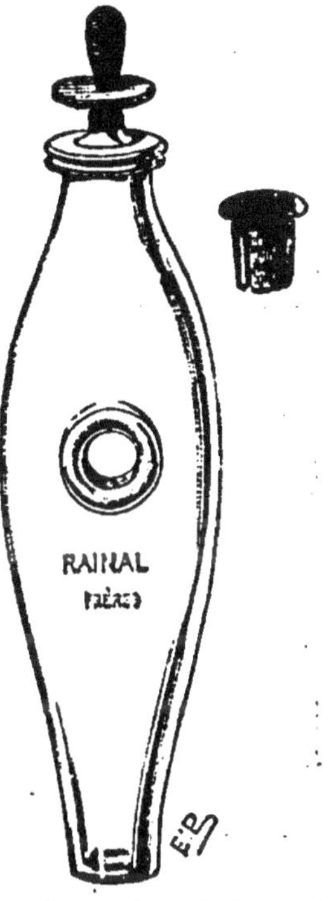

Biberon hygiénique.

Le meilleur biberon est une simple bouteille en verre sur laquelle on adapte une tétine en caoutchouc.

Nettoyage du biberon. — Aussitôt d'ailleurs que le biberon a servi, il faut le démonter et en plonger les différentes parties dans l'eau carbonatée chaude ; puis on passe l'écouvillon sur les parois de la bouteille, et, pour plus de sécurité, on y ajoute un mélange de gros sel de cuisine dans un peu d'eau. L'action mécanique du sel sur les parois achèvera de détacher les moindres résidus du lait. La tétine doit être retournée et lavée à l'intérieur, puis le tout est conservé dans de l'eau bouillie ou de l'eau boriquée.

Falsification du lait. — Nous avons indiqué plus haut qu'un des dangers du lait provenait de la difficulté qu'on avait à se procurer du lait pur. Dans les villes, le lait est rarement vendu à l'état naturel. Le marchand laisse monter une légère couche de crème, qu'il enlève soigneusement, puis ajoute de l'eau. Le lait est alors plus clair et d'un blanc bleuté, mais on l'épaissit facilement avec de la fécule, on le colore avec un extrait de chicorée ou de carotte, et le nouveau liquide a toutes les apparences du véritable lait.

Mais, ainsi falsifié, il n'a plus les qualités alimentaires qui font l'excellence du lait; l'enfant, dont il est la seule nourriture, n'y trouve plus de quoi se nourrir; il souffre de coliques, de diarrhée, reste faible, malingre, prédisposé à toutes les maladies enfantines : le lait falsifié qu'il a absorbé en est la cause.

Le vieillard et le malade que leur santé a condamnés au lait n'en éprouvent plus non plus les effets bienfaisants qu'ils étaient en droit d'en attendre. On ne saurait poursuivre trop rigoureusement les négociants peu consciencieux qui causent un si grand tort à la santé publique.

Il serait donc bien nécessaire qu'une ménagère fût en mesure de reconnaître un lait de bonne qualité. Il lui suffirait d'ailleurs pour cela de faire la dépense d'un **pèse-lait,** dont le prix est peu élevé. Ce petit instrument lui indiquerait au moins si le lait a été écrémé, ou dans quelles proportions il a été mélangé d'eau.

Diverses manières de préparer le lait. — D'une manière générale, comme le lait brûle et s'attache facilement au fond du vase où on le fait bouillir, il est prudent de ne le faire chauffer que dans une casserole à fond épais, qui évite un contact trop immédiat avec le feu.

Tous les estomacs ne supportent pas le lait pur. On le rend alors plus digestible en lui adjoignant des condiments, sucre ou sel; ou en l'aromatisant, avec de la sauge, des feuilles de groseillier noir ou cassis, de la vanille, de la cannelle, etc. On obtient ainsi un déjeuner aussi agréable qu'il est sain et nutritif. En effet, la sauge, la vanille, la cannelle, sont des stimulants qui ajoutent leurs principes hygiéniques à ceux du lait.

Café au lait. — On peut aussi aromatiser le lait bouilli en y ajoutant une certaine quantité de café, variable suivant les goûts. On a longtemps accusé le café au lait d'être un débilitant. C'est une erreur. Le café au lait est nourrissant, à la condition qu'il y entre une forte proportion de lait. Si le café qu'on y ajoute est bon, la valeur du café au lait s'en augmente d'autant, puisque le café, nous l'avons vu, est un tonique et un stimulant.

Chocolat au lait. — Le chocolat est un mélange de cacao et de sucre. Il contient une forte proportion de sucre et de matières grasses, et il est assez riche en principes albuminoïdes. Il constitue donc un aliment nourrissant, surtout quand il est préparé avec du lait. Mais ses matières grasses le rendent assez indigeste, au moins à certains estomacs.

Le chocolat est aussi l'objet de nombreuses falsifications. Le bon chocolat se reconnaît à son odeur agréable, à sa dureté et en même temps à la facilité avec laquelle il fond dans la bouche. Il faut se méfier du chocolat qui s'épaissit à la cuisson. C'est là une preuve certaine qu'il a été additionné de fécule.

Pour préparer du chocolat au lait, on commence par faire fondre le chocolat dans un peu d'eau, et on le laisse cuire de 12 à 15 minutes en remuant de temps en temps avec une cuillère de bois, puis on ajoute le lait, et on retire le tout du feu quand le lait a bouilli.

Panade au lait. — Faites bouillir dans l'eau, pendant une demi-heure au moins, et à feu doux, du pain cassé en morceaux: Salez, poivrez, écrasez le pain de manière à obtenir une bouillie épaisse. Ajoutez alors du lait en quantité suffisante. Sucrez à volonté et, au moment de servir, ajoutez un morceau de beurre frais.

Si la panade est destinée à un petit enfant, passez-la dans une passoire fine ou dans un tamis ; lorsque les enfants prennent journellement de la soupe au lait, il est bon d'ailleurs d'en varier l'assaisonnement et d'employer tantôt le sel, tantôt le sucre, l'un et l'autre modérément.

Enfin on peut rendre la panade plus appétissante et plus nutritive en la liant, avant de la servir, avec un ou deux jaunes d'œuf, suivant la quantité.

Vermicelle et tapioca au lait. — On procède comme pour la panade, en remplaçant le pain par du vermicelle ou du tapioca. On compte par personne une cuillerée à bouche de tapioca ou de vermicelle brisé. Laisser cuire 15 minutes.

Bouillie au lait. — Délayez de la farine dans du lait froid, en évitant les grumeaux. Salez légèrement, sucrez et faites cuire en remuant constamment. Laissez bouillir de 15 à 20 minutes.

Soupe au lait. — Faites bouillir du lait. Salez légèrement, ajoutez un peu de poivre blanc. Versez sur de minces tranches de pain et ajoutez un morceau de beurre frais. Sucrez à volonté.

Le beurre. — Le beurre s'obtient en battant la crème du lait dans un appareil appelé baratte. L'effet de ce battage est d'unir et de souder ensemble les globules gras qui forment la majeure partie de la crème.

Quand le beurre est formé, on fait écouler le **petit-lait** et on procède au **délaitage**, c'est-à-dire qu'on lave le beurre à grande eau et à plusieurs reprises pour le purger complètement du petit-lait et de la caséine. Si le délaitage n'est pas fait soigneusement, le beurre rancit très vite.

La qualité du beurre dépend de plusieurs conditions : il faut que la crème employée ne soit pas vieille de plus de quatre jours, qu'elle ait été conservée dans un endroit frais (10° à 15°); sinon elle aura subi un commencement de fermentation qui rendra le beurre moins agréable; enfin il est nécessaire que le beurre ait été préparé avec une extrême propreté.

Conservation du beurre. — Il y a deux moyens

Baratte à beurre perfectionnée.

pour conserver le beurre. Il faut ou bien introduire dans sa masse une substance capable d'empêcher la fermentation de la caséine et du petit-lait qu'il renferme toujours malgré un lavage très soigné, ou bien le débarrasser complètement de cette caséine et de ce petit-lait.

De là deux procédés de conservation : 1° par la salaison; 2° par la fusion.

1° Par la salaison. On lave d'abord du beurre avec un soin minutieux, puis on le sale (les ferments se développent difficilement dans un milieu salé). On le sale en incorporant le sel dans sa masse le plus uniformément possible. Pour cela, étendez le beurre en une couche assez mince, saupoudrez de sel; pliez en deux, étendez de nouveau, remettez du sel, et ainsi de suite jusqu'à ce que vous ayez mis ainsi 50 grammes de sel fin et bien sec par kilogramme de beurre. Placez ensuite le beurre dans des pots en grès, étendez à la surface une couche de sel et couvrez d'un fort papier blanc.

2° **Par la fusion.** Faites fondre le beurre au bain-marie à une température de 90° à 100°. L'eau qu'il contenait encore s'évapore; la caséine, qui est susceptible de fermenter, se coagule. Une partie remonte à la surface; enlevez-la avec une écumoire; le reste se dépose au fond du vase. Lorsque le beurre est d'une limpidité parfaite, et qu'une goutte jetée sur le feu s'enflamme sans produire ce bruit qui décèle la présence de l'eau, l'opération est terminée. Laissez reposer; décantez et versez ensuite dans des pots parfaitement secs et propres. Couvrez d'une couche de sel. Le beurre fondu peut ainsi se conserver très longtemps, mais son goût est légèrement modifié.

Baratte commune.

Le beurre exposé à l'air s'altère assez vite et prend un goût de suif. Par suite de l'évaporation qu'il subit, il « happe » à la langue; aussi est-il préférable de placer le beurre dans des beurriers munis d'un couvercle. On le conserve aussi un certain temps dans de l'eau bouillie fraîche.

Falsification du beurre. — Le beurre est souvent additionné de graisses étrangères, qu'on ne peut reconnaître que par l'analyse. Il existe même une industrie qui fabrique du beurre avec du suif de bœuf. On obtient ainsi la **margarine**, substance inoffensive, il est vrai, mais moins digestible que le beurre et d'un goût moins délicat.

Le bon beurre est plus ferme que le beurre margariné. Il roussit plus rapidement. La couleur jaune de certains beurres est due parfois aussi à l'addition de matières colorantes.

Le fromage. — Le fromage est essentiellement constitué par la **caséine** du lait, qu'on fait coaguler à l'aide d'une substance acide : la **présure.** La composition du fromage indique suffisamment sa valeur nutritive. C'est de tous les aliments celui qui renferme le plus d'azote.

Le fromage est préparé avec du lait écrémé ou du lait non écrémé. Dans le premier cas, il est dit fromage maigre ; dans le second, il est dit fromage gras.

Les fromages les plus nutritifs sont : le parmesan, le gruyère, le fromage de Hollande, le roquefort, le camembert, etc.

Mes enfants, outre les nombreux avantages que nous lui avons reconnus, le lait en a encore un : les soins qu'il exige et ses diverses préparations ne demandent qu'un peu d'attention et de bonne volonté : c'est à vous donc de vous en charger à la maison. Si vous êtes actives, désireuses de soulager votre mère, est-il rien de plus facile pour vous que de préparer le premier déjeuner, par exemple, et ne sera-ce pas un bonheur pour vous que de voir les vôtres manger avec plaisir la tasse de café au lait ou de chocolat que vous aurez préparée ?

Vous ferez aussi la panade du petit frère et vous préparerez son biberon. Mais vous savez combien la santé et même la vie de ces fragiles petits êtres est menacée par une alimentation défectueuse, et vous n'oublierez aucune des recommandations qui vous ont été faites. Vous serez attentives à faire bien bouillir le lait, à le conserver à l'abri de l'air dans des vases très propres, à nettoyer minutieusement le biberon ; et vous aurez bien garde, n'est-ce pas? sous prétexte que le petit enfant grandit, de jamais lui donner une nourriture solide qui lui serait nuisible.

EXERCICES PRATIQUES

1. Faire bouillir du lait.
2. Préparer un biberon. — Le nettoyer et le remplir
3. Préparer une panade au lait.

XXVII° LEÇON

LES ALIMENTS (suite).

Les œufs. — Composition de l'œuf. — Comment on reconnaît un œuf frais. — Conservation des œufs. — Préparations culinaires auxquelles ils donnent lieu.

Composition de l'œuf. — L'œuf se compose de quatre parties distinctes :

1° La **coquille**, formée surtout de calcaire ; elle est percée d'un grand nombre de petits trous ou pores ;

2° Une **membrane** qui tapisse l'intérieur de la coquille ;

3° Le **blanc**, substance visqueuse renfermant 12 à 15 p. 100 d'albumine et de 3 à 4 p. 100 de sels : phosphate et sulfate de chaux, carbonates de potasse et de soude, sel marin, etc. ;

4° Le **jaune**, qui contient un tiers de son poids de matières grasses, de l'albumine et des sels divers.

On trouve en outre dans l'œuf un peu de soufre. C'est au soufre qu'est due l'odeur si désagréable que dégagent les œufs quand ils se gâtent.

En somme, l'œuf serait un aliment complet si les matières sucrées ne lui faisaient pas défaut. Il renfermerait, en effet, alors tout ce qui est nécessaire à l'entretien de la chaleur animale et à la reconstitution de nos tissus.

Il a encore cet avantage de présenter sous un petit volume une grande quantité de substances réparatrices. Il est d'une digestibilité très grande, et il se prête à des préparations culinaires extrêmement variées. L'œuf est donc un aliment d'une importance supérieure, et bien précieux pour la ménagère.

Il est prescrit aux convalescents, aux vieillards, aux enfants qui ont besoin d'une nourriture reconstituante en même temps que légère. Le jaune en particulier réunit ces qualités, parce. que ses substances nutritives sont, comme celles du lait, à un état de division extrême qui facilite leur assimilation.

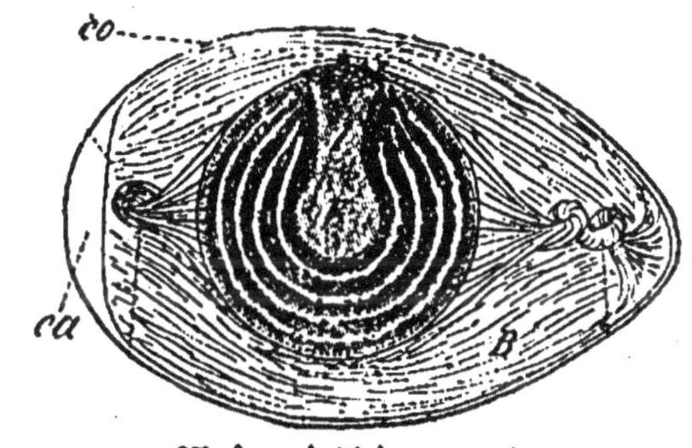

OEuf, vu intérieurement.

co, coquille. — ca, chambre à air. — B, blanc.
V, vitellus ou jaune.

Comment on reconnaît les œufs frais.

— Seul l'œuf bien frais possède complètement les propriétés savoureuses, digestibles et nutritives qui caractérisent cet aliment. Aussi est-il important de savoir distinguer les œufs frais.

Il existe pour cela deux moyens :

1° On fait dissoudre dans une certaine quantité d'eau le dixième de son poids de sel, et on y plonge les œufs à essayer : l'œuf du jour ira au fond, l'œuf de deux jours restera en suspension, les œufs plus vieux remonteront davantage, et même émergeront à la surface. Voici pourquoi : la coquille de l'œuf est poreuse et laisse évaporer l'eau qu'il contient et qui est remplacée par de l'air. Donc plus l'œuf est ancien, plus il est léger, plus il remonte dans le liquide.

2° Le second moyen consiste à **mirer** les œufs, c'est-à-dire à les observer en les plaçant entre l'œil et la lumière. Si la coquille apparaît uniformément transparente et rosée, sans taches plus claires; si, par suite de l'évaporation, il ne s'est pas formé un trop grand vide vers le gros bout, l'œuf est frais.

Conservation des œufs. — La coquille de l'œuf étant poreuse, l'air pénètre à l'intérieur et y sème des ferments de décomposition. Pour bien conserver les œufs, la première chose à faire consiste donc à les **isoler de l'air.**

On emploie pour y parvenir divers procédés.

1° On place dans une caisse des couches alternatives de **sciure de bois** bien sèche et d'œufs, en prenant bien garde que les œufs ne se touchent pas.

La sciure de bois peut d'ailleurs être remplacée par des cendres ou du sable.

2° On prépare un **lait de chaux** (100 gr. de chaux par litre d'eau) et on y baigne les œufs. La chaux se dépose à la surface des œufs, bouche les pores de la coquille et s'oppose par conséquent à l'évaporation de l'eau contenue dans l'œuf et à la pénétration de l'air. Le bain d'eau de chaux conserve bien les œufs, mais il leur communique un goût peu agréable, qui ne permet plus de les manger à la coque.

3° On baigne les œufs dans de l'huile de lin et on laisse sécher.

4° Enfin on parvient encore à conserver des œufs un certain temps simplement en les enveloppant bien complètement de papier aussitôt après la ponte.

Préparations culinaires. — Principe de la cuisson des œufs. — Sous l'action de la chaleur, l'albumine du blanc comme du jaune de l'œuf se coagule partiellement ou complètement, selon la durée de la cuisson.

La digestibilité des œufs est d'ailleurs diminuée par la cuisson. En général, un œuf cru se digère en un heure et demie, un œuf à la coque en deux heures; il faut plus de 3 heures pour un œuf dur.

Œufs à la coque. — Il s'agit de n'amener l'albumine qu'à l'état laiteux, afin de conserver à l'œuf sa parfaite digestibilité.

Plongez les œufs avec précaution dans une eau portée à l'ébullition et en quantité suffisante pour qu'ils y baignent complètement et cuisent dans toutes leurs parties. Laissez-les cuire exactement deux minutes et demie, montre en main. Les œufs de faible volume resteront dans l'eau quelques secondes de moins.

L'œuf à la coque est la forme de préparation la plus simple, mais c'est aussi l'une des meilleures au point de vue de la digestibilité. C'est souvent le premier aliment solide prescrit au malade.

Il n'est bon que frais.

Plat à œufs.

Œufs mollets. — Maintenez les œufs cinq minutes dans l'eau bouillante. Le blanc est alors tout à fait coagulé, mais le jaune est resté mou. Refroidissez-les brusquement en les plongeant dans l'eau froide; enlevez les coquilles et servez-les entiers avec les légumes qu'ils doivent accompagner.

Œufs durs. — Laissez-les bouillir dix minutes. Refroidissez-les; enlevez les coquilles et coupez-les en deux ou en quatre.

Œufs sur le plat. — Il s'agit de coaguler le blanc de l'œuf sans le laisser durcir, le jaune devant rester liquide.

Faites fondre du beurre dans un plat. Cassez les œufs avec précaution pour ne pas écraser les jaunes; salez, poivrez et cuisez à feu doux.

Omelette au naturel. — La préparation demande ici une certaine expérience, car il faut amener la cuisson juste au point voulu. Une omelette doit être moelleuse et légère, presque liquide à l'intérieur. Si elle est trop cuite, elle est dure et peu savoureuse.

Pour la faire, cassez des œufs dans un plat, salez, poivrez, et battez énergiquement et assez longtemps avec une fourchette.

Mettez fondre du beurre dans une poêle; versez les œufs en remuant avec la fourchette jusqu'à ce qu'ils commencent à prendre. Au moment précis où l'omelette a acquis la consistance désirable, enlevez du feu. Laissez tomber la moitié de l'omelette dans un plat, puis faites tomber l'autre moitié sur la première, de façon à plier l'omelette en deux.

L'omelette aux fines herbes s'obtient de la même manière, en ajoutant seulement aux œufs battus un mé-

Poêle.

lange d'oseille, de cerfeuil ou de persil et de ciboule, le tout haché très fin.

Pour **l'omelette au fromage,** on mêle aux œufs battus du gruyère râpé, et on procède comme pour les omelettes précédentes.

Omelette au lard. — Faites cuire dans un peu de beurre du lard plutôt maigre et coupé en petites tranches minces. Versez dessus les œufs battus et laissez cuire.

Omelette au jambon cuit. — C'est une omelette ordinaire sur laquelle on dispose, avant de la plier, de minces tranches de jambon.

Omelette économique. — Cassez cinq œufs; ajoutez 180 grammes environ de mie de pain bien écrasée, puis battez en ajoutant peu à peu du lait jusqu'à ce que le mélange ait la consistance d'œufs battus. Salez, poivrez. Foncez de beurre un plat. Versez-y la préparation et mettez au four avec un feu assez vif. Surveillez attentivement la cuisson. Retirez quand l'omelette est bien dorée. Remarque : cette omelette se gonfle à la cuisson. Il faut donc, quand on la verse, que le plat ne soit pas rempli jusqu'aux bords.

L'omelette économique forme un plat agréable, très goûté des enfants, surtout lorsqu'elle est sucrée et aromatisée de fleur d'oranger ou de vanille. On la découpe comme un gâteau.

Des crèmes. — On appelle **crèmes** des mélanges d'œufs et de lait qu'on fait épaissir à feu doux. Pour préparer une crème, on unit intimement le lait et les œufs. Sous l'action de la chaleur, l'albumine des œufs se coagule, et les molécules, en se soudant, emprisonnent des gouttelettes de lait, de sorte que l'ensemble acquiert bientôt une consistance ferme. La crème n'est réussie que si on mélange les œufs et le lait dans des proportions bien définies : on compte ordinairement huit jaunes d'œufs par litre de lait.

Si l'on veut obtenir une crème plus économique, on peut remplacer une partie des œufs par de la farine ou de la fécule, qui ont la propriété de l'épaissir sous l'action de l'eau et de la chaleur. Ces crèmes sont moins fines, mais encore très agréables.

On sucre les crèmes et on les parfume avec du chocolat, du café, de la vanille, de la fleur d'oranger, etc.

Le mélange du lait et des œufs doit être parfaitement fait tout d'abord ; si, en effet, l'albumine n'est pas répartie dans toute la masse, une partie du lait ne sera pas englobée par elle lors de sa coagulation, et la crème « tournera ».

On doit cuire une crème sur un feu doux, sinon la brusque coagulation de l'albumine dans les parties qui sont en contact avec le fond de la casserole pourrait aussi la faire tourner.

Mêlez toujours dans le même sens, pour ne pas séparer brusquement les molécules de lait et d'albumine qui tendent à se souder.

Crème ordinaire. — Faites bouillir un litre de lait

avec 100 grammes de sucre, un bâton de vanille, du citron, etc. Battez huit jaunes d'œufs et ajoutez-y peu à peu le lait refroidi. Versez dans un plat creux et faites prendre au four. La crème est servie dans le plat où elle a été préparée.

Œufs à la neige. — Battez les blancs d'œufs avec un fouette-œufs jusqu'à ce qu'il n'y ait plus trace d'albumine liquide. Ajoutez 80 grammes environ de sucre en poudre. Faites bouillir de l'eau et du lait mélangés par moitié et plongez-y vos œufs (une cuillerée à la fois). Cuisez quelques secondes, retournez avec précaution; un instant après, retirez avec une écumoire. Laissez égoutter; dressez en pyramide sur une crème.

Crème économique. — Faites bouillir un litre de lait avec 100 grammes de sucre et un bâton de vanille. Cassez cinq œufs; mettez les blancs dans un plat creux, les jaunes dans une casserole. Ajoutez à ceux-ci 50 grammes de farine pure, délayez peu à peu avec le lait.

Mettez épaissir à feu doux. Retirez au premier bouillon et versez sur les blancs, dont vous avez au préalable fait des œufs à la neige.

Batteuse américaine. (L'entonnoir à l'huile ne s'emploie que pour la sauce mayonnaise.)

Lait de poule. — Battez un jaune d'œuf dans un verre de lait pur. Ajoutez de l'eau de fleur d'oranger et sucrez à volonté. Le lait de poule est une excellente préparation que les enfants prennent volontiers et digèrent facilement.

Il existe encore bien d'autres manières de préparer les œufs pour l'alimentation. Sous quelque forme que vous les présentiez, ils constituent, encore une fois, un des meilleurs aliments que l'on puisse donner aux enfants en particulier.

Il en est sans doute parmi vous qui n'en mangent

guère, sous prétexte qu'elles n'aiment pas les œufs. Elles ont tort. Sachez que le goût se forme par l'habitude. Il n'y a pas d'aliment qu'on ne puisse arriver à prendre en le voulant bien.

Commencez par manger une petite quantité d'un mets pour lequel vous vous sentez peu de goût, et insensiblement vous finirez par savoir en user raisonnablement. Ce n'est pas le caprice et la fantaisie qui doivent nous guider dans une question aussi grave pour notre santé que celle de l'alimentation. Une enfant raisonnable et bien élevée mange de tout, et surtout de ce qui est hygiénique et réconfortant.

EXERCICES PRATIQUES

1. Casser un œuf et examiner ses différentes parties.
2. Mirer des œufs : l'un est frais, l'autre est pondu depuis longtemps. Différence d'aspect de leur coquille.
3. Conserver quelques œufs en les mettant dans de la sciûre de bois.
4. Cuire des œufs à la coque.
5. Cuire des œufs sur le plat, etc.
   (Calculer le prix de revient de toutes les préparations faites.)

XXVIIIe LEÇON

LES ALIMENTS (suite).

Des viandes. — Composition de la viande. — Comparaison des viandes de bœuf, de mouton, de porc, de veau. — Diverses catégories de viande. — Comment on reconnaît la qualité d'une viande. — La volaille. — Le gibier.

La chair des animaux ou viande comprend des **muscles**, de la **graisse** et des **tendons**.

Les **muscles** sont composés essentiellement d'une

matière azotée, **l'albumine**; ils contiennent en outre une assez grande quantité de sels minéraux : ce sont donc des aliments vraiment réparateurs.

La **graisse** est un composé de carbone, d'hydrogène et d'oxygène; c'est un aliment respiratoire. Elle se trouve en abondance sous la peau, autour des reins, des intestins, etc.

Les **tendons** qui attachent les muscles aux os contiennent su t de la gélatine, substance beaucoup moins nutritive 'albumine.

Muscles, graisse et tendons renferment en outre une forte proportion d'eau, de 70 à 75 p. 100.

Valeur comparée des viandes de bœuf, de mouton, de porc, de veau.

— Les viandes de **bœuf** et de **mouton** sont plus riches en matières azotées que celle du porc et surtout que celle du veau. La digestion en est facile. La **chair du porc** contient plus de graisse; le lard est une viande très compacte que les sucs digestifs de l'estomac pénètrent lentement; la digestion en exige donc plus de temps, et il ne constitue une bonne nourriture que pour les personnes qui se livrent à un travail physique assez considérable.

La **chair du mouton** est particulièrement saine. Rarement le mouton est atteint de tuberculose. Aussi devrait-on le faire entrer pour une grande part dans l'alimentation. La **chair du veau** donne une viande beaucoup moins riche en principes nutritifs. C'est une viande légère, qui se digère facilement.

La valeur de la viande varie d'ailleurs **d'après l'âge des animaux.** Quand l'animal est jeune (c'est le cas du veau), sa chair est très tendre, mais elle est moins nourrissante et d'une saveur moins prononcée. Les tissus, en effet, n'étant pas encore entièrement formés, on y trouve moins d'albumine que chez les animaux adultes.

Diverses catégories de viandes.

— On a divisé les viandes de boucherie en trois catégories. La première catégorie renferme tout le train postérieur de l'animal. Les muscles de cette région sont épais, marbrés de petites veines blanchâtres dues à l'infiltration de la graisse dans le tissu musculaire. Le grain en est très fin, et on y trouve peu de tendons. Les morceaux de première catégorie sont tendres, succulents, très nutritifs. Ce sont naturellement ceux qui coûtent le plus cher.

Les autres parties ont été groupées dans la deuxième ou dans la troisième catégorie d'après l'épaisseur des muscles, leur tendreté et la proportion plus ou moins forte de tendons, de nerfs et d'os qu'elles contiennent.

Les organes intérieurs de l'animal, qu'on débite ordinairement à part : cœur, rognons, langue, cervelle, tête, foie, sont désignés sous le nom d'**abats**. Leur prix est, en général, peu élevé. Cependant ils ne sont pas dépourvus de valeur nutritive. Ceux du veau, en particulier, sont très délicats, de digestion facile, et constituent d'excellents plats. Une ménagère adroite peut tirer grand parti des abats pour varier économiquement et agréablement l'alimentation de sa famille.

Le foie et le poumon sont les organes qui sont particulièrement atteints quand l'animal est malade. Il est donc prudent de bien examiner ces morceaux avant de les utiliser, et de les rejeter s'ils présentent la moindre trace de lésion ou sont de couleur suspecte. On peut toujours considérer comme de qualité douteuse les morceaux de foie découpés à l'avance ; les bouchers, en effet, ont toujours grand soin d'enlever les parties endommagées d'un foie malade, qui pourraient dévoiler au premier venu la mauvaise qualité de la viande.

Comment on reconnaît qu'une viande est de bonne qualité. — Une bonne viande laisse voir des globules graisseux dans les muscles coupés transversalement. Plus la graisse est blanche et ferme, meilleure est la viande.

La chair du bœuf doit être d'un rouge vif, ainsi que le jus ou suc musculaire. Si elle est d'une couleur foncée, tirant sur le brun, elle provient d'un animal déjà vieux et épuisé. Une viande de cette nature est moins tendre, moins facile à digérer, et surtout moins nutritive que celle qui provient d'une bête encore jeune. La viande d'un animal anémique est rouge pâle.

Le **veau** tué trop jeune donne une viande molle, gélatineuse, sans couleur. Elle n'est guère nourrissante. S'il est trop âgé, et si déjà il a été nourri d'herbe, sa chair, sans avoir la saveur de celle du bœuf, a perdu la délicatesse qui caractérise la viande de lait. La bonne chair de veau est tendre, d'un blanc rosé. La graisse en est blanche et ferme.

Le **mouton** en bon état donne une chair d'un beau rouge; le grain en est fin, et la graisse y est d'une grande blancheur et doit s'effriter sous les doigts.

La **chair de porc** de bonne qualité a une belle teinte rosée; la graisse en est blanche et ne durcit pas.

Une ménagère attentive devra donc pouvoir facilement reconnaître si une viande est saine ou non, et c'est une question très importante, surtout à la campagne. Là, en effet, la sécurité n'est pas garantie, comme en ville, par l'inspection journalière, faite à l'abattoir par un vétérinaire, des viandes livrées à la consommation.

Conservation des viandes. — La chaleur altère la viande. Et si des mouches y déposent leurs œufs, les larves qui éclosent amènent la putréfaction.

Les viandes qu'on veut conserver doivent donc être mises sous une cloche en treillis métallique ou dans un endroit frais et, autant que possible, dans un courant d'air, de manière que la partie superficielle de la viande se dessèche et s'oppose à l'introduction des ferments de l'air.

Certaines ménagères réussissent aussi à conserver leurs viandes en les « passant au beurre », c'est-à-dire en faisant légèrement cuire la surface de ces viandes. On peut également les couvrir de sel, qui est un excellent antiseptique; c'est dans le sel en effet que l'on conserve en grand la viande du porc et même celle du bœuf.

Un bon conseil pour terminer : une ménagère intelligente, qui comprend et défend comme il faut les intérêts de sa famille, se rend elle-même à la boucherie pour y faire ses achats. Elle fait découper devant elle le morceau qu'elle désire, car elle connaît les fraudes auxquelles peuvent se livrer certains bouchers. Il en est qui vendent pour faire des rôtis ou des biftecks des morceaux d'épaule bien parés, par exemple, c'est-à-dire débarrassés de leurs tendons, membranes, graisse ; ou qui, au lieu de la côte ou filet du mouton, vous servent une épaule désossée, roulée et ficelée, etc., etc.

En allant elle-même à la boucherie, la ménagère peut en outre mieux choisir le morceau qui convient à la préparation culinaire qu'elle se propose de faire.

Garde-manger.

Enfin elle peut veiller à ce que, selon l'usage établi et raisonnable, le morceau ne soit pas chargé en os de plus d'un cinquième de son poids.

Volaille. — La volaille ne coûte pas beaucoup plus cher que les bons morceaux de viande de boucherie. La chair des poules, dindons, ressemble à celle du veau ; elle est blanche, agréable au goût, assez nutritive et facile à digérer. L'oie et le canard donnent une chair plus colorée, plus grasse, et par conséquent de digestion plus difficile.

Une volaille jeune est plus tendre et de meilleur goût qu'une vieille. On reconnaît cette dernière au développement plus fort de l'ergot, et les pattes, au lieu d'être lisses, sont recouvertes d'un épiderme écailleux. Le jeune pigeon se reconnaît au bec qui se courbe sous la pression.

Gibier. — On a l'habitude de laisser faisander le gibier afin de le rendre plus savoureux et plus digestible. Mais il faut se défier d'un gibier trop avancé, dont les poils et les plumes s'arrachent trop facilement, qui a la peau verdâtre, les yeux vides et ternes, enfoncés dans leurs orbites. Si les chairs commencent à se putréfier, il s'y développe des principes toxiques que la cuisson ne suffit pas toujours à détruire.

EXERCICES PRATIQUES

1. Observer un morceau de viande et juger de ses qualités.
2. Accompagner la maman ou la maîtresse à la boucherie pour apprendre à reconnaître les différents morceaux de viande.
3. Comparer une poule âgée et un poulet.

XXIXe LEÇON

LES ALIMENTS (suite et fin).

Les légumes. — Féculents et herbacés. — Leur valeur nutritive. — Conservation des légumes. — Les fruits. — Conservation des fruits. — Les confitures. — Les condiments.

Les légumes peuvent se diviser en deux groupes : 1° les **féculents**; 2° les **herbacés.**

1° **Les féculents** doivent leur nom à la grande quantité de fécule qu'ils contiennent. Ils comprennent les plantes de la famille des légumineuses (pois, haricots, fèves, lentilles) et les pommes de terre.

Les légumineux sont une ressource précieuse dans l'alimentation. Ils renferment en abondance un principe azoté, la **légumine**, qui les rend presque aussi nourrissants que la viande. Mais, à cause de leur enveloppe de **cellulose** (substance qui n'est pas attaquée par les sucs digestifs), ils sont de digestion plus laborieuse. On facilite beaucoup le travail de l'estomac en enlevant cette enveloppe.

La **pomme de terre,** riche aussi en fécule, l'est beaucoup moins en matières azotées. Elle est donc moins nourrissante que les légumineux, mais elle est de digestion facile.

Valeur comparative des diverses légumineuses et de la pomme de terre :

	AZOTE	CARBONE
Lentilles	26 p. 100	58 p. 100
Fèves	22 —	57 —
Pois...............	22 —	57 —
Haricots...........	22 —	54 —
Pommes de terre...	1,5 —	23 —

2° **Les herbacés** : carottes, navets, oseille, etc., contiennent beaucoup d'eau, des matières minérales : potasse, soude, chaux, fer, soufre, etc. ; des acides divers ; quelques-uns du sucre ; ils n'ont guère que des traces d'albumine.

Leur valeur nutritive est donc très faible. Cependant ils sont indispensables à une bonne alimentation. Les légumes, en effet, laissent, à la digestion, beaucoup de déchets qui, en circulant à travers l'intestin, le débarrassent des autres résidus de nos aliments, qui, en séjournant dans le tube digestif, y produiraient des fermentations nuisibles. C'est pourquoi on dit qu'ils sont « rafraîchissants ».

La plupart des légumes herbacés ont des propriétés particulières intéressantes.

L'oignon, l'ail, l'échalote, le poireau, renferment une huile volatile piquante qui les rend stimulants et vermifuges. L'ail, en particulier, est quelquefois employé en médecine contre les vers intestinaux.

Le persil, le **cerfeuil,** le **céleri,** la **carotte,** facilitent la digestion. Les **choux,** les **radis,** le **navet,** le **cresson,** jouissent des mêmes propriétés. Tous, et surtout le cresson, sont dépuratifs.

L'oseille, **l'épinard**, la **rhubarbe**, rafraîchissent. Les **melons**, les **citrouilles**, les **potirons**, les **concombres**, rafraîchissent également, mais ils contiennent en même temps un principe amer assez indigeste, qui les rend purgatifs quand on en abuse.

L'asperge, la **chicorée**, **l'endive**, sont diurétiques.

Les champignons sont, parmi les légumes herbacés, ceux qui ont la valeur nutritive la plus grande. Malheureusement il existe un grand nombre de champignons vénéneux qu'il n'est pas toujours facile de distinguer de ceux qui sont comestibles.

En résumé, les légumes sont en général nutritifs, ils contribuent à entretenir l'appétit, aident à la digestion des viandes et du pain, et, par leurs propriétés rafraîchissantes et dépuratives, préviennent bon nombre d'indispositions, sinon de maladies.

La connaissance de ces propriétés montre donc à la ménagère la large part qu'il convient de leur faire dans l'alimentation.

Grâce aux progrès de l'horticulture, on est parvenu à créer de nombreuses variétés d'un même légume qui diffèrent par le goût et la qualité, et par conséquent se vendent à des prix divers. Vous devrez donc apprendre à distinguer toutes ces variétés, si vous voulez toujours acheter dans de bonnes conditions des légumes sains et vraiment bons.

Des primeurs. — On appelle primeurs des légumes obtenus, grâce à une culture forcée, avant l'époque ordinaire de leur maturité. Les propriétés essentielles à ces légumes n'y sont jamais complètement développées; il est donc déraisonnable, surtout dans les ménages modestes (les primeurs coûtent toujours cher), d'acheter des primeurs.

Les haricots, pois, fèves, mangés verts, n'ont pas non plus les qualités propres aux légumineux qu'on a laissés mûrir. Dans cet état ils sont surtout rafraîchissants. Ils ne sont alors encore formés, en effet, que d'une sorte de mucilage sucré, qui est destiné à se transformer en fécule à mesure que le légume mûrit.

La partie extérieure des légumes tels que la carotte, la pomme de terre, est la plus riche et la plus savoureuse. On doit donc, quand on les **épluche**, faire les pelures le plus fines possible, ou se contenter de les gratter.

Conservation des légumes. — Les **graines des légumineux** (pois, haricots) doivent, pour se conserver, être mises dans un endroit sec et à l'abri des insectes ; à l'humidité, elles se tacheraient de moisissures et germeraient.

Les **pommes de terre** se conservent à la cave. Dès qu'au printemps les germes commencent à poindre, on doit les enlever. Si on les laissait se développer, ils épuiseraient le tubercule pour se nourrir eux-mêmes.

La **carotte** se met à la cave, et mieux encore dans un silo qu'on recouvre d'une épaisse couche de paille.

L'**oseille** se conserve cuite, stérilisée pour ainsi dire, puis mise à l'abri de l'air. Le sel qu'on y ajoute aide encore à sa conservation, qui peut s'étendre à plusieurs mois.

Pour faire une **conserve d'oseille**, on épluche les feuilles les plus vertes et on les hache grossièrement après les avoir lavées à plusieurs eaux. Dans un peu de beurre ou de graisse de bœuf on met une petite quantité d'oseille, qui bientôt a fondu par la cuisson ; on ajoute alors une nouvelle quantité d'oseille, qui fond à son tour, et ainsi de suite jusqu'à ce que le tout ait été incorporé. On sale fortement et on poivre. Puis on laisse cuire l'oseille dans son jus pendant plusieurs heures, jusqu'à ce que l'eau soit complètement évaporée.

On la met alors dans des pots en grès ou dans des bocaux. On laisse refroidir, et on coule dessus de la graisse de bœuf fondue, pour isoler l'oseille de l'air. On bouche soigneusement et on range dans un endroit sec.

Il est préférable que les pots dans lesquels on conserve l'oseille soient de petites dimensions. Lorsque le pot reste entamé, en effet, la couche superficielle se couvre de moisissures, qu'il faut enlever et jeter chaque fois qu'on prend de l'oseille.

Pour aromatiser et enrichir la conserve, on peut y ajouter du cerfeuil, du persil et des haricots, qu'on met cuire avec l'oseille après les avoir hachés.

Les cornichons se conservent confits dans le vinaigre. On cueille les cornichons petits et verts, alors que les graines ne sont pas encore formées; on les essuie avec un linge de grosse toile, et on dispose dans un vase des couches alternatives de sel et de cornichons. Sous l'action du sel, le liquide aqueux et purgatif des cornichons s'écoule. Quand ils ont ainsi dégorgé pendant 24 heures environ, on les essuie et on les met dans un bocal. On verse dessus du bon vinaigre, jusqu'à ce qu'ils baignent complètement; on aromatise avec du poivre, des oignons, de l'ail, de l'estragon, et on bouche hermétiquement. Un mois après, les cornichons sont bons à manger.

Haricots verts. — Pour conserver les haricots verts, on a recours au sel. Les haricots sont soigneusement essuyés sans être épluchés, pour que le sel ne leur donne pas le goût de la saumure ou ne les durcisse pas. Dans un pot en grès ou dans un bocal on place des couches alternatives de sel et de haricots. On tasse sans écraser, on couvre d'un linge, et sur le tout on place un objet lourd, qui maintient le tassement.

Le lendemain, avec de nouveaux haricots, on comble le vide produit par la fusion du sel, et on termine par une couche de sel. On bouche hermétiquement le pot, qu'on dépose à la cave.

Pour utiliser les haricots, après les avoir épluchés on les fait dessaler dans l'eau froide une ou deux heures, et en changeant l'eau, si besoin est.

Les fruits. — Les fruits contiennent une forte proportion de sucre, des acides et des sels minéraux qui leur donnent une importance assez grande au point de vue alimentaire. Ils sont surtout rafraîchissants, comme les

légumes verts; la pomme et le raisin sont particulièrement hygiéniques.

De plus, les fruits sont toujours agréables à la fin du
repas. Ils donnent une sensation de fraîcheur parfumée
qui corrige heureusement la sensation plutôt fade que
laissent la viande et les légumes.

Une même espèce de fruit offre d'ailleurs des variétés
nombreuses. Une différence sensible existe parfois d'un
fruit à un autre de même espèce, comme délicatesse et
comme saveur. Aussi une certaine expérience est-elle
nécessaire à la ménagère
pour faire des achats avantageux de fruits.

Les remarques que nous
avons faites au sujet des
primeurs ne sont pas moins
vraies pour les fruits. Fruits
ou légumes, les primeurs
coûtent toujours cher, et
jamais ne valent ceux qui
sont arrivés normalement
à leur maturité.

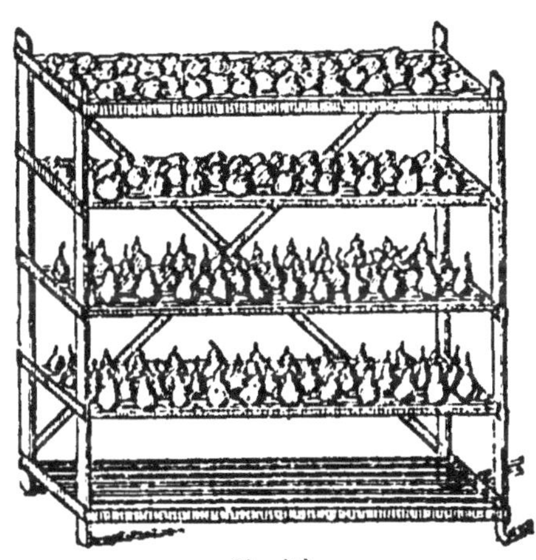

Fruitier.

**Conservation des
fruits.** — Les pommes et
les poires se conservent dans un endroit aéré, sec, à l'abri
du soleil et des odeurs malsaines. On les cueille quand ils
sont arrivés à maturité complète, en prenant soin de ne
pas les meurtrir, et, autant que possible, par un temps
sec. On les essuie et on les dispose sur des planchettes
superposées qui laissent librement l'air circuler, et en
prenant soin qu'ils ne se touchent pas.

La maîtresse de maison doit visiter fréquemment son
fruitier et en enlever les fruits au fur et à mesure qu'ils
deviennent bons à manger. Un fruit conservé quelques
jours de trop peut n'être plus mangeable, et un fruit
gâté hâte l'altération des fruits voisins.

Confitures. — Les fruits riches en sucs se conservent longtemps sous la forme de confitures, c'est-à-dire après avoir été cuits avec du sucre. Le sucre, en effet, empêche la décomposition des matières végétales.

En règle générale, pour réussir les confitures il faut mettre un poids de sucre égal au poids des fruits. Toute confiture est cuite à point lorsque quelques gouttes mises à refroidir sur une assiette se prennent et s'épaississent.

Les fruits à pépins sont pelés et coupés en morceaux. Les cerises, prunes, etc., sont débarrassées de leurs noyaux. Les groseilles sont pressées pour en retirer le jus.

Fruits ou jus sont ensuite versés dans une bassine avec le sucre. On fait cuire à feu vif; on écume, si besoin est. Quand les confitures sont cuites, on les verse dans des pots, en verre de préférence. On laisse refroidir. Puis on applique sur la confiture une rondelle de papier trempé dans l'eau-de-vie. L'alcool, qui est un antiseptique, tue les ferments qui ont pu se déposer à la surface des confitures. On achève de couvrir avec un papier assez fort, qu'on fixe avec de la colle de farine ou à l'aide d'une ficelle.

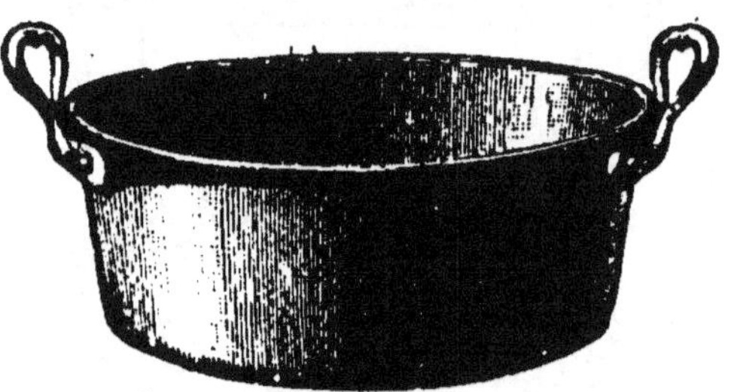

Bassine à confiture.

Les confitures, pour se bien conserver, doivent être rangées au sec.

Remarque. — Lorsque le poids de sucre est insuffisant, il faut faire bouillir plus longtemps pour obtenir la consistance voulue. Or, l'évaporation produite par la cuisson prolongée diminue beaucoup le volume de la préparation. Il n'y a donc pas d'économie réalisée. De plus, la saveur et la couleur de la confiture sont toujours plus ou moins altérées par une cuisson prolongée.

Les confitures doivent être faites dans des bassines en

cuivre. Elles noircissent quand elles sont faites dans la fonte ou dans le fer.

Condiments. — On appelle **condiments** des substances à saveur très prononcée qu'on mêle aux aliments pour exciter l'appétit et faciliter la digestion. Les principaux condiments sont : le sel, le poivre, le piment, la moutarde, le clou de girofle, le laurier, etc. Il ne faut pas abuser des condiments, sinon ils fatiguent les organes en provoquant en trop grande abondance la sécrétion des sucs digestifs.

EXERCICES PRATIQUES

1. Cuire des haricots, et constater que l'enveloppe de cellulose reste entière et dure.
2. Froisser et écraser des légumes verts et remarquer leur richesse en eau.
3. Eplucher un oignon, une échalote, un poireau. Le dégagement de leur huile essentielle fait larmoyer les yeux.
4. Montrer comment on doit éplucher une carotte, une pomme de terre, un navet, un chou, une salade, etc.
5. Préparer une conserve d'oseille, de cornichons.
6. Mettre une pincée de poivre sur la langue et constater la production abondante de la salive, la rougeur produite par le poivre.

XXXᵉ LEÇON

PRÉPARATION DES ALIMENTS

Les bouillons, les soupes. — Le pot-au-feu. — Soupe au lard, aux légumes.

Quand on fait bouillir de la viande ou des légumes dans l'eau, on obtient un liquide plus ou moins nutritif qu'on nomme **bouillon.**

On prépare des bouillons soit avec de la viande de bœuf, de veau, de mouton, de porc, de poule, soit avec des légumes. Le meilleur est celui qu'on obtient avec le bœuf : c'est **le pot-au-feu.**

Que se propose-t-on en faisant du bouillon ? — Deux choses :

1° Développer dans la viande un principe particulier : **l'osmazone.** L'osmazone est une matière nutritive et odorante, qui possède une saveur agréable. Ce principe se développe, sous l'action de la chaleur, à partir de 60°, dans toutes les substances albuminoïdes, et particulièrement dans les viandes. C'est lui qui donne au bouillon son goût et son odeur caractéristiques.

2° Extraire de la viande la plus grande partie de ses sucs : albumine, sels minéraux, graisses, et en enrichir le bouillon.

Pour obtenir ce double résultat, on peut procéder de deux manières :

Une première méthode, la plus usitée, consiste à mettre d'abord la **viande** dans l'eau froide. On sale. On pose sur un feu très doux. L'eau doit s'échauffer très lentement, pour donner le temps à l'albumine de se dissoudre. On sait, en effet, que l'albumine ne se dissout qu'à l'eau froide, et qu'à l'eau chaude elle se coagule. Or, l'albumine n'étant pas coagulée, l'eau pourra pénétrer le morceau de viande et s'y enrichir de toutes les parties solubles.

A mesure que l'eau s'échauffe, l'albumine dissoute se coagule, remonte à la surface du bouillon et forme l'écume, qu'on enlève. Sinon, elle se répandrait en minces filets dans le bouillon et le troublerait.

Une autre méthode, plus rationnelle, consiste à attendre que l'eau soit arrivée à l'ébullition pour y plonger la viande. L'albumine se coagule aussitôt, il est vrai, mais en revanche il ne se produit pas d'écume, et par suite on n'a pas à enlever cette quantité d'albumine qu'on retire avec l'écume, diminuant ainsi, par conséquent, la valeur nutritive de la préparation. Il ne semble pas d'ailleurs, à procéder ainsi, que le bouillon ait un goût ou une saveur moins agréables; mais la viande, qui a conservé une plus grande partie de ses sucs nutritifs, en est certainement plus nourrissante et plus savoureuse.

Quelle que soit la méthode employée en ce qui concerne la viande, les **légumes** ne doivent être mis dans le bouillon que lorsque l'eau a bouilli doucement pendant dix ou quinze minutes, c'est-à-dire le temps nécessaire pour laisser déposer le calcaire que pourrait contenir l'eau et qui empêcherait la cuisson complète des légumes. On ajoute alors carottes, navets, bouquet garni (thym, persil, laurier), oignon piqué de deux ou trois clous de girofle.

La cuisson du bouillon dure de trois à quatre heures. Elle doit être surveillée attentivement. C'est d'elle, en effet, que dépend, en grande partie, la qualité du pot-au-feu. Il faut que le liquide bouille à peine, ne laissant apercevoir qu'un léger frémissement. Si l'ébullition est vive, elle produit une grande quantité de vapeur, qui entraîne l'osmazone, et la saveur du bouillon en est diminuée.

Pot-au-feu.

De plus, si l'eau bout trop fort, l'ébullition imprime aux légumes un mouvement de va-et-vient qui les fait se heurter, se déformer et s'écraser, sans hâter leur cuisson, puisque la température de l'eau bouillante, quelle que soit la vivacité de l'ébullition, ne dépasse jamais 100°.

Valeur alimentaire du pot-au-feu. — Le bouillon n'est guère nourrissant, il faut bien le reconnaître. Néanmoins il joue un rôle très utile dans notre alimentation. L'osmazone, les légumes, les condiments, lui communiquent une odeur et une saveur qui excitent l'appétit et provoquent la sécrétion des sucs digestifs. Le bouillon est, en somme, le meilleur des apéritifs. C'est grâce à ces propriétés qu'il rend particulièrement de grands services aux malades et aux convalescents.

On peut en augmenter la valeur nutritive en y ajoutant du pain ou des pâtes alimentaires. On l'utilise fréquemment en cuisine pour préparer les sauces.

Quant à la viande, peut-être n'est-elle plus très savoureuse. Mais elle est encore réparatrice, car elle n'a perdu qu'une faible partie de ses principes nutritifs, surtout si on a pris soin de ne la mettre dans l'eau qu'au moment de l'ébullition.

Choix du morceau. — Les morceaux qui donnent les meilleurs bouillons sont : dans la première catégorie,

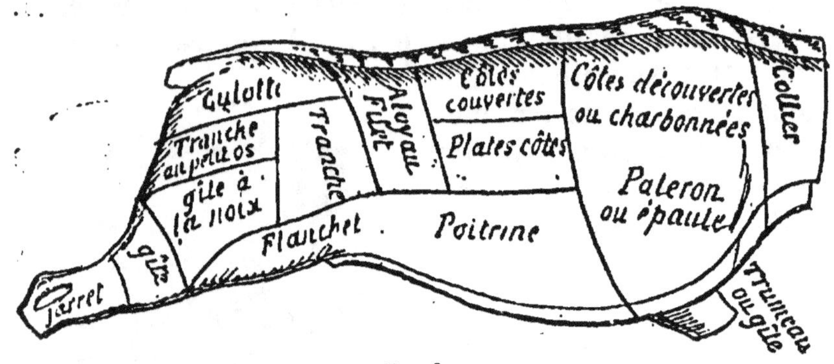

Bœuf.

1re catégorie : Culotte, filet, aloyau, tranche au petits os, gîte à la noix.
2e catégorie : Côtes couvertes, côtes découvertes, paleron.
3e catégorie : Plates côtes, flanchet, poitrine, gîte, collier.

la tranche, la culotte et le gîte à la noix ; dans la deuxième catégorie, l'épaule et les côtes.

On met ordinairement un kilogramme de viande pour quatre litres d'eau.

La quantité des légumes et des condiments varie naturellement avec le volume du bouillon préparé. On doit seulement éviter que la saveur des légumes trop accentuée efface celle de la viande, et que le goût d'un condiment ou d'un légume domine sur un autre.

Pour les autres bouillons on procède de la même façon que pour le bouillon de bœuf.

Bouillon de veau. — Comme la viande est tendre, deux heures de cuisson suffisent. La saveur étant faible, on met moins d'eau, et en sus des légumes du pot-au-feu, on ajoute ordinairement de l'oseille, du cerfeuil, etc. On dégraisse, et on passe le bouillon.

Pour relever le goût du veau bouilli, on l'accompagne d'une sauce vinaigrette. Le morceau employé est de préférence le jarret.

Bouillon de mouton, de chèvre. — Le mouton et la chèvre donnent des bouillons qui ne sont pas à dédaigner. On fait cuire de deux à trois heures. Le morceau employé est la poitrine ou l'épaule.

Bouillon ou soupe au lard. — Le lard donne naturellement un bouillon plus gras que les autres vian-

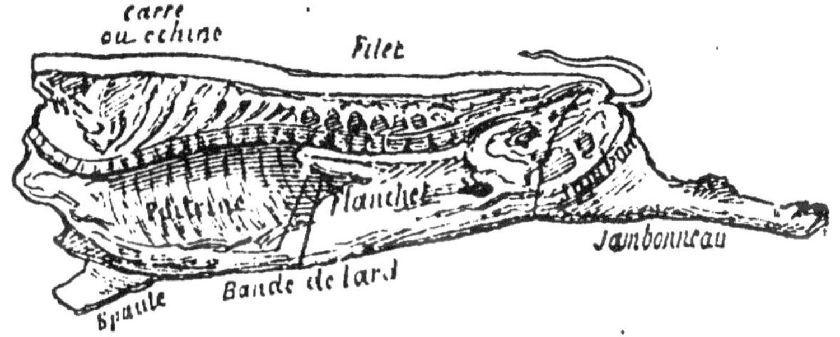

Porc.

1re catégorie : Jambon, filet, carré ou échine.
2e catégorie : Epaule, poitrine, jambonneau, flanchet.

des; c'est pourquoi aux légumes ordinaires on joint des pommes de terre, des haricots, un chou, c'est-à-dire des légumes qui s'accommodent très bien de l'excès de graisse du bouillon.

Le bouillon au lard, qui fournit à la fois la soupe, le plat de viande et le plat de légumes, est très avantageux dans les ménages modestes où il est nécessaire d'économiser le temps comme l'argent. Il convient surtout à ceux qui vivent au grand air et qui se livrent à un travail musculaire considérable.

Bouillon ou soupe aux légumes. — Le but à atteindre est toujours le même. Il s'agit d'enrichir l'eau de l'arome, de la saveur et des propriétés dont sont doués les légumes.

La méthode est la même : les légumes sont mis à l'eau froide et cuisent sur un feu doux. Une ébullition trop active, ici aussi, chasserait l'arome de la soupe.

Les légumes ordinairement employés sont la carotte, le navet, le chou, les poireaux, la pomme de terre, le tout coupé en petits morceaux, et un bouquet garni. En été, on ajoute un cœur de salade, de l'oseille fraîche, du cerfeuil, des pois ou des haricots verts, de la bette, du pourpier, et même des pointes d'asperges. Si on veut la soupe plus nutritive, au lieu de pommes de terre on met des haricots ou des lentilles.

On fait cuire environ trois heures. Pour rendre la soupe plus agréable, beaucoup de ménagères la passent. Puis le tout est versé sur du pain coupé en tranches fines et accompagné d'un morceau de beurre frais.

Les restes de sauces, de rôtis, les os, les abatis de volaille, les parures de viande, peuvent être utilisés pour la soupe aux légumes. Ils remplacent très bien le beurre.

La soupe aux légumes doit être épaisse, bien consistante. Elle est alors plus appétissante et plus nutritive. Elle peut se conserver deux et même trois jours, à la condition d'être mise au frais et couverte. En été, il est prudent de la faire bouillir chaque matin, pour tuer les ferments qui pourraient s'y développer. La même précaution est bonne à prendre pour les bouillons de viande.

Les variétés de soupes sont très nombreuses; cependant elles sont presque toutes faites d'après le principe que nous avons indiqué. Ce qui les différencie, c'est surtout la prépondérance donnée à un légume, à l'exclusion de certains autres : soupe à l'oseille, soupe au chou, soupe au cresson; ou l'adjonction d'une substance particulièrement nutritive, fromage, lait, œufs.

EXERCICES PRATIQUES

1. Faire le pot-au-feu ou une soupe au lard.
2. Calculer : 1º Le prix total de revient du plat préparé, 2º La dépense par personne.

Facture pour   couverts.

(On met ordinairement 1 litre d'eau par 2 personnes.)

KILOGR.		FR.	C.
	Bœuf paleron ou culotte à le 1/2 kilogr.		
	Carottes		
	Navets................................		
	Poireaux, bouquet garni, condiments......		
	Dépense totale......	—	.
	Dépense par personne...		

XXXIᵉ LEÇON

PRÉPARATION DES ALIMENTS (suite).

Les ragoûts. — Ragoût de mouton, de porc, de veau, de lapin. — Ragoût sans viande.

Une expérience très simple vous fera facilement comprendre en quoi consiste la préparation des aliments qu'on nomme ragoût et quel en est le principe.

Cette expérience est la suivante : si on fait chauffer fortement un morceau de sucre, il fond et prend une teinte brunâtre. Sa saveur s'est tout à fait modifiée; sous l'influence de la chaleur, le sucre est devenu du caramel.

Eh bien, faites cuire quelques petits oignons à l'eau salée. En même temps, faites revenir d'autres oignons, c'est-à-dire faites-les cuire dans du beurre jusqu'à ce qu'ils aient pris une couleur brun doré, et comparez la saveur des uns et des autres après la cuisson. Les premiers ont une saveur assez fade. L'oignon qu'on a fait revenir a, au contraire, acquis une saveur et un arome très prononcés.

Si on répète l'expérience avec des navets, des carottes ou avec de la viande, on constatera que les légumes, que la viande surtout, ont un arome et un goût plus développés lorsqu'on les a fait revenir.

C'est précisément cette propriété qu'ont les sucs des légumes et des viandes de **se caraméliser** sous l'action de la chaleur, qu'on utilise dans la préparation des ragoûts. Pour faire un ragoût, il s'agit d'obtenir d'abord la caramélisation des sucs à la surface des légumes ou de la viande qu'on utilise, puis de dissoudre le caramel ainsi formé pour achever ensuite la cuisson dans la sauce.

Ragoût de mouton. — Faites d'abord chauffer de la graisse, et quand la graisse est fumante, faites revenir à feu vif le mouton coupé en tranches. Quand la

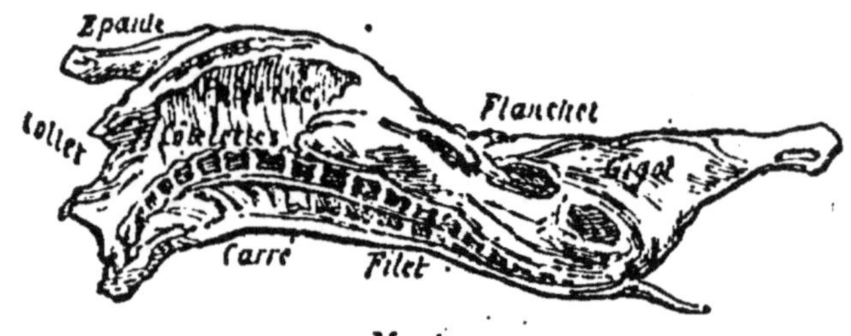

Mouton.

1re *catégorie* : Gigot, filet, carré.
2e *catégorie* : Epaules, côtes découvertes.
3e *catégorie* : Collet, poitrine ou flanchet.

viande a pris une belle teinte dorée, enlevez-la. Faites revenir de petits oignons, des carottes, des navets coupés en morceaux. Dégraissez, saupoudrez de farine que vous faites roussir; mouillez d'eau, salez et poivrez. Faites alors faire quelques bouillons en remuant constamment; ajoutez un bouquet garni avec un peu d'ail et des pommes de terre et remettez la viande.

Laissez cuire à feu doux pendant une heure et demie environ. L'eau dissout la partie caramélisée des légumes et de la viande. Pendant la cuisson, la sauce pénètre les légumes et la viande et leur communique la saveur particulière produite par la caramélisation.

Le ragoût est cuit quand la viande se détache des os et quand les légumes s'écrasent sous la pression.

Remarque. — Au lieu de pommes de terre, on peut

mettre dans le ragoût des haricots qu'on a fait tremper au préalable.

Valeur du ragoût de mouton. — Le ragoût de mouton est une excellente préparation à tous les points de vue. Il est **nutritif** par le mouton, qui est une des viandes les plus riches, et par les pommes de terre ou surtout les haricots qui l'accompagnent. Il est **hygiénique** par les propriétés rafraîchissantes des carottes, des navets et des oignons. Il est **économique**, car la préparation de la viande et des légumes du repas, étant simultanée, se fait à moins de frais et demande naturellement moins de temps que si la viande et les légumes étaient accommodés séparément. Enfin il est **agréable** et appétissant, à cause de la saveur particulière que développe la caramélisation.

Pour tous les ragoûts, quels qu'ils soient, de porc, de veau, de légumes ou de lapin, la méthode est toujours la même, puisque le but à atteindre est toujours le même.

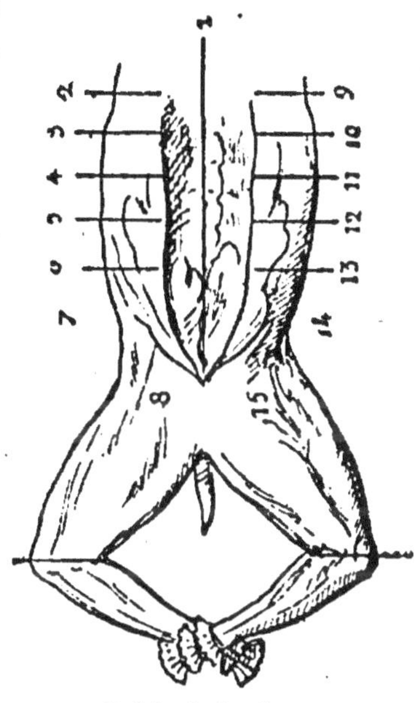

Râble de lapin.

Le **ragoût de porc** se fait exactement comme le ragoût de mouton et, comme lui, est très nutritif. Dans le **ragoût de veau**, les pommes de terre dominent. On n'emploie pas de navets, et on y met peu de carottes et d'oignons.

Ragoût de lapin. — La chair du lapin est trop maigre pour faire à elle seule un bon ragoût. Aussi convient-il d'y joindre du lard. Comme elle est aussi un peu fade, on en relève la sauce avec un verre de vin, blanc de préférence, et on ne ménage pas les oignons.

Procédez de la manière suivante : mettez dans une casserole un morceau de beurre ou de graisse, et, pour un lapin de moyenne grosseur, 150 grammes de poitrine de lard coupé en lardons. Faites revenir avec de petits oignons. Retirez le lard et les oignons et faites prendre couleur aux morceaux de lapin. Saupoudrez de farine, comme pour le mouton, puis ajoutez de l'eau et un bon verre de vin. Mettez sel, poivre, pommes de terre, bouquet garni, lardons et oignons; laissez mijoter jusqu'à ce que la viande se détache des os. Les pommes de terre peuvent être mises un peu plus tard si on craint qu'elles ne se réduisent en bouillie.

Le ragoût de lapin n'est pas aussi nutritif que celui de porc ou de mouton. Mais la chair du lapin est saine, assez délicate, de digestion facile. Elle coûte moins cher d'ailleurs que la viande de boucherie.

Ragoût de légumes ou ragoût sans viande. — Dans de la graisse, faites revenir à feu très vif des oignons, des carottes et des navets jusqu'à ce que le tout ait une belle teinte dorée. Dégraissez, ajoutez un peu de farine. Mouillez d'eau, salez, poivrez, assaisonnez d'un fort bouquet garni et d'un peu d'ail; à première ébullition, mettez des pommes de terre, et laissez mijoter jusqu'à ce que les légumes s'écrasent facilement.

Vous aurez ainsi un plat très appétissant, peu coûteux, et cependant assez nutritif et hygiénique.

Préparation des légumes du ragoût. — On choisit de préférence de petits oignons qui demeurent et qu'on sert entiers. L'aspect en est plus agréable que celui de gros oignons coupés par morceaux dont les feuillets se détachent et s'écrasent pendant la préparation.

Autant que possible aussi on donne aux carottes, aux navets, aux pommes de terre, une forme régulière. La chose est très facile pour les carottes et les navets, que l'on coupe en morceaux. Pour les pommes de terre, il suffit de les choisir petites et à peu près de même grosseur. Les autres serviront pour les soupes, les purées, etc.

La graisse dans laquelle vous faites revenir vos légumes doit être assez abondante pour qu'ils y baignent presque complètement. Vous ne serez pas ainsi obligées de les tourner fréquemment, et ils risqueront moins de perdre leur forme, ce qui leur arrive presque toujours quand il faut les remuer avec la cuillère pour obtenir la caramélisation sur toutes les parties.

Beaucoup de ménagères, au lieu de beurre, se servent de graisse de bœuf ou de porc pour faire revenir la viande et les légumes. La graisse coûte, en effet, moins cher que le beurre, et son emploi ne nuit en rien à la qualité du ragoût.

Par exemple, il est indispensable, après cette première opération, de dégraisser, car la graisse, outre qu'elle est peu agréable en grande quantité, est d'une digestion assez difficile.

Enfin, lorsque la cuisson du ragoût est achevée, versez-le dans un plat bien chaud en disposant les légumes autour de la viande, et servez dans des assiettes chaudes, surtout quand le ragoût est fait avec du mouton.

EXERCICES PRATIQUES

1. Préparer un ragoût de mouton.
2. Préparer un ragoût sans viande.
   Etablir le prix de revient : dépense totale et par personne.

XXXIIe LEÇON

PRÉPARATION DES ALIMENTS (suite).

Du rôtissage. — Manière de cuire un rôti (bœuf, veau, mouton, porc, lapin, poulet). — Rôtissage à la broche ou au four. — Des grillades.

Rôtir une viande, c'est la cuire en l'exposant soit à l'action d'une flamme, soit à l'action de l'air très chaud d'un four. Le résultat que l'on cherche à obtenir par ce procédé est le suivant : coaguler l'albumine à la surface du morceau de viande et former ainsi une enveloppe qui s'oppose à la sortie des sucs pendant la cuisson.

Les viandes rôties ont sur les viandes bouillies plusieurs avantages :

1° Elles sont **plus nutritives,** ayant conservé la presque totalité de leurs principes ;

2° Elles sont **plus savoureuses,** le rôtissage développant l'osmazone mieux que toute autre cuisson, et laissant les viandes bien imprégnées de leurs sucs ;

3° Elles sont **plus digestibles,** en raison de leur succulence et de leur tendreté, qui permettent de les mieux mâcher ; en raison aussi de la grande quantité d'osmazone développé, lequel excite, nous l'avons vu, la sécrétion des sucs digestifs.

Manière de cuire un rôti. — Le morceau est d'abord exposé à un feu vif, afin d'amener la coagulation rapide de l'albumine. Quand il est bien doré, on modère le feu, sinon la partie extérieure du morceau serait cuite avant que l'intérieur ait été atteint par la chaleur, surtout si le morceau est assez volumineux. Une chaleur modérée, sans dessécher l'extérieur, pénètre peu à peu la viande et la cuit dans toutes ses parties.

Il faut qu'un rôti soit **cuit à point.** Si la cuisson est trop prolongée ou menée trop vivement, la viande durcit, en se desséchant, et est de digestion plus difficile.

Si la cuisson est insuffisante, les aromes ne se développent pas entièrement, et la viande est moins agréable au goût. Mener à bien la cuisson d'un rôti est donc une opération qui demande de l'attention et une certaine expérience.

Rôti de bœuf. — Le morceau à rôtir est paré au préalable, c'est-à-dire débarrassé des os, membranes et tendons qui lui donnent moins bel aspect et empêchent de découper aisément la viande quand elle est cuite.

On met dans un plat laurier, thym, ail, sel et poivre. On place sur ces condiments le morceau bien ficelé, sur

lequel on a étendu du beurre, et on met au four.. Quand la
viande a pris couleur, on ralentit le feu, de manière à
continuer la cuisson à chaleur douce. et on arrose souvent pour empêcher la surface extérieure de se dessécher. En vue d'économiser le beurre, on peut mettre dans
la lèchefrite quelques cuillerées à bouche d'eau ou de
bouillon, qui augmenteront le jus nécessaire à l'arrosage
du morceau.

Il est difficile de préciser le temps nécessaire à la cuisson d'un rôti de bœuf. On compte ordinairement une
demi-heure par kilogramme de viande, mais cette durée
peut varier avec la forme du morceau et l'ardeur du feu.
Si le morceau a beaucoup de surface et peu d'épaisseur,
sa cuisson est naturellement plus rapide, car il est vite
pénétré par la chaleur du foyer.

On mange le rôti de bœuf quand la viande est encore
rose à l'intérieur. On reconnaît qu'il est cuit à point
quand, en le piquant avec une aiguille, on voit le sang per-
ler à la surface. Cette piqûre ne se fait qu'au moment où le
rôti fume; elle ne doit pas être souvent répétée, car elle
forme autant d'ouvertures par où s'échappent les sucs.

On juge que le rôti est réussi quand il exhale un fumet
agréable, quand la surface en est bien rissolée, quand
toutes les parties ont été gagnées par la chaleur et que
les sucs s'échappent au moment où on découpe.

Le four doit être, bien entendu, chauffé à l'avance. Le
rôti serait très certainement manqué, sans fumet ni saveur, si la viande n'était pas soumise à une chaleur suffisante dès sa mise au four.

Choix du morceau. — Les viandes tendres et
succulentes sont les seules qu'on puisse rôtir. Aussi les
rôtis sont-ils toujours pris dans les morceaux de première catégorie : filet, aloyau, romsteck, côte ou filet. Il
faut aussi que la viande provienne d'un animal tué depuis
deux jours au moins, afin que les fibres en soient un peu
ramollies et séparées.

Le rôti de mouton se fait exactement comme le rôti

de bœuf, et se mange également rosé à l'intérieur, gigot ou filet.

Pour le **rôti de veau** et le **rôti de porc frais**, même méthode encore, avec cette différence que la cuisson doit être plus complète ; car l'une et l'autre viande, étant assez fades par elles-mêmes, n'acquièrent une saveur convenable qu'à l'aide d'une cuisson prolongée qui développe tout l'osmazone.

La surface d'un morceau de veau se desséchant assez rapidement, on peut, pour protéger le rôti, le couvrir d'une feuille de papier beurré.

Poulet rôti. — On enlève les pattes, les ailerons (extrémité des ailes) et le cou, parties couvertes de muscles très minces qui se dessécheraient par la cuisson et ne seraient pas mangeables. Pour bien conserver au poulet sa forme, on maintient rapprochées du corps, à l'aide de gros fil, les ailes et les pattes. C'est ce qu'on appelle **brider** une volaille.

On couvre ensuite l'estomac de bardes de lard, on assaisonne et on fait cuire. Le lard a pour effet de protéger la chair du poulet de l'action d'un feu trop vif. Quelque temps avant la fin de la cuisson, on enlève le lard pour laisser rissoler la partie qu'il recouvrait.

Le jeune **pigeon** se rôtit comme le poulet.

Rôti de lapin. — Le train postérieur et le râble du lapin peuvent se rôtir. Mais, la chair du lapin domestique étant fade, il est bon de lui donner plus de saveur en la faisant **mariner**.

Pour cela, on baigne la partie à rôtir dans une sauce composée de vinaigre, d'huile, de sel, poivre, rondelles d'oignons, ail, persil, thym et laurier. On arrose et on retourne de temps en temps. Au bout de vingt-quatre heures environ, la viande est suffisamment aromatisée. Le jus de la marinade est employé à arroser le rôti pendant la cuisson.

On préserve la viande, qui est fort maigre, par des bardes de lard, comme pour le poulet et le pigeon.

Rôtissage à la broche. — Quand on dispose de l'appareil spécial appelé rôtissoire, le morceau à rôtir est traversé d'une tige de fer pour être alors directement exposé à l'action d'un feu très vif. On tourne assez fréquemment la **broche** de façon à présenter successivement à la flamme les diverses parties de la pièce.

Autrefois ce procédé était seul en usage. Il donne de très bons résultats, surtout lorsque le combustible employé est le bois. Aujourd'hui on rôtit moins à feu libre ; on cuit surtout au four.

Rôtissage au four. — Ce procédé donne aussi

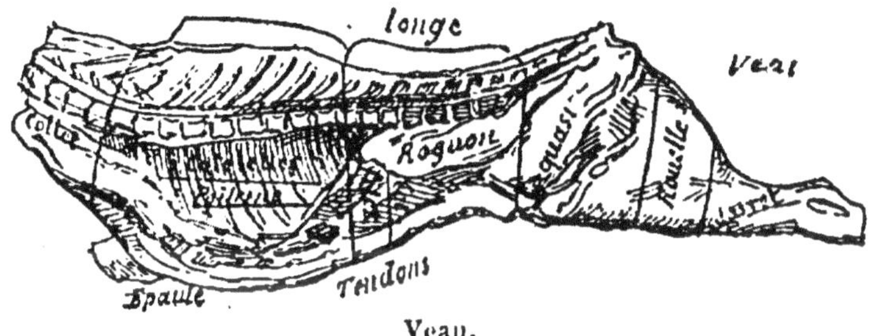

Veau.

1re catégorie : Longe et rognons, quasi, rouelle.
2e catégorie : Épaules, côtelettes découvertes, poitrine, collet, jarret.

de très bons rôtis, à la condition toutefois d'ouvrir de temps à autre la porte du four pour renouveler l'air, qui se charge d'odeur de graisse, et cette odeur, en se communiquant au rôti, peut lui donner une saveur désagréable.

Lorsque certains morceaux à rôtir sont trop maigres, tels que le filet, par exemple, ils sont exposés à se dessécher. Pour parer à cet inconvénient, on introduit des lardons dans leur épaisseur. Le lard, en fondant, imprègne la viande, l'empêche de durcir, et en même temps la rend plus savoureuse. On larde avec un appareil spécial : la **lardoire.**

On accompagne généralement les rôtis de légumes :

Le rôti de bœuf, de pommes de terre, de haricots verts ou d'épinards ;

Les rôtis de porc et de mouton, de féculents, haricots, lentilles, choux en purée ou pommes de terre;

Le poulet rôti, de pommes de terre rôties, de salade ou de cresson.

Grillades. — Des viandes rôties on peut rapprocher les viandes grillées. Le but de la grillade est, en effet, comme pour le rôti, d'obtenir, par la coagulation rapide de l'albumine, une viande succulente et enrichie d'osmazone.

La grillade ne diffère du rôti que par les dimensions du morceau. Les tranches de viande à griller ont en général 2 centimètres d'épaisseur environ. On les place sur un gril à barreaux très minces, de façon à soustraire la moindre surface possible de viande à l'action du feu.

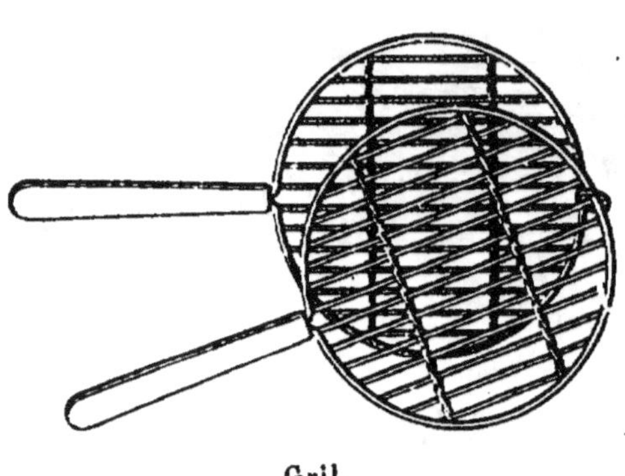

Gril.

On produit d'abord un feu très vif et clair, et on chauffe le gril de manière à ne pas retarder la cuisson des parties qu'il touche. Puis on expose les grillades au feu : biftecks, côtelettes. Dès que le sang perle à la face supérieure de la grillade, on la retourne **sans la piquer.** On laisse sur le feu jusqu'à ce que le sang apparaisse de nouveau sur la deuxième face. La grillade est à point. On assaisonne et on sert sur un plat chaud où on a mis fondre un bon morceau de beurre frais. On saupoudre de persil haché la grillade de bœuf.

Les grillades de porc et de veau demandent une cuisson plus complète.

Quand on fait des grillades, on doit se rappeler que l'extrémité de la flamme, celle où l'air arrive en quantité suffisante pour brûler tout le carbone, est la partie la plus chaude. En conséquence, il faut veiller à avoir toujours un feu suffisamment haut pour que la viande soit léchée par l'extrémité des flammes du brasier.

Seuls les morceaux très tendres peuvent aussi être grillés : dans le bœuf, le filet, le faux filet, l'aloyau, l'entrecôte; dans le mouton, le porc et le veau, les côtelettes.

Comme pour le rôti également, la viande doit provenir d'une bête tuée depuis deux jours au moins. On la pare avant de la cuire comme on pare la viande qu'on veut rôtir.

Conseil. — Lorsque vous achetez du bifteck, ne permettez pas au boucher de frapper la viande du plat de son couperet. Ce procédé n'attendrit nullement la viande; il n'a pour effet que de dissimuler parfois la qualité quelque peu inférieure du morceau, et surtout d'exprimer une bonne partie de son jus.

EXERCICES PRATIQUES

1. Faire un rôti de bœuf ou de veau.
2. Cuire un bifteck sur le gril.
   Évaluer le prix de revient : dépense totale et par personne.

XXXIIIe LEÇON

PRÉPARATION DES ALIMENTS (suite).

La cuisson des légumes. — Des légumes verts. — Des légumes secs. — Principales manières d'accommoder les légumes. — Cuisson des pommes de terre. — La friture des légumes.

Cuisson des légumes verts. — Quand on prépare une soupe aux légumes, on veut extraire la plus grande partie des principes que renferment les légumes pour en enrichir la soupe. Au contraire, quand on prépare un plat de légumes, on s'efforce de conserver à ces légumes toute leur saveur et d'en développer la saveur particulière.

Or, le sucre des légumes, les liquides agréables au goût qu'ils renferment, se dissolvent peu à peu dans l'eau où on les fait tout d'abord généralement cuire. Il faudra donc, pour obtenir un bon plat de légumes, que la durée de la cuisson soit réduite à son minimum et qu'ils séjournent le moins possible dans l'eau.

C'est pourquoi tous les **légumes verts se mettent à l'eau bouillante**. L'eau bouillante coagule à la surface du légume la faible proportion d'albumine qu'il renferme, et forme ainsi une couche plus ou moins épaisse qui s'oppose à la dissolution des principes essentiels qu'il renferme.

Cuisson des légumes secs (haricots, lentilles, pois, fèves, etc.). — Les légumes secs sont formés essentiellement de fécule, et ils contiennent en outre une forte proportion d'albumine et très peu d'eau.

Pour arriver à les cuire, il faut donc d'abord dissoudre leur albumine, qui se coagulerait sous l'action de la chaleur et empêcherait les grains de fécule de se gonfler et de se déchirer à la cuisson. C'est pourquoi, puisque l'albumine ne se dissout qu'à l'eau froide, on doit toujours **mettre les légumes secs en eau de cuisson froide**.

Il est même souvent utile de les faire tremper à l'eau froide pendant environ 12 heures. L'eau pénètre le légume, le gonfle, et la cuisson en est ainsi facilitée. On n'oubliera pas que les légumes secs cuisent mal, nous l'avons vu, dans une eau chargée de sels calcaires.

Principales manières d'accommoder les légumes. — D'une manière générale, presque tous les légumes sont d'abord cuits à l'eau salée, pour être ensuite accommodés de différentes manières.

Cependant les légumes à saveur très délicate (pointes d'asperges, champignons) et ceux dont les propriétés aromatiques ne sont pas encore entièrement développées (carottes nouvelles, petits pois) se cuisent directement dans le jus qui les accompagnera. La cuisson préalable dans l'eau salée leur enlèverait leur parfum.

On met dans la casserole très peu d'eau, du beurre, un bouquet de persil, du sel, du poivre. Au moment de servir, on lie la sauce avec de la crème ou du beurre frais et un peu de farine.

Passoire à légumes.

Au contraire, si on trouve le goût d'un légume trop accentué (chou, oseille, chicorée, céleri), on le mettra cuire dans une eau abondante, qu'on pourra même renouveler après quelques instants d'ébullition. Lorsqu'on veut qu'un légume reste vert après la cuisson, on le refroidit brusquement en le plongeant dans l'eau froide.

Écumoire à friture.

L'eau de cuisson de tous les légumes doit être conservée, car elle renferme toujours une partie de leurs principes essentiels, et on l'utilise avec avantage pour préparer les soupes.

Après donc cette première cuisson des légumes, on en fait :

Soit des légumes sautés au beurre. Pour cela, on fait roussir légèrement du beurre et on y ajoute les légumes bien égouttés, que l'on retourne avec précaution pour ne pas les réduire en bouillie, et on assaisonne. Les haricots verts ou secs, les fèves, les lentilles, les pommes de terre, les salsifis, les carottes, les choux-fleurs, peuvent être sautés par cette méthode.

.Soit des **légumes en purée.** Les légumes sont écrasés ou passés, additionnés, selon les goûts et les ressources, de beurre, de graisse ou de restes de sauce, et enfin assaisonnés. Avec la cuillère de bois, on mêle les purées pour les rendre plus légères, et on laisse cuire un temps assez long, car une cuisson prolongée développe mieux la saveur des légumes.

Les légumes secs, haricots, lentilles, etc., passés et préparés en purée, conviennent à tous les estomacs, parce qu'ils sont débarrassés de la membrane de cellulose qui les rend indigestes.

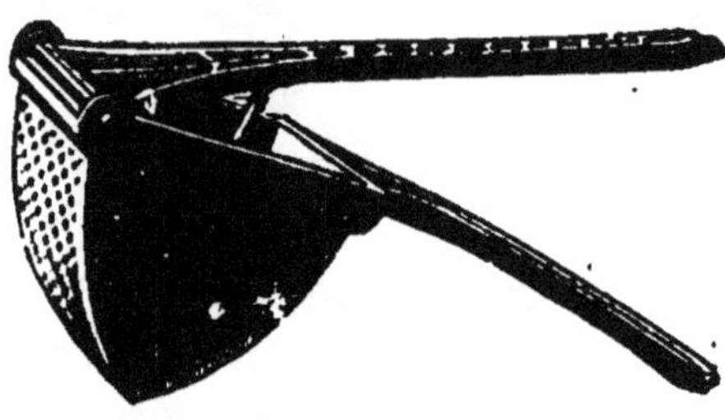

Passe-purée.

On relève la saveur trop douce des épinards avec un peu d'oseille ; on corrige au contraire l'acidité de l'oseille avec du lait et un peu de farine, la farine donnant, en outre, de la liaison et du velouté à la préparation. Les légumes peuvent encore être **préparés avec un roux léger.** On met des fines herbes ou des oignons coupés en dés dans une casserole avec un bon morceau de beurre. On laisse revenir légèrement, on ajoute un peu de farine, et on mouille avec de l'eau ou du bouillon de manière à obtenir une sauce. On ajoute ensuite les légumes bien égouttés et on assaisonne. Au moment de servir, on peut mettre un morceau de beurre frais, de la crème ou des jaunes d'œuf.

Cette recette convient pour les haricots verts ou secs, les fèves, les lentilles, les pommes de terre, les carottes, les navets. Le beurre peut d'ailleurs être remplacé par du jus de viande. Dans ce cas, on fait le roux un peu plus foncé en couleur.

Légumes en salade. — La plupart des légumes,

cuits ou crus, s'accommodent en salade, soit isolément, soit mélangés. Ainsi, l'endive, la scarole, le céleri, le chou-fleur, les haricots verts, la mâche, l'oignon cuit, peuvent être accompagnés de pommes de terre.

Ces mêmes légumes réunis peuvent également se manger en salade; ils forment alors ce qu'on appelle une **macédoine.**

Pour qu'une salade soit bonne, il faut employer une huile d'excellente qualité et ne pas ménager les condiments divers : sel, poivre, moutarde, persil ou cerfeuil, ciboule ou échalote, estragon, pimprenelle. Les condiments seront d'ailleurs plus abondants avec les légumes secs et la pomme de terre, naturellement fades. L'huile peut être remplacée par de la crème ou du beurre frais fondu. On se trouve bien d'ajouter un peu de lait dans les salades de pommes de terre ou de légumes secs.

Légumes frits. — Quelques légumes, et en particulier la pomme de terre, peuvent être frits, c'est-à-dire cuits dans un corps gras : beurre, huile ou graisse.

La friture a pour but de coaguler l'albumine à la surface du légume, pour empêcher d'abord la graisse de pénétrer dans la pièce à frire et pour empêcher en même temps les sucs intérieurs d'en sortir.

On arrive à ce résultat en procédant de la manière suivante :

Dès que la graisse (huile ou beurre) est bouillante, on y jette les pommes de terre, par exemple. Sous l'influence de la chaleur, l'albumine se coagule, s'oppose par conséquent à la pénétration de la graisse, et forme cette couche croustillante et dorée qui fait la bonne pomme de terre frite.

On s'assure que la graisse est à la température voulue en jetant un morceau de pomme de terre dans la friture; il doit se produire alors un bruit aigu, accompagné de bouillonnement. Si la friture n'était pas assez chaude, la coagulation nécessaire ne s'y ferait pas, et la graisse, en pénétrant le légume, l'amollirait et le déformerait. Des pommes de terre cuites dans ces conditions seraient peu agréables au goût et indigestes.

Les pommes de terre sont retirées de la friture alors que celle-ci est encore bouillante; on les égoutte, on les saupoudre de sel et on les sert aussitôt.

Les morceaux de pommes de terre doivent avoir un demi-centimètre d'épaisseur environ. Plus gros, l'intérieur ne serait pas cuit; plus minces, ils seraient trop secs.

Certains légumes (salsifis, artichauts) ne renferment guère d'albumine. Pour les faire frire, on leur fournit l'albumine qui leur manque en les enveloppant de pâte.

Cuisson des pommes de terre. — Les pommes de terre peuvent être cuites à l'eau; elles peuvent être frites; elles peuvent encore être cuites d'autres façons, et la présence de l'eau n'est pas toujours nécessaire. La pomme de terre, en effet, renferme assez d'eau pour que, sous l'action de la chaleur seule, les grains de fécule se gonflent, se déchirent et deviennent digestibles.

C'est ainsi qu'on peut encore cuire les pommes de terre :

Au four : on les met au four après les avoir lavées et essuyées. Le four doit être chauffé fortement pendant toute la durée de la cuisson, sinon les pommes de terre durcissent.

Ou à l'étouffée : on place sur le couvercle du poêle une couche de cendres de 2 centimètres environ. On pose dessus les pommes de terre. On recouvre avec une cloche en terre pour conserver la chaleur. Les cendres empêchent les pommes de terre de se carboniser au contact du couvercle.

Ou encore à la vapeur. On a pour cela une casserole à double fond, dont le fond supérieur est percé de trous nombreux. Dans le compartiment inférieur on met de l'eau, dans l'autre on place les pommes de terre bien lavées, et l'eau en bouillant produit de la vapeur qui cuit le légume.

Si on n'a pas de casserole à double fond, on peut user du procédé suivant : mettre de l'eau dans une marmite ; quand cette eau est bouillante, placer les pommes de terre préalablement lavées dans une passoire retenue au bord supérieur de la marmite, et boucher hermétiquement le couvercle avec un torchon mouillé.

Ces modes de cuisson présentent les avantages suivants :

1° La pomme de terre ne crève pas, et il n'y a pas à craindre que, noyée par l'eau de cuisson, elle laisse perdre la plus grande partie de ses sucs ;

2° Il y a économie, car une pomme de terre écrasée dans l'eau bouillante ne peut plus guère être utilisée, sinon en totalité, du moins en partie.

Remarque. — L'asperge peut aussi se cuire à la vapeur, comme la pomme de terre. Elle reste plus parfumée et plus savoureuse.

EXERCICES PRATIQUES

1. Faire une purée de haricots.
2. Faire sauter des légumes au beurre.
3. Préparer une salade.
4. Cuire des pommes de terre au four ou sous une cloche.
5. Observer, à la maison, comment la maman accommode les légumes.

XXXIVe LEÇON

PRÉPARATION DES ALIMENTS (suite).

Les poissons. — Leur valeur alimentaire. — Principaux modes de cuisson et de préparation. — Les poissons salés.

La chair du poisson constitue un aliment agréable, presque aussi riche que la viande de boucherie. Elle convient surtout aux personnes sédentaires, aux convalescents et aux vieillards. Le phosphore qu'elle renferme la rend particulièrement bonne à ceux qui se livrent à un travail cérébral prolongé.

Au point de vue nutritif, on divise ordinairement les poissons en trois catégories :

1° Les **poissons à chair blanche**, et un peu molle, de digestion très facile, tels que le turbot, la sole, la truite, le merlan, la perche, la morue fraîche;

2° Les **poissons à chair plus serrée**, plus grasse, quelquefois colorée : le saumon, le thon, la carpe, le gou-

Soles.

jon, le brochet, la raie, le maquereau, l'esturgeon, le hareng, la sardine;

3° Les **poissons à chair très grasse et très dense**, fort nutritifs, mais difficiles à digérer (anguille de mer ou de rivière, lamproie).

Les poissons nous sont fournis soit par la mer, soit par les rivières. Les poissons d'eau claire et courante ont une chair plus savoureuse que ceux qui ont vécu dans l'eau stagnante des marais et des étangs. Les poissons des marais se reconnaissent ordinairement à leur dos brun et à leur ventre terne.

Le fretin, c'est-à-dire le menu poisson qui n'a pas eu le temps de se développer, fournit aussi une viande bien moins nourrissante que le poisson adulte. Nous avons déjà eu l'occasion, d'ailleurs, de faire une remarque analogue à propos des jeunes animaux de boucherie.

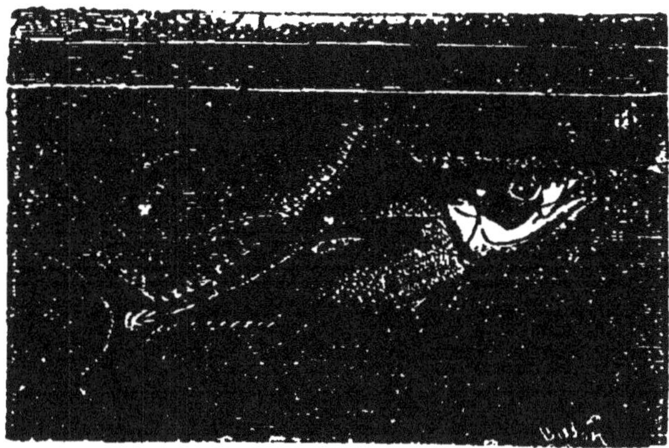

Thon.

Préparation du poisson. — Pour être utilisé en cuisine, la première qualité du poisson est une grande fraîcheur. La chair du poisson, en effet, se décompose

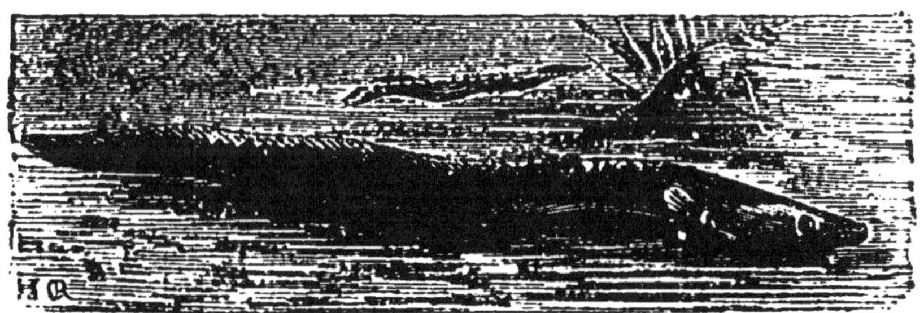

Lamproie.

vite, et si elle a subi seulement un commencement de putréfaction, elle est très dangereuse pour la santé.

Il importe donc beaucoup à la ménagère de savoir distinguer le poisson frais du poisson avarié.

Les yeux du **poisson frais** sont fermes et transparents; sa chair est ferme également; ses écailles s'enlèvent difficilement, ses ouïes sont rouges. Le poisson d'une fraîcheur douteuse, au contraire, a les yeux enfoncés dans l'orbite, la chair flasque, la peau terne et sale, les ouïes d'un brun grisâtre. Certains marchands teignent parfois ces dernières en rouge, mais on reconnaît facilement la supercherie en les frottant avec les doigts.

Comment on nettoie les poissons. — La plupart des poissons peuvent être raclés avec un couteau, afin d'enlever les écailles qui les recouvrent. La raie, la sole et l'anguille doivent être écorchées.

On les vide ensuite, en pratiquant sous le ventre une ouverture par laquelle on tire les intestins. Puis on lave le poisson à plusieurs eaux et on essuie.

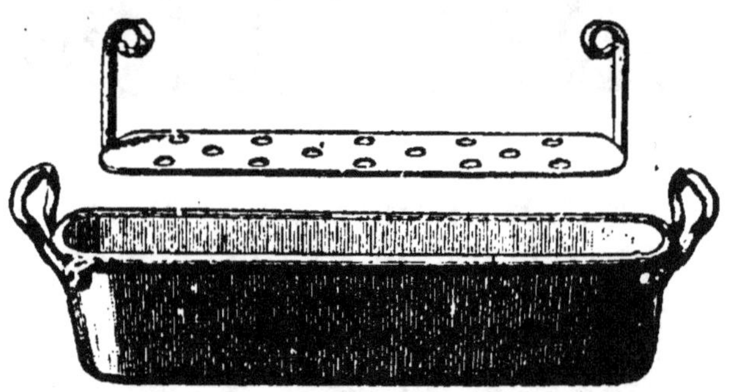
Poissonnière.

Principaux modes de cuisson. — Le poisson peut être apprêté selon quatre modes principaux de cuisson : il est cuit à l'eau ou au court-bouillon, il est grillé, il est frit, ou bien il est cuit au four.

1° **Cuisson à l'eau ou au court-bouillon.** Placez votre poisson dans la poissonnière avec de l'eau froide et du sel. Menez vivement le feu. A première ébullition, éloignez du foyer et laissez mijoter pendant un temps qui varie avec l'espèce du poisson et sa grosseur. Il est cuit lorsqu'il cède sous la pression du doigt.

La chair du poisson a peu de cohésion. L'ébullition ne tarderait pas à la désagréger et à la diviser en menus morceaux. La chair ainsi lavée, en quelque sorte, ne serait plus aussi agréable, et le poisson n'aurait plus bel aspect.

Les poissons d'un goût relevé, ou ceux dont on craint d'altérer la saveur délicate, se cuisent à l'eau simplement salée. Ceux, au contraire, dont la chair est fade, les poissons d'eau douce en particulier, se préparent au court-bouillon.

Pour faire un **court-bouillon,** on ajoute à l'eau de la poissonnière des rondelles d'oignons et de carottes, un fort bouquet garni, du sel, du poivre et du vinaigre ou du vin blanc.

La cuisson à l'eau ou au court-bouillon convient en général à tous les gros poissons : saumon, turbot, raie, cabillaud, morue, brochet, anguille. On accompagne d'une sauce aux câpres le barbeau, le saumon, le turbot, etc.; la morue, d'une béchamel; la raie, d'une sauce piquante ou d'une sauce au beurre noir.

2° **Poissons grillés.** Chauffez le gril à l'avance. Huilez le poisson avant de le griller. L'huile formera une couche qui préservera la chair du contact trop vif du feu, comme fait le beurre pour les rôtis. Pratiquez des incisions transversales dans le dos du poisson : sans cette précaution, la vapeur qui se dégage pendant la cuisson ferait éclater la peau et déformerait la pièce. Cuisez à feu doux. Servez dans un plat chaud avec les sauces les mieux appropriées.

Ordinairement on accompagne :

D'une **sauce maître d'hôtel,** le brocheton, la carpe, le rouget, le maquereau, le merlan, le thon, la sardine; d'une **sauce moutarde,** le hareng; d'une sauce aux câpres, le merlan, la lamproie.

La plupart des poissons peuvent d'ailleurs s'accommoder aux sauces les plus diverses.

Le poisson se digère mieux lorsqu'il est grillé; mais on ne peut griller que les poissons de moyenne grosseur; s'ils sont un peu épais, on les coupe par tranches.

3° **Poissons frits.** Nous avons vu en quoi consiste la friture. La friture qui convient le mieux au poisson est la friture à l'huile.

Roulez les poissons dans la farine et jetez-les dans la friture bien chaude. Si vous les trempez au préalable dans du lait, la friture prendra une odeur plus agréable, et la farine adhérera mieux. Servez avec du persil frit, un quartier de citron ou un filet de vinaigre.

On met en friture les poissons petits ou plats : goujons, petites perches, truites, merlans, brochetons, sardines, soles, etc.

4° Cuisson au four. Mettez au feu avec du beurre, un peu de bouillon, du vinaigre ou du vin blanc, sel, poivre. Quelques moments avant de retirer du feu, ajoutez du persil, des échalotes ou de la ciboule hachés. Arrosez de temps en temps.

On peut encore modifier la préparation d'une manière plus délicate : placez d'abord les assaisonnements, puis le poisson. Ajoutez quelques champignons, du vin blanc ; couvrez d'un roux léger, saupoudrez de chapelure avec quelques morceaux de beurre de place en place. Mettez au four, et vous aurez du **poisson au gratin.**

La sole, l'alose, le merlan, l'éperlan, se préparent au gratin.

Les poissons salés. — Les poissons salés (hareng, morue) sont sains et nourrissants, et on peut en composer des plats fort appétissants et en même temps très économiques.

Avec le **hareng salé,** par exemple. Faites dessaler pendant une demi-journée, puis faites griller et apprêtez-le comme le hareng frais.

Le **hareng saur** est d'abord trempé dans l'huile, puis rôti au four à feu doux.

Le hareng salé et le hareng saur sont très souvent servis avec une purée ou une salade de pommes de terre, de haricots ou de lentilles.

Morue salée. La chair de la morue est très nutritive. La meilleure est celle qui a la chair blanche, épaisse, et qui se sépare facilement en feuillets.

On dessale la morue en la faisant tremper au moins

vingt-quatre heures à l'eau froide et en changeant l'eau plusieurs fois. On fera en sorte également que la morue ne repose pas directement sur le fond du vase dans lequel on la fait dessaler. Sinon, le sel se déposant au fond de l'eau, l'opération n'aboutirait qu'à faire durcir le morceau mis à dessaler.

EXERCICES PRATIQUES

1. Reconnaître si un poisson est frais.
2. Nettoyer et vider un poisson.
2. Cuire un poisson à l'eau salée ou au court-bouillon.
4. Frire un poisson. .
    Établir le prix de revient des préparations faites, dépense totale et par personne.

XXXVe LEÇON

PRÉPARATION DES ALIMENTS (suite et fin).

Les sauces. — Roux blancs et roux bruns. — Sauces blanches et sauces brunes. — Sauces diverses.

Les sauces constituent un élément important de la préparation des mets, qu'elles contribuent à rendre plus agréables et plus appétissants. Elles sont indispensables en particulier à la ménagère économe pour lui permettre d'utiliser les restes.

La base de la plupart des sauces est constituée par ce qu'on appelle les **roux**; et la préparation des roux repose essentiellement sur le pouvoir qu'a l'amidon de la farine de se gonfler sous l'influence de la chaleur et en présence de l'eau.

Pour faire un roux, on met dans une casserole un mélange de beurre et de farine à poids égal, et on mêle de façon à obtenir, sous l'action de la chaleur, une pâte bien homogène.

Si on retire la casserole du feu aussitôt que la pâte est bien liée et avant qu'elle se soit colorée, on a un **roux blanc.**

Si on laisse cuire jusqu'à ce que la farine ait pris une teinte foncée bien accentuée, on a un **roux brun.**

Le roux blanc, mouillé d'eau et additionné d'assaisonnements divers, forme les sauces blanches. Le roux brun, auquel on ajoute du bouillon ou du jus de viande, donne les sauces brunes.

1º Sauces blanches. — Les sauces blanches sont nombreuses; les principales sont :

La sauce au beurre. Après avoir préparé un roux blanc, ajoutez un demi-litre d'eau froide, que vous versez peu à peu en remuant constamment avec une cuillère de bois. Salez, poivrez. Laissez faire quelques bouillons à la sauce, puis mettez-la sur le côté, où elle mijotera quelques instants. Au moment de servir, ajoutez 30 grammes de beurre, un jaune d'œuf, un filet de vinaigre ou du jus de citron, et vous aurez une quantité de sauce suffisante pour sept à huit personnes.

La sauce aux câpres s'obtient en ajoutant simplement à la sauce précédente, au moment de servir, une certaine quantité de câpres confites dans le vinaigre.

La sauce béchamel est une sauce blanche où l'on a sensiblement diminué la proportion de farine et dans laquelle l'eau a été remplacée par le lait. Le vinaigre est supprimé.

La sauce blanquette est une sauce blanche également peu chargée de farine et dans laquelle on fait cuire de petits oignons et des champignons avec un bouquet garni.

2º Sauces brunes. — Les principales sauces brunes sont les suivantes :

Le roux aux cornichons et aux échalotes. Faites un roux brun; mouillez-le de bouillon ou d'eau. Salez, poivrez. Un peu avant de servir, ajoutez des rondelles de cornichons ou des échalotes hachées.

La sauce madère. Faites un roux brun, mouillez-le d'eau et ajoutez du madère sec. Vous pouvez enrichir cette sauce avec du jus de viande.

La sauce Robert. Faites revenir dans du beurre des oignons coupés en dés. Saupoudrez-les de farine et faites un roux brun. Mouillez d'eau et de bouillon. Ajoutez thym, laurier, sel et poivre et laissez mijoter quelques instants. Au moment de servir, mettez un peu de vinaigre et de moutarde. Un verre de vin blanc rend la sauce meilleure encore.

La sauce piquante. Faites un roux brun, que vous mouillez d'un liquide obtenu de la manière suivante : vous mettez bouillir dans quelques cuillerées de vinaigre thym, laurier, estragon, oignons ou échalotes coupés en dés, et laissez réduire le vinaigre de moitié.

La sauce aux champignons. Préparez un roux brun. Mouillez d'eau ou de bouillon. Salez, poivrez. Quelques minutes avant de servir, ajoutez les champignons.

Sauces à base d'huile et de vinaigre. — On peut, à l'aide de ce mélange, préparer diverses sauces :

La sauce vinaigrette, qui se compose d'un mélange de moutarde, de sel, de poivre, d'oignons et d'échalotes hachées. Délayez avec du vinaigre, puis avec de l'huile (deux cuillerées au moins pour une de vinaigre). Au moment de servir, ajoutez à la préparation : estragon, persil, cerfeuil, pimprenelle, le tout haché menu.

Ces fines herbes, ainsi que les oignons, peuvent être présentées à part sur une assiette; chacun des convives en prend ainsi la quantité qui lui plaît.

La sauce ravigote se fait comme la sauce vinaigrette, avec cette différence que vous pétrissez avec de la moutarde, du sel et du poivre, un ou deux jaunes d'œufs cuits durs.

La sauce moutarde se prépare en délayant de la moutarde dans du vinaigre auquel on ajoute du sel et du poivre. On peut y mettre aussi un peu d'huile.

Sauces diverses. — **Sauce au beurre noir.**

Faites fondre et laissez brunir du beurre dans une poêle. Jetez-y à ce moment des branches de persil que vous laissez frire. Retirez la sauce du feu et ajoutez du vinaigre. Versez le tout sur le poisson ou sur les légumes chauds.

Si la sauce est destinée à accompagner des légumes, on peut, au lieu de persil, y jeter des échalotes hachées menu.

Sauce maître d'hôtel. Mettez dans un plat chauffé un morceau de beurre pétri avec du persil, de la ciboule ou des échalotes et un peu d'oseille, le tout haché fin. Placez la viande bien chaude sur le mélange.

Sauce tomate. Essuyez les tomates, coupez-les en deux et faites-les cuire dans leur jus pendant une demi-heure avec thym, laurier, persil, ail, sel et poivre. Passez le tout et remettez sur le feu avec un bon morceau de beurre. Si vous voulez obtenir plus de consistance, liez avec de la farine.

Emploi des sauces. — D'une manière générale, on peut dire que les sauces blanches accompagnent mieux les viandes délicates et blanches : veau, volaille, poisson. Les sauces à base de roux brun, la sauce tomate, conviennent aux viandes rouges. Les sauces à base d'huile et de vinaigre s'associent à toutes les viandes.

Remarques et conseils. — La fécule de pomme de terre peut remplacer la farine, principalement dans les sauces blanches.

Pour confectionner les sauces on ne doit employer que du beurre et de la farine de première qualité.

L'eau qu'on ajoute au roux doit être froide ou à peine tiède. Si elle était chaude, elle cuirait rapidement la farine, et il se formerait des grumeaux.

La sauce doit être préparée sur un feu doux. La partie en contact avec le fond de la casserole se prendrait trop vite sur un feu vif et s'y attacherait. C'est aussi pour éviter cet inconvénient qu'il faut mêler constamment la sauce pendant toute la durée de sa confection.

Si une sauce est trop épaisse, on l'allonge avec un peu d'eau ou de bouillon. Si elle est trop claire, on augmente sa consistance en y incorporant un peu de farine délayée à part.

Liaison. — Pour faire une liaison, séparez parfaitement des jaunes d'œufs de leurs blancs. Écrasez les jaunes, délayez-les avec quelques cuillerées de sauce que vous versez petit à petit, et incorporez le tout dans la sauce en tournant constamment. Une sauce liée ne doit pas rester sur le feu, sinon l'œuf durcirait et formerait des grumeaux.

Les sauces seront toujours dégraissées, surtout lorsqu'elles devront être servies avec des viandes grasses.

EXERCICES PRATIQUES

1. Faire une sauce blanche. La lier avec un jaune d'œuf.
2. Préparer un roux brun aux cornichons.
3. Confectionner une vinaigrette.
4. Chercher le prix de revient de chacune de ces préparations.

XXXVI° LEÇON

ART D'ACCOMMODER LES RESTES

Après chaque repas, il y a presque toujours des restes, et ces restes doivent toujours être utilisés, alors même qu'ils ne se composeraient que de quelques légumes ou de quelques croûtes de pain. Dans une maison bien tenue, rien n'est perdu ; la ménagère et les enfants doivent y avoir horreur du gaspillage. Les choses nécessaires à la vie ne sont-elles pas le prix des fatigues du père, dont le salaire a servi à les acheter? Ne représentent-elles pas aussi les peines, le travail du boulanger, du jardinier, du pêcheur, etc.? Ne pas gaspiller, tirer parti de toutes choses, c'est respecter les fruits du travail, et par conséquent le travail lui-même. Mais c'est aussi et surtout, dans un ménage modeste, le seul moyen de réaliser des économies notables, qui pourront servir à augmenter le bien-être de la famille.

C'est tout un art, d'ailleurs, que de savoir tirer parti des restes, art plus difficile peut-être que de savoir confectionner un plat nouveau; car il faut souvent faire avec des débris, qu'au premier aspect on jugerait indignes de figurer encore dans un repas, un mets présentable et même appétissant. Il faut, à l'aide d'un assaisonnement approprié, déguiser en quelque sorte ces restes et leur redonner une nouvelle valeur.

Comment on peut accommoder les restes de viandes. — Restes de bœuf. — *Bœuf bouilli.* — Coupez le morceau en tranches minces et régulières, et mettez-les réchauffer dans l'une des sauces suivantes : sauce roux brun, aux cornichons ou aux échalotes; — sauce piquante; — sauce Robert; — ou sauce tomate.

Si vous voulez accompagner d'une sauce maître d'hôtel, réchauffez d'abord les tranches dans un peu de bouillon.

Bœuf rôti. — Les viandes déjà rôties ne doivent jamais bouillir. Elles ne resteront sur le feu que le temps nécessaire pour être réchauffées, sinon elles durcissent.

Les restes de bœuf rôti s'accommodent avec les sauces indiquées pour le bœuf bouilli; mais la sauce tomate et la sauce aux champignons sont les plus appréciées. — On peut encore réchauffer le bœuf rôti dans sa propre sauce, s'il en reste.

Bœuf en ragoût. — Faites un ragoût de légumes, sans viande, et mettez réchauffer les tranches au-dessus de la préparation peu de temps avant de servir.

Bœuf froid. — Coupez le bœuf en tranches petites et minces et versez dessus une sauce vinaigrette ou une ravigote, ou encore une sauce moutarde.

Restes de mouton. — La viande de mouton durcit très facilement; aussi faut-il éviter de la laisser bouillir lorsqu'on la réchauffe.

Les indications données pour accommoder les restes

de bœuf conviennent presque toutes pour les restes de mouton. Cependant les sauces à base d'huile sont moins employées.

Restes de porc. — Les restes de porc rôti se mangent souvent froids et accompagnés de pommes de terre.

On peut aussi les faire réchauffer sur une purée de pommes de terre, de haricots ou de lentilles.

Quant au porc bouilli, on lui communique un excellent goût en le faisant mariner avant de l'accommoder. Puis on le sert sur une sauce bien relevée, sauce Robert, sauce piquante ou ravigote.

Restes de veau. — Le veau réchauffé perd beaucoup de sa valeur. Aussi le sert-on froid de préférence. On l'accompagne très bien d'une salade. Cependant on peut le réchauffer dans une blanquette, où il ne séjournera que juste le temps nécessaire.

La tête de veau, les morceaux de veau bouilli, se réchauffent dans leur eau de cuisson ou dans l'eau salée, et se servent avec une sauce vinaigrette.

Les **restes de volaille rôtie** se mangent froids ou accommodés en blanquette, ou encore servis dans une sauce aux champignons préparée avec un roux blanc.

La poule bouillie se réchauffe dans le bouillon où elle a cuit et se sert accompagnée d'une sauce blanche.

Gâteau de hachis de viande et de pommes de terre. — On peut encore utiliser les restes de viande à l'aide d'une double préparation : un hachis et une purée de pommes de terre.

Hachis. — Hachez finement les restes de viande qu'il s'agit d'utiliser : mouton, veau, jambon, etc. Toutes les sortes de viandes peuvent être associées dans un même hachis. Ajoutez un peu de hachis frais de porc, si votre viande est trop maigre; de la mie de pain trempée dans du lait, du sel, du poivre, du persil, des échalotes hachées, un ou deux œufs crus, et mélangez le tout.

Préparez ensuite une **purée** de pommes de terre au lait, comme il a été dit plus haut.

Puis vous faites cuire. Vous passez un morceau de beurre sur le fond et les bords d'un plat allant au feu, afin que le mets n'attache pas. Vous étalez au fond une couche de purée, puis sur cette première couche vous disposez votre hachis, que vous recouvrez du reste de la purée. Sur celle-ci vous mettez de place en place de petits morceaux de beurre et vous mettez dans un four bien chaud. Pour dorer votre mets, versez sur le gâteau quelques gouttes d'eau bien sucrée. Le sucre se caramélisera et lui donnera une belle couleur bien appétissante.

Cette préparation est très avantageuse : elle fournit au repas la viande et les légumes. Elle a en outre le mérite d'être très agréable et très appétissante; et enfin elle permet d'utiliser les restes de plusieurs plats.

Restes de poissons. — Mettez les restes de *poisson bouilli* dans un peu d'eau et ne les y laissez que le temps nécessaire pour qu'ils soient réchauffés. Servez-les avec la sauce qui les fait le mieux valoir : béchamel, beurre noir, maître d'hôtel, ravigote.

Morue. — Garnissez de beurre un plat; disposez les morceaux de morue au milieu, et entourez-les de pommes de terre coupées en morceaux et cuites à l'eau salée. Assaisonnez, mettez du beurre de place en place et faites prendre couleur au four.

Raie. — Les restes de raie sont très bons accommodés en salade avec des pommes de terre et un oignon coupé en dés fins.

Le reste d'un *poisson frit* se réchauffe dans le beurre, et on le sert avec une sauce appropriée.

Restes de légumes. — *Légumes du pot-au-feu.* — Faites une sorte de julienne avec d'autres légumes que vous y joindrez, pommes de terre, oseille, etc. Servez sur une poignée de cerfeuil et un morceau de beurre.

Légumes de la soupe au lard. — Ecrasez-les et faites-les sauter dans une poêle où vous avez fait blondir des oignons coupés en dés. Assaisonnez de sel, poivre, thym et laurier.

Pommes de terre cuites à l'eau. — Vous pouvez soit les les écraser et les mettre dans une soupe, soit les couper par tranches et les assaisonner en salade avec fines herbes, cornichons, etc., soit en faire une purée.

Pommes de terre en purée. — Mouillez de lait si c'est nécessaire, ajoutez un peu de sel, du sucre et, selon votre goût, un peu de jus de citron ou d'eau de fleur d'oranger. Mettez la purée dans un plat ou dans un moule préalablement beurré et faites prendre couleur au four. Comme pour le gâteau de hachis et de pommes de terre, vous pouvez arroser le dessus avec un peu d'eau sucrée.

Choux-fleurs. Haricots verts. — Accommodez-les en salade ou bien réchauffez-les dans de l'eau salée, et accompagnez-les d'une sauce blanche, ou d'une sauce au beurre noir, ou d'une sauce tomate.

Haricots secs. — Faites-en une salade, une purée, ou sautez-les au beurre. Des restes de légumes différents peuvent très bien s'accommoder en salade.

Salade. — Les parties des scaroles, des endives, trop vertes pour être servies en salade sont cuites dans leur jus avec du beurre ou un reste de sauce et un bouquet garni. Les parties trop vertes des laitues peuvent être mises dans la soupe aux légumes.

Pain. — Les restes de pain ne doivent pas être jetés plus que les autres restes. En les rôtissant au four, on les utilise pour servir le bouillon ou pour faire des panades, des soupes maigres, etc.

L'eau de cuisson de la tête de veau sert à faire deux excellents potages : 1º ajoutez aux légumes de la veille (carottes, navets, poireaux) des pommes de terre et de l'oseille. Hachez le tout et faites bouillir; 2º ou bien réchauffez l'eau de cuisson. Quand elle bout, jetez-y du tapioca (une cuillerée par personne), puis ajoutez une liaison de jaunes d'œufs et un morceau de beurre.

Avec l'*eau de cuisson des légumes* on fait également des potages très savoureux, et en particulier avec l'eau dans laquelle ont cuit les haricots, les pois, les lentilles, les choux-fleurs, les épinards et les asperges.

La *graisse du pot-au-feu* peut s'employer, au lieu de beurre, dans la préparation des soupes, ou bien être incorporée à la friture. Les *restes de sauces* doivent également être conservés précieusement et sont utilisés de mille manières pour l'amélioration d'un grand nombre de préparations, soupes, ragoûts, etc.

EXERCICES PRATIQUES

Faire un gâteau de hachis de viande et de pommes de terre. Calculer le prix de revient. Dépense totale et par personne.

XXXVIIe LEÇON

Le pain. — Sa fabrication. — Sa valeur alimentaire. — Ne gaspillez pas le pain.

Les pâtes alimentaires. — Préparation du vermicelle, du macaroni, des nouilles.

Les pâtisseries. — Leur confection par la ménagère. — Crêpes et gaufres.

Nous avons vu toutes les ressources que nous pouvions tirer pour notre alimentation de la chair des animaux et des légumes de nos jardins. Il est des aliments encore que nous confectionnons avec la farine extraite de la graine des céréales, et au nombre de ces aliments est celui qui pour l'homme constitue la base de son alimentation : le *pain*.

Les substances qui composent la *farine* sont principalement : l'*amidon*, qui fournira de la chaleur à notre corps, et le *gluten*, matière azotée qui répare nos tissus. La farine contient en outre un peu de sucre, de graisse, et des sels minéraux.

La farine de blé est la plus nutritive de toutes les farines; c'est aussi celle qui est la plus employée pour la fabrication du pain.

Fabrication du pain. — La fabrication du pain

comporte trois opérations distinctes : le **pétrissage,** la **fermentation** et la **cuisson.**

1° **Pétrissage.** — Le pétrissage est l'opération par laquelle on procède au mélange intime de la farine délayée

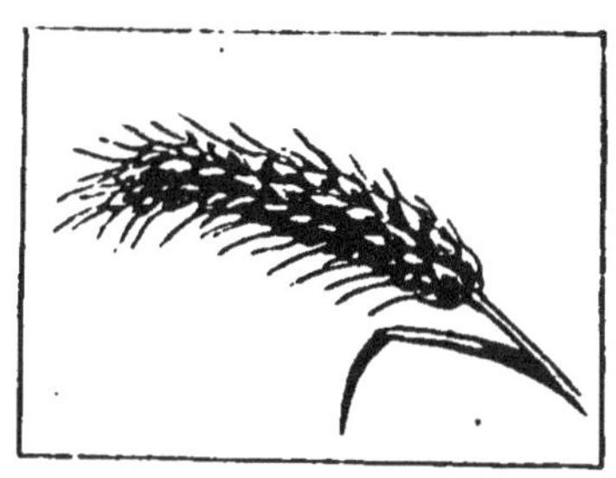

Épi de blé ou froment.

Le labourage.

dans l'eau, d'un ferment et d'un peu de sel. L'eau fait crever les grains d'amidon et dissout le sucre ainsi que les autres matières solubles de la farine.

Le sel donne un goût plus agréable au pain et facilite sa conservation.

La moisson.

Le battage mécanique.

Le **ferment** qu'on ajoute à la pâte est le ferment alcoolique. Il est fourni par la **levure de bière** ou par un morceau de pâte conservé de la panification précédente et devenu aigre.

2° **Fermentation.** — Si la pâte obtenue par le pétrissage était immédiatement cuite, on n'obtiendrait qu'un pain lourd et indigeste. On la laisse donc d'abord reposer, à une température de 20° à 25°. Le ferment transforme le sucre de la farine en alcool et en acide carbonique.

L'acide carbonique cherche à se dégager, mais il est retenu par le gluten, substance élastique qui se distend

La moulin.

sous la pression du gaz, mais ne cède pas. C'est ainsi qu'il se produit dans toute la masse des boursouflures ou trous qui en augmentent le volume. On dit que **la pâte lève.**

3° Cuisson. — La cuisson continue et achève l'œuvre de la fermentation. Sous l'action de la chaleur, la dilatation de l'acide carbonique, la vaporisation de l'alcool et d'une partie de l'eau augmenteront encore ces boursouflures, qui persisteront même après le refroidissement, et le pain sera ainsi rendu plus léger, d'une mastication et d'une digestion plus faciles.

La boulangerie.

La cuisson du pain se fait dans des fours spéciaux. La partie extérieure de la pâte se trouve naturellement soumise à une température plus élevée que la partie profonde. C'est ce qui produit la croûte et la mie. La cuisson arrête la fermentation.

Indices d'un bon pain. — Un bon pain se reconnaît :

1° Aux yeux nombreux, pas trop grands et distribués de façon régulière, qu'il renferme et qui montrent d'abord que le ferment a été uniformément répandu dans la pâte par un pétrissage suffisant, ensuite que la farine est riche en gluten, puisque c'est le gluten qui, en se distendant, a formé les cavités du pain ;

2° A l'adhérence de la croûte à la mie;

3° A la couleur dorée de la croûte, qui témoigne d'une cuisson suffisante;

4° A l'élasticité de la mie;

5° Et enfin à l'absence de grumeaux de farine dans la pâte.

Le pain ne doit pas être laissé, pour se conserver, dans un endroit humide et obscur; il ne tarderait pas à s'y couvrir de moisissures.

Valeur alimentaire du pain. — Le pain est un aliment réparateur. Les ouvriers des campagnes dont il constitue la nourriture essentielle fournissent un travail physique considérable. « Le pain fait du sang, » dit-on. Un fait remarquable qui montre l'excellence et la nécessité du pain comme aliment, c'est qu'il ne lasse jamais l'estomac; nous ne faisons en effet aucun repas sans prendre du pain.

La croûte est plus savoureuse et plus digestible que la mie. La cuisson y a en effet déterminé une caramélisation qui est déjà un commencement de digestion.

Le pain, mes enfants, est, en somme, pour le travailleur en particulier, l'aliment par excellence, et il a droit presque à votre respect. Avant d'arriver sur votre table, il a coûté bien des peines et bien des soucis au laboureur, à ceux ensuite qui l'ont converti en farine, puis en pain. Mais surtout il a fallu à vos parents durement travailler pour vous le procurer. Combien de malheureux encore manquent trop souvent de ce pain quotidien dont l'homme a besoin pour vivre! Et le gain de ce pain quotidien n'est-il pas, en somme, l'objet des préoccupations de chacun de nous?

Ces enfants-là sont donc bien coupables qui émiettent leur pain, qui font fi les uns de la croûte, les autres de la mie, et qui jettent dans la cour de l'école ou dans le ruisseau de la rue la tartine de leur goûter ou le pain de leur déjeuner.

Gaspiller le pain, mes enfants, est une grande faute. Si

vous avez trop de pain, mettez en réserve, proprement, le morceau qui vous reste, et reportez-le chez vous : on saura bien en tirer parti; ou, tout au moins, sans chercher bien loin ni longtemps, il ne vous sera pas bien difficile de trouver quelque enfant, moins heureux que vous, à qui votre morceau de pain, gentiment offert, fera le plus grand plaisir.

La farine est encore utilisée pour un très grand nombre d'autres préparations qui intéressent notre alimentation. De ce nombre sont en particulier les **pâtes alimentaires**, vermicelle, nouilles, macaroni, qui sont obtenues avec les farines les plus riches en gluten, et ont ainsi les mêmes propriétés que le pain.

Comme le pain, les pâtes demandent à être conservées à l'abri de l'humidité.

Emploi des pâtes alimentaires. — Pour être utilisées, les pâtes doivent d'abord être cuites. La **cuisson** doit en être faite à l'eau bouillante. L'eau froide, en effet, décompose toute pâte qui n'a pas été cuite : les grains d'amidon se séparent du gluten et se dispersent dans l'eau. L'eau bouillante, au contraire, coagule immédiatement le gluten, qui est une matière albuminoïde, et l'amidon se trouve ainsi retenu.

Les principales préparations obtenues avec les pâtes alimentaires sont :

Le bouillon gras au vermicelle : dans du bouillon porté à l'ébullition, jetez en pluie du vermicelle divisé avec les doigts, et laissez cuire 15 minutes.

Le vermicelle au lait, dont nous avons vu la préparation à propos du lait.

Le potage vermicelle aux œufs : faites bouillir de l'eau avec sel et poivre. Jetez du vermicelle; laissez cuire à feu doux pendant 15 à 20 minutes. Cassez des œufs dans une soupière (un œuf pour deux ou trois personnes), battez-les bien; ajoutez un morceau de beurre, et versez le potage lentement, en remuant jusqu'à ce que le tout soit incorporé aux œufs.

Le macaroni au gratin : mettez du macaroni dans l'eau bouillante avec sel et poivre. Laissez cuire à feu doux pendant 30 minutes. Égouttez; beurrez un plat allant au four; disposez alternativement une couche de macaroni, une couche de fromage de gruyère râpé et quelques morceaux de beurre. Terminez par une couche de fromage assez épaisse; saupoudrez de fine chapelure et couvrez de morceaux de beurre. Laissez dorer au four.

On rend le macaroni plus moelleux en ajoutant à la préparation, et avant de faire gratiner, quelques cuillerées de lait.

On peut aussi préparer le macaroni sans le faire gratiner. Après l'avoir cuit et égoutté, remettez-le sur le feu avec du fromage et un morceau de beurre. Mélangez bien le tout et laissez cuire un moment.

Les nouilles s'accommodent comme le macaroni. Elles servent aussi à accompagner les viandes rôties. Dans ce cas, on les cuit à l'eau salée ou au bouillon; on les égoutte et on les arrose du jus de la viande. Si le jus est en trop petite quantité, on y supplée en incorporant au plat de nouilles un morceau de beurre frais.

Avec la farine, enfin, on fait encore ce que vous savez bien, mes enfants, on fait des **pâtisseries.**

Les **pâtisseries** sont des mets dans lesquels entrent de la farine, des œufs, quelquefois du lait et des condiments divers : fruits, confitures, etc.

Les pâtisseries sont faites en général avec de la pâte non fermentée. Le beurre et le sucre y entrent en proportions très fortes. Elles ne sont donc pas d'une digestion très facile. Il faut se garder d'en faire un usage immodéré, et les enfants en particulier ne doivent en manger qu'en petite quantité, parce que souvent les pâtisseries qu'ils absorbent les détournent des aliments vraiment réparateurs, et aussi parce que la gourmandise est un très vilain défaut.

Les biscuits, faits de farine de première qualité, à pâte

bien levée, qui s'imprègnent aisément de salive, sont les pâtisseries les plus recommandables; ce sont les seules que puissent se permettre les malades. Les gâteaux secs, en général, ont à peu près les mêmes avantages.

Quant aux autres pâtisseries, gâteaux, tartes, etc., c'est la ménagère elle-même qui doit savoir les confectionner, pour en régaler sa famille le dimanche ou les jours de fête. À faire elle-même toutes les bonnes choses que le père aime, autant que ses enfants, voir de temps en temps arriver sur la table de famille, au dessert, elle trouvera plus d'un avantage.

Le premier, et non le moindre, c'est qu'elle sera certaine au moins que le gâteau qu'elle a fait elle-même ne contient pas de produits de qualité inférieure; que la margarine n'y tient pas la place du beurre; que le sucre n'a pas été remplacé par de la glucose; que les confitures qu'elle y ajoute ne sont pas faites d'essences quelconques de fruits additionnés de glucose et de gélatine; que la belle coloration de sa pâte est due aux œufs qu'elle y a mis, et non au safran ou à certains colorants dont la loi a dû même interdire l'emploi à cause de leurs propriétés malfaisantes.

Un autre avantage aussi, c'est que la pâtisserie faite à la maison coûte beaucoup moins cher que celle qu'on achète toute faite.

Et enfin, travaillant pour les siens, la maman ou la grande sœur n'apportera-t-elle pas plus de propreté et plus de soins à la préparation qu'elle veut faire aussi appétissante que possible? Et ce sera une joie pour les petits que de voir ainsi pétrir et travailler la pâte qui va donner le dessert, une joie aussi pour celle qui en aura pris la peine, de voir combien peu il en coûte pour faire plaisir à ceux qui nous entourent.

Parmi les meilleures « bonnes choses » que la bonne ménagère peut ainsi confectionner à peu de frais, nous citerons :

Les **crêpes** : mettez dans une soupière environ un

demi-kilogramme de farine. Pratiquez un trou au milieu et mettez quatre jaunes d'œuf. Ajoutez une cuillerée de sucre en poudre, une cuillerée d'eau-de-vie et une de fleur d'oranger, un peu de beurre, un peu de sel et de levure. Délayez le tout. Incorporez peu à peu et avec précaution, pour éviter les grumeaux, sept décilitres de lait que vous avez fait tiédir et dans lequel vous avez mis environ 20 grammes de beurre.

Lorsque la pâte aura l'aspect d'une bouillie claire, ajoutez les blancs battus en neige, avec une fourchette ou mieux avec la batteuse américaine, puis mélangez légèrement.

Au bout de deux heures environ, la pâte est bien levée. Mettez alors dans la poêle gros comme une demi-noix de beurre et ajoutez la quantité de pâte nécessaire (la crêpe doit être mince). Quand la crêpe est cuite des deux côtés, saupoudrez de sucre et roulez-la pour la servir.

Il n'est pas indispensable de faire lever la pâte. Cependant les crêpes obtenues par ce moyen sont beaucoup plus légères et plus digestibles.

Les gaufres sèches : mettez dans un saladier un demi-kilogramme de farine, 175 grammes de sucre, une demi-livre de beurre, un peu de sel et une cuillerée de fleur d'oranger. Pétrissez le tout, et ajoutez de la farine jusqu'à ce que la pâte soit assez ferme.

Faites chauffer à feu doux un gaufrier en fer et graissez avec un morceau de lard frais. Tâchez d'avoir un feu clair. Mettez un morceau de pâte; pressez, laissez cuire et retournez. Les gaufres cuites doivent être légères et d'une belle couleur dorée.

Les gaufres molles : ces gaufres se font comme les gaufres sèches, mais avec de la pâte à crêpes.

Le pain doré : coupez des tranches de pain d'un bon centimètre d'épaisseur environ. Faites-les tremper dans du lait. Passez-les ensuite dans des œufs bien battus. Faites fondre du beurre dans une poêle; lorsqu'il est bien fumant, mettez-y cuire les tranches de pain, qui doivent prendre une belle teinte dorée. Retournez pour qu'elles cuisent des deux côtés. Saupoudrez de cassonade ou de sucre pulvérisé et servez bien chaud.

EXERCICES PRATIQUES

1. Avec de l'eau et de la farine, préparer une pâte et la pétrir entre les doigts sous un mince filet d'eau froide. L'amidon est entraîné par l'eau ; le gluten, masse élastique et grisâtre, reste aggloméré entre les doigts.
2. Préparer de la pâte sans levure. — Préparer de la pâte avec levure. — Deux heures après, examiner les deux préparations et juger de l'effet de la levure.
3. Examiner un pain bien fait et trouver les caractères distinctifs de ce pain.
4. Faire des crêpes ou des gaufres.
   Calculer le prix de revient de chacun des plats.

XXXVIII° LEÇON

LES ACHATS ET LES COMMISSIONS

L'argent nécessaire au ménage est le prix du travail, souvent pénible, du père de famille. Or, si l'argent est dur à gagner, il n'est que trop facile à dépenser. Il est donc très important, surtout si l'on n'a que de modestes ressources, et si l'on veut être économe, — et on doit toujours l'être, — de savoir sagement employer l'argent dont on dispose, c'est-à-dire de savoir acheter.

Bien acheter est souvent difficile. Il faut pour cela du jugement, quelques connaissances spéciales et une certaine expérience. Tous les marchands, hélas ! ne sont pas également consciencieux et probes. Les denrées, les étoffes qu'on vous offre au marché ou dans les magasins, ont une apparence parfois trompeuse ; et il faut connaître les variations de prix que subissent certains articles selon

les saisons, la richesse plus ou moins grande de la récolte, etc.

Quand vous achetez, vous devez avant tout vous préoccuper de deux choses :

1° Que l'objet acheté remplisse toutes les conditions
d'hygiène, d'utilité que vous êtes en droit de désirer;

2° Qu'il soit payé exactement ce qu'il vaut, ni plus, ni
moins.

Ce double résultat, vous l'obtiendrez aisément si vous
vous imposez pour vos achats un certain nombre de règles dont le simple bon sens vous dira toute l'importance.

**Apprenez d'abord à connaître la valeur
des choses.** — Si vous voulez acheter dans de bonnes
conditions, sachez juger de la qualité et du prix véritable
de ce dont vous avez besoin. Il faut savoir, par exemple,
à la boucherie, reconnaître les morceaux de première, de
deuxième ou de troisième catégorie; — au marché, distinguer les œufs frais de ceux qui sont conservés; un
fruit délicat et mûr, d'un autre moins savoureux; — à l'é-
picerie, une denrée sincère d'un produit falsifié, etc.

**Adressez-vous de préférence aux mai-
sons de confiance, à prix fixe.** — Allez de préférence chez les marchands qui sont renommés pour être
consciencieux, et soyez une cliente fidèle. Vous y gagnerez. On tiendra à vous, on vous servira toujours avec
empressement et ponctualité. Dans ces magasins, on vend
à prix fixe, et le prix des marchandises est indiqué en
chiffres connus : c'est une garantie.

Votre avantage n'est pas, en effet, de vous fournir là
où on peut marchander, car les prix y sont toujours sur-
faits à l'avance, bien entendu, ce qui permet de les baisser ensuite et d'avoir ainsi l'air de faire une concession
au naïf acheteur.

**Sachez cependant marchander si besoin
est.** — Sur beaucoup de marchés et dans un certain
nombre de magasins, la coutume existe encore de marchander. Les vendeurs profitent de l'ignorance ou de la

timidité des acheteurs pour exagérer leurs prix. Offrez une somme raisonnable et tenez bon sans vous laisser troubler par les observations plus ou moins agréables qui vous seront faites. C'est un devoir pour vous de défendre la bourse de la famille.

Ayez de la prévoyance. — Ne faites pas de dépenses qui dépassent les ressources dont vous disposez; achetez des choses qui rendront des services pendant une longue période de temps : étoffes bon teint, vêtements qui pourront se prêter à des transformations et qui, étant de couleur peu voyante, dateront et se démoderont moins vite.

Achetez en gros, faites des provisions. — Vous réaliserez ainsi de notables économies. Le vin, la bière, les combustibles, un grand nombre d'articles de mercerie et d'épicerie, reviennent beaucoup plus cher quand ils sont achetés au détail. On pourrait ajouter que la ménagère qui achète par petites quantités, au jour le jour, perd un temps précieux à faire ses emplettes.

« Provision fait riche maison, » dit un proverbe. Il est des moments, en effet, où certains produits sont plus abondants et par suite à meilleur marché. Ce sont ces moments qu'il faut choisir pour en faire provision, par exemple le beurre, de mai à septembre; les pommes de terre, haricots, fruits d'hiver, à l'époque de la récolte.

Payez comptant. — Vous retirerez de l'habitude de payer comptant un double bénéfice : un bénéfice matériel et un bénéfice moral.

D'abord vous serez mieux servie, et vous pourrez profiter de la remise que font beaucoup de commerçants sur les marchandises payées comptant. Car les commerçants trouvent aussi à être ainsi payés un sérieux avantage. Ils ne courent pas le risque de rester impayés, et l'argent qu'ils touchent leur permet de solder à leur tour leurs fournisseurs en temps voulu ou d'étendre leur commerce.

Celui qui achète à crédit se laisse, de plus, facilement

entraîner à des dépenses excessives ou inutiles, et dont le total augmente sans l'effrayer. Et lorsque ce total lui est enfin présenté, il a toujours alors une surprise désagréable.

Au contraire, celui qui paye comptant est amené à diminuer ses dépenses. Le vide qui apparaît dans sa bourse aussitôt après chaque achat l'oblige à réfléchir et à modérer ses désirs. Il évite ainsi des dettes difficiles ensuite à effacer.

N'oubliez pas d'ailleurs que celui qui doit est toujours un peu dans la dépendance de son créancier; qu'il ne peut se plaindre si on le sert moins bien; qu'il ne peut même plus aller s'approvisionner ailleurs alors qu'il y aurait intérêt.

Evitez donc les achats par abonnement, avec prime ou non. — Les maisons qui vendent à crédit sont une cause de trouble pour les petits ménages. Les facilités de payement qu'elles offrent à l'acheteur sont si tentantes qu'on se laisse entraîner à faire des achats considérables et à se procurer même des choses superflues. L'échéance arrive, et on n'est pas en mesure de payer. On est dans la gêne pendant de longs mois et même pendant des années. Chose plus grave, n'arrive-t-il pas que le mobilier qu'on n'a pas pu payer entièrement est saisi et vendu avec une perte considérable? C'est la ruine complète du ménage!

Les maisons à crédit font d'ailleurs payer cher leurs marchandises, et il ne peut en être autrement. Elles ont souvent à subir des pertes considérables, leur clientèle comprenant bon nombre de mauvais payeurs. Leur organisation nécessite beaucoup de frais et un nombreux personnel.

Quant aux **primes**, c'est une naïveté de penser qu'elles sont un avantage pour l'acheteur. Le montant en a été prélevé, naturellement, sur le prix ou la qualité de la marchandise livrée. Le simple bon sens l'indique. Et cependant, que de gens se laissent prendre chaque jour à l'appât des primes! N'achetons donc jamais par abonnement, même pour une faible somme.

Le bon marché n'est pas toujours le meilleur marché. — On vend des étoffes, des vêtements tout faits, à des prix extraordinaires de bon marché. Ce bon marché n'est qu'apparent. Qu'on observe de près les marchandises, on a vite constaté que les vêtements sont à peine cousus et que le tissu n'en vaut rien; que les étoffes, cretonnes ou rideaux, ne coûtent, il est vrai, que quelques sous le mètre, mais qu'elles doivent leur apparente solidité au fort apprêt qu'on leur a fait subir; que les draps, les soi-disant lainages, les toiles, renferment une forte proportion de coton, etc., etc.

Les commissions. — Ceci, mes enfants, vous concerne particulièrement. Car c'est à la fillette qu'il appartient de faire de bon cœur les petites commissions de la maison. C'est une besogne qui lui convient parfaitement. Elle donnera ainsi satisfaction à son besoin naturel de mouvement, et elle aura en même temps l'occasion de se familiariser peu à peu avec les connaissances qu'il lui est nécessaire d'acquérir pour être plus tard en mesure de faire elle-même les achats : prix et qualités des marchandises, poids et mesures employés, etc.

Quelles sont les qualités que doit avoir **une bonne petite commissionnaire?** Elle doit d'abord être **attentive**; elle écoute avant de partir les recommandations de sa mère, les transmet exactement au marchand, et veille à ce qu'elles soient suivies.

Puis elle fait diligence, elle se dépêche, elle ne s'attarde pas devant les étalages, ne lie pas conversation avec les compagnes qu'elle rencontre, et encore moins entre-t-elle dans une partie de jeu.

Elle se hâte, parce qu'il est beau et bon d'être active; parce que sa mère s'inquiéterait de son retard, qu'elle l'attend, ou qu'elle a un besoin immédiat des choses que la fillette doit rapporter.

Elle saura vite reconnaître si les principaux légumes

et fruits sont frais et avantageux. Elle saura calculer de
tête rapidement le prix d'un morceau de viande d'après
son poids, le montant des achats qu'elle a faits et qu'elle
va solder, afin de pouvoir vérifier la monnaie qu'on lui
rend, etc., etc.

Toutes ces qualités d'ailleurs sont bien faciles à acquérir. Il lui suffit, pour y parvenir rapidement, d'un peu de
bonne volonté avec le désir d'être agréable à sa maman.
Et il n'est pas une fillette certainement qui n'ait au cœur
ce désir-là, du jour où elle a compris toute la peine que
devait se donner sa mère pour bien tenir son ménage et

Balance Roberval.

pour assurer à ses enfants tout le bien-être qu'elle s'efforce de leur donner avec la santé et l'instruction.

La balance. — Une bonne précaution à prendre
quand on vient de faire des achats ou des commissions,
c'est de vérifier sur une balance le poids des marchandises qu'on rapporte. On peut ainsi d'abord relever des
erreurs toujours possibles et l'on y peut aussi mesurer
exactement la conscience des fournisseurs auxquels on
s'adresse. S'il en est de peu scrupuleux, il leur suffira
de savoir qu'on a l'habitude de ce contrôle pour qu'ils
s'abstiennent de vouloir vous tromper.

Une balance est de plus indispensable dans un ménage
pour permettre bien des préparations culinaires. Il en
est, en effet, un bon nombre qui ne peuvent être réussies

que si les substances qui les composent y entrent dans des proportions déterminées : sucre et fruits, par exemple, dans les confitures, farine et beurre dans les pâtisseries, etc.

EXERCICES PRATIQUES

1. Comparer le prix d'un mètre de ganse et celui d'une pièce de 25 mètres ; — le prix d'un kilogramme de pommes de terre et celui d'un sac de 25 ou de 50 kilogrammes ; — le prix d'un savon et d'une boîte de trois savons.
2. Examiner un tablier d'enfant bon marché et acheté tout fait : état des boutonnières ; coutures non reprises ; boutons à peine attachés.
3. Froisser des cretonnes, des cotonnades, des toiles très apprêtées ; une poussière blanche s'en échappe.
4. Laver quelques morceaux de ces étoffes. Comparer ensuite avec des cotonnades ou des toiles de bonne qualité.
5. Faire reconnaître les qualités d'une bonne balance.
6. Quels poids doivent être mis sur la balance pour un quart de livre ? — pour un demi-quart ?
7. Calculer le prix d'une certaine quantité de denrées diverses, étant donné le prix du kilogramme ou de la livre.
8. Montrer comment on peut se servir utilement encore d'une balance fausse. Rétablir l'équilibre avec des corps quelconques avant la pesée.

TROISIÈME PARTIE

(Leçons XXXIX à XLIII.)

Travail manuel.

XXXIX° LEÇON

UTILITÉ DU TRAVAIL DES MAINS

La couture, pour la femme, est aussi nécessaire que la lecture et l'écriture : l'entretien et la confection du linge, l'entretien des vêtements et même leur confection, sont tout à fait de son domaine. Quand elle est assez habile pour être sa propre couturière, elle peut réaliser une économie qui n'est à dédaigner dans aucune condition de fortune. Aussi sommes-nous bien sûrs que votre mère prévoyante vous a tenu le langage suivant :

Ma fille, deviens **habile** dans tous les travaux des mains. C'est un **talent qui te sera bien utile.** On te l'a déjà fait remarquer : les vêtements achetés tout confectionnés sont presque toujours mal cousus, et il faut en consolider les coutures.

Tu sais aussi que les couturières demandent un prix élevé, souvent **supérieur** à celui de l'étoffe employée. Ce qui coûte dans le vêtement qui sort de leur atelier, c'est surtout la main-d'œuvre.

Sache donc manier l'aiguille, et tu pourras faire toi-même plus tard les vêtements usuels de la famille; donc, pas de façon à payer. L'étoffe, les garnitures, le fil même, choisis par toi, seront bien solides, et le vêtement, confectionné ainsi, fera un long usage et coûtera relativement peu. Tu éprouveras une légitime fierté de voir les tiens vêtus chaudement et décemment, grâce à ton savoir-faire. En outre, sois sûre que tes parents, tes frères et tes sœurs auront pour toi de la reconnaissance, et qu'ils t'aimeront davantage pour ton bon vouloir à leur égard.

On prolonge considérablement la durée du linge et des vêtements par un raccommodage intelligent et fait à temps. Raccommoder procure de grands avantages : propreté, économie et plus de bien-être.

Applique-toi donc **dès maintenant** à la couture et à tous les travaux manuels; profite des bonnes leçons de l'école; sache que si tes petits doigts ont été exercés dès l'enfance, ils acquerront une dextérité, une adresse, une habileté très grandes. Au contraire, habitués au travail trop tard, ils risquent fort de rester peu agiles et maladroits.

Grâce encore à ton petit talent, tes vêtements seront en bon état : tu sauras attacher une agrafe, un bouton manquant, réparer un accroc fait à ta robe, mettre une pièce à ton tablier, repriser tes bas. N'est-il pas lamentable et honteux pour une fillette de dix à douze ans de se présenter à l'école avec des jupes retenues par des épingles, avec un corsage dont les coudes bâillent, alors qu'il lui serait si facile de faire elle-même les réparations nécessaires?

XLe LEÇON

MARQUE

On marque le linge au coton rouge, le plus souvent au point de croix. Quand les initiales sont entrelacées, on fait parfois l'une d'elles au coton rouge, l'autre au coton bleu.

Place de la marque. — Torchons. — Dans un coin, au-dessous de l'attache, la lisière à gauche. Si l'attache est au milieu de l'ourlet, elle se place au-dessous.

Serviettes et nappes. — Dans un coin, la lisière étant à gauche. Elle se place au milieu s'il y a un écusson.

Mouchoirs. — Dans un coin, la lisière à gauche. Pour une même douzaine ou demi-douzaine, veiller à ce que les initiales soient placées à une distance égale des bords,

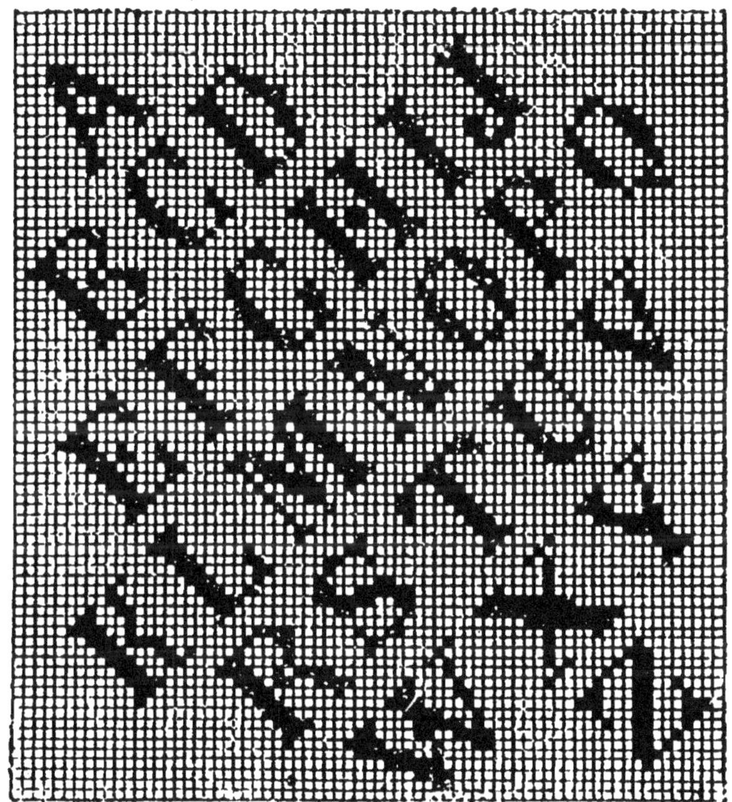

afin d'obtenir l'uniformité nécessaire. Cette remarque s'applique également aux serviettes.

Draps. — On les marque près de l'ourlet du côté des pieds en laissant toujours la lisière à gauche. Si les lettres sont des majuscules ornées, on les place près du grand ourlet et au milieu. Il est bon de les numéroter.

Taies d'oreiller. — Sur l'ourlet où sont placés les boutons, la couture à gauche.

Chemises de femme. — Sous la barrette, ou au milieu, sous la coulisse de l'encolure.

Chemises d'homme. — Sous la patte ou la barrette.

Pantalons et jupons. — A l'intérieur de la ceinture et derrière.

Camisoles. — Dans le bas, sur l'ourlet de la partie gauche du vêtement.

Bas. — Près du bord, à droite de la couture. Souvent on les numérote.

Remarque. — D'une façon générale, on voit que la marque est dissimulée le plus possible.

On éprouve de la difficulté à marquer très régulièrement les nappes et serviettes en linge damassé. Pour réussir sûrement, on emploie un morceau d'étamine qu'on assujettit tout autour par un faufilage. On marque sur cette étamine, qu'on enlève ensuite fil à fil. Il faut avoir soin :

1° De serrer le point, sinon, lorsque les fils d'étamine seront enlevés, le coton de marque flottera sur les tissus;

2° De bien piquer l'aiguille dans le point précédent; sans cette précaution, lorsqu'on a ôté l'étamine, on aperçoit des fils blancs entre les points qui doivent se toucher, et cela nuit à la beauté de la marque.

Si vous voulez marquer vite, prenez l'habitude d'exécuter le point de marque en deux parties, et non en quatre, comme le font certaines enfants qui piquent l'aiguille au-dessous, puis au-dessus, aux quatre extrémités de la croix.

Le fil qui termine l'aiguillée employée est passé avec précaution dans les points finis. Si on coupait le fil au ras de l'étoffe, les derniers points marqués ne tarderaient pas à se défaire.

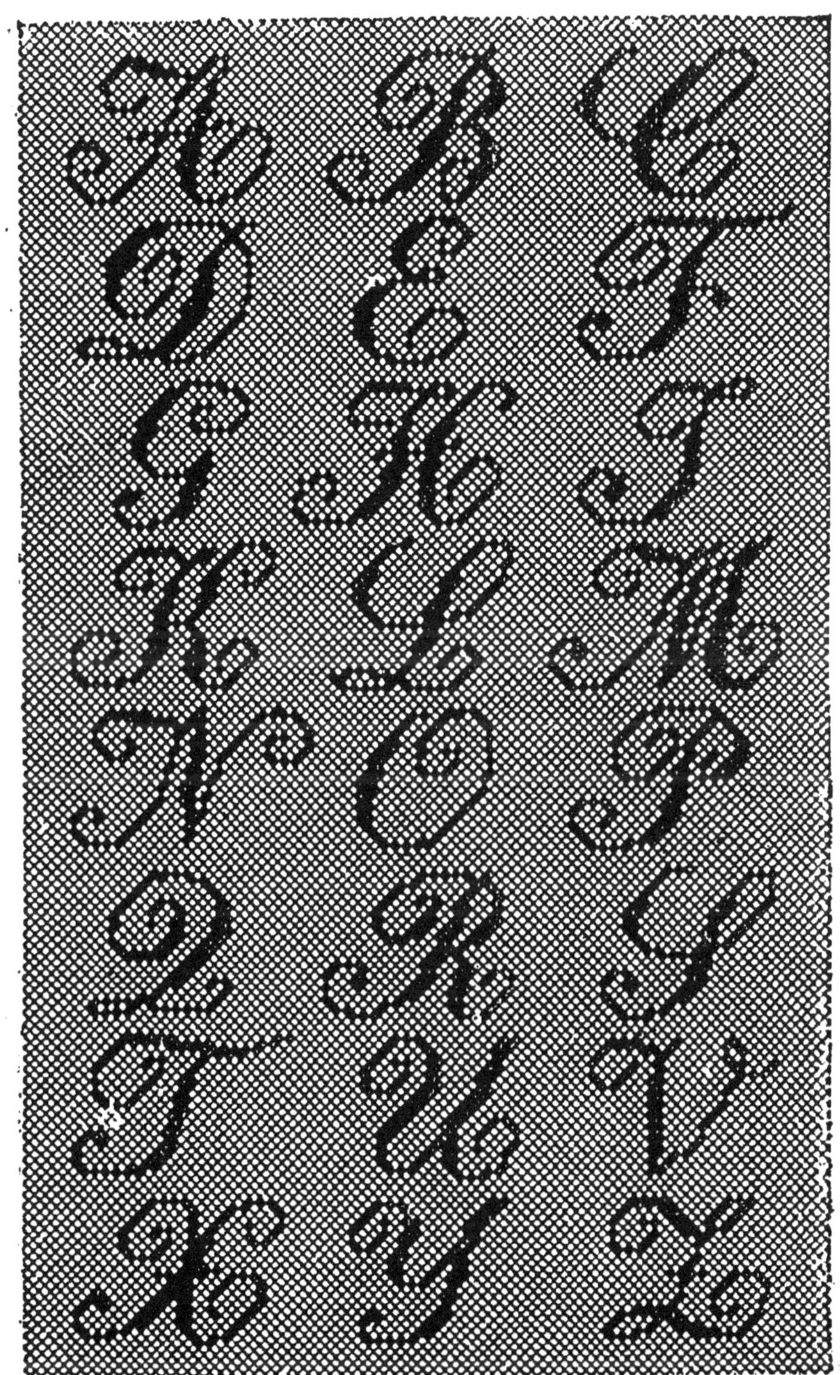

XLIe LEÇON

DIFFÉRENTS POINTS DE COUTURE

Pour arriver à bien confectionner un vêtement, à le raccommoder, il faut étudier **soigneusement** les différents points de couture par ordre de difficultés. Soyez patiente et tenace, faites rigoureusement bien tous les points indiqués. Ce travail d'étude est peu attrayant d'abord, mais quand on s'y applique courageusement, on arrive à très bien le réussir, et alors on y prend goût.

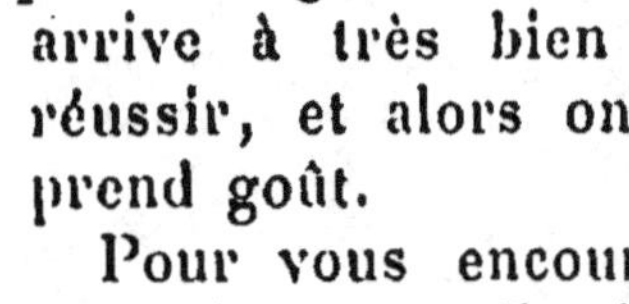

Pour vous encourager, faites une collection de vos pièces d'étude. Coupez-les de même grandeur et, lorsqu'elles sont achevées, entourez-les d'une petite dentelle ou simplement d'un point de fantaisie, d'un ornement au point à la croix, ou, plus simplement encore, écaillez l'étoffe le plus régulièrement possible.

Faites aussi un petit album, avec un cahier que vous munissez d'une couverture cartonnée, et sur chaque feuillet placez vos pièces d'étude dans l'ordre où elles ont été faites.

Vous aurez plaisir à conserver et à revoir cette collection. Les points de couture, les reprises, les rapiéçages, vous feront grand honneur, car ils témoigneront de vos efforts, de votre persévérance, de votre savoir-faire.

Point devant. — En allant de droite à gauche, prendre deux fils sur l'aiguille, en passer deux, en reprendre deux et ainsi de suite de manière à avoir deux fils au-dessus, deux en dessous.

La qualité essentielle de ce point est la régularité. Il

est fréquemment employé dans les tissus légers tels que la mousseline, le foulard. Il sert à réunir plusieurs étoffes : lés des robes; à froncer, à faufiler. Dans ce dernier cas, il est très allongé. Les reprises sont formées de points devant.

Point arrière. — Ce point s'exécute de droite à gauche. Faites sortir l'aiguille; piquez-la deux fils en arrière et  faites-la ressortir quatre fils en avant de l'endroit où elle était sortie une première fois.

Il remplace le point devant dans les coutures qui demandent une grande solidité : pose d'une ceinture, assemblage des diverses parties d'un corsage, etc.

Piqûre. — La piqûre 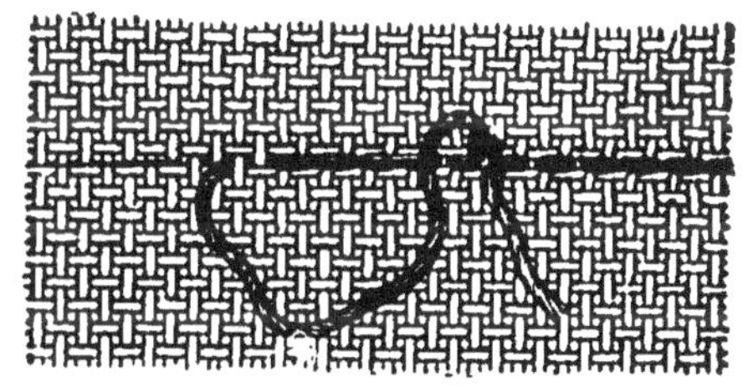 diffère du point arrière en ce que les points se touchent. Il s'exécute comme celui-ci, mais au lieu de quatre fils, on n'en compte que deux à gauche de l'endroit où est sortie l'aiguille.

La piqûre est fréquemment employée comme ornement dans les confections et surtout dans la lingerie. Elle n'est belle qu'à la condition d'être très régulière. L'aiguille doit être placée bien horizontalement, le fil tou-  jours tiré avec la même force et dans la même direction.

Ourlet. — Le premier rempli est petit, le deuxième est de hauteur variable. Les deux plis successivement formés doivent être tracés en droit fil. Un ourlet bien fait a une largeur régulière et il est cousu à points très petits et égaux entre eux. Quand l'ourlet est assez large, on en vérifie la hauteur à l'aide d'un ruban métrique ou d'une bande de papier au fur et à mesure qu'on le plie et qu'on le faufile.

A un fil du rempli, prenez deux fils de l'étoffe du dessous, faites un point devant, introduisez l'aiguille tenue obliquement sous le rempli, et faites-la sortir à deux fils du bord. Laissez deux fils entre chaque point.

LARGEUR QU'ON DONNE ORDINAIREMENT AUX OURLETS :

Torchons, essuie-mains, serviettes...	1	centimètre.
Nappes.................................	2	—
Drap de lit (ourlet de la tête)........	5	—
— (ourlet du pied)........	3	—
Tablier de cuisine.....................	3	—
Mouchoirs à 2 ourlets	1/2	—
— à 4 ourlets...............	3	—
Chemises de femme	3 ou 4	—
Jupons	10	—

Couture rabattue. — Qui sait faire les points précédents a bientôt appris la couture rabattue.

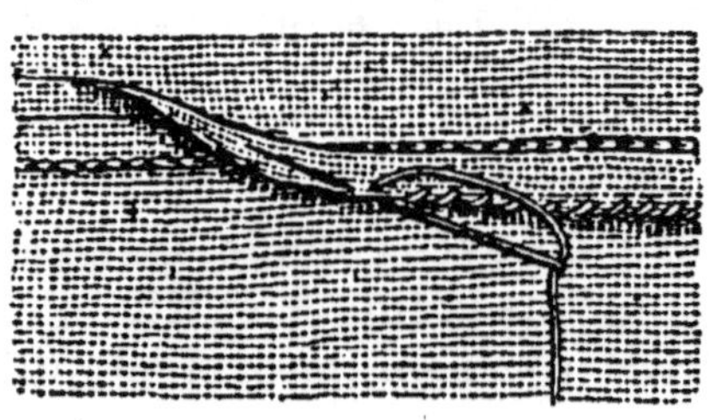

Placez les morceaux à réunir l'un sur l'autre, celui de dessous dépassant de un demi-centimètre, faufilez, puis cousez au point devant ou au point arrière et à quelques millimètres du bord inférieur. Ecartez bien les deux étoffes en passant l'index sous la couture, rempliez le bord de l'étoffe à rabattre, comme on le fait pour l'ourlet, et cousez au point d'ourlet. Le côté de l'ourlet marque l'envers de la couture. Cette couture est beaucoup employée.

Couture double dite anglaise. — Mettez les deux tissus bord à bord du côté de l'endroit. Réunissez-les par un point devant à peu de distance de la bordure ou de la lisière, puis retournez l'ouvrage, repliez les deux étoffes l'une sur l'autre et réunissez-les à nouveau par un point devant ou un point arrière placé sous la première couture, de manière à en emprisonner complètement les bords.

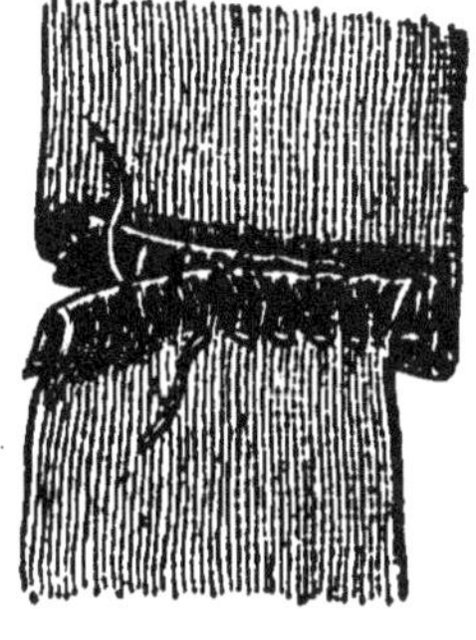

Cette couture est fréquemment employée en lingerie pour assembler des étoffes qui s'effilent aisément ou pour en cacher les lisières.

Surjet. — Il sert à réunir deux morceaux d'étoffe terminés par des lisières. A défaut de lisières, les bords de l'étoffe sont pliés.

Piquez l'aiguille d'arrière en avant sous le premier fil des deux lisières ou des remplis. Rejetez le fil au-dessus et piquez à nouveau votre aiguille deux fils plus loin en allant de droite à gauche.

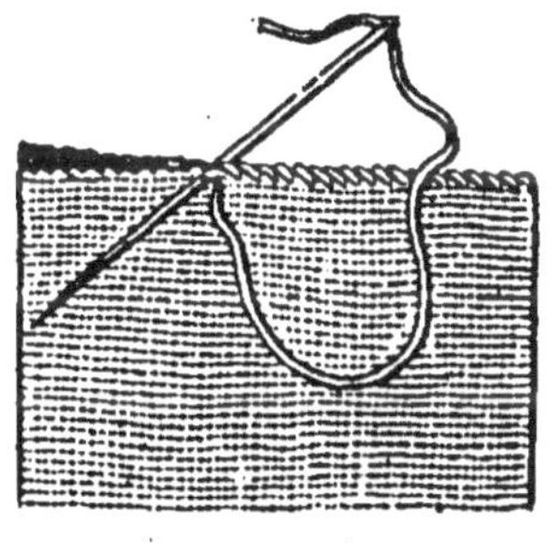

Remarques. — Maintenez bien posées, avec un faufilage, les deux étoffes à réunir, pour que celle de dessous ne soit pas trop tirée.

Ne serrez pas trop le fil, afin que les points aient un peu de jeu et que la couture puisse s'aplatir sous l'action du dé.

On emploie le surjet pour réunir les deux lés des draps de lits, les lisières dans les taies d'oreiller, les chemises, les pantalons, les bords des ourlets, etc.

On l'utilise aussi dans le rapiéçage des tissus.

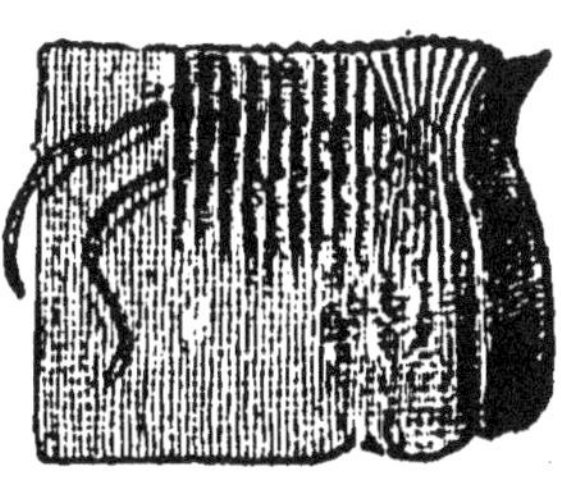

Fronces. — Faites des points devant réguliers, en ligne droite. Serrez le fil. Faites glisser la pointe de l'aiguille entre chacune des fronces pour les bien former.

Montage des fronces; poignet, ceinture de tablier, etc. — Placez l'étoffe froncée entre les deux bords du poignet ou de la ceinture de manière à cacher le fil qui a servi à froncer. Faufilez, puis cousez de chaque côté au point d'ourlet en prenant séparément chacune des fronces.

REMARQUE. — Veillez à ce que l'étoffe froncée soit répartie également sur toute la longueur du poignet ou de la ceinture. Faites concorder le point qui indique la moitié des fronces avec celui qui marque le milieu du poignet ou de la ceinture; faufilez ensuite vers la droite, puis vers la gauche.

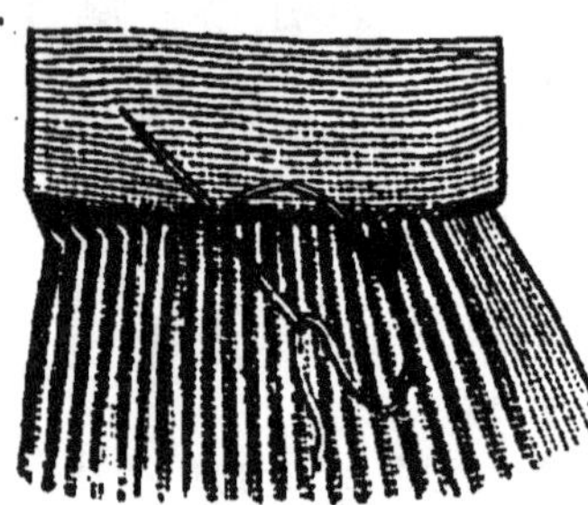

Boutonnières. — Déterminez au crayon, par deux points, la longueur de la boutonnière. Joignez les deux points par une ligne en droit fil. Prenez le milieu de cette ligne, piquez-y une épingle et pliez l'étoffe à cet endroit, perpendiculairement à la direction de la boutonnière. Avec des ciseaux qui coupent bien, faites une entaille sur la ligne tracée, ouvrez l'étoffe et prolongez l'entaille de chaque côté jusqu'à ce que la boutonnière ait atteint la longueur voulue.

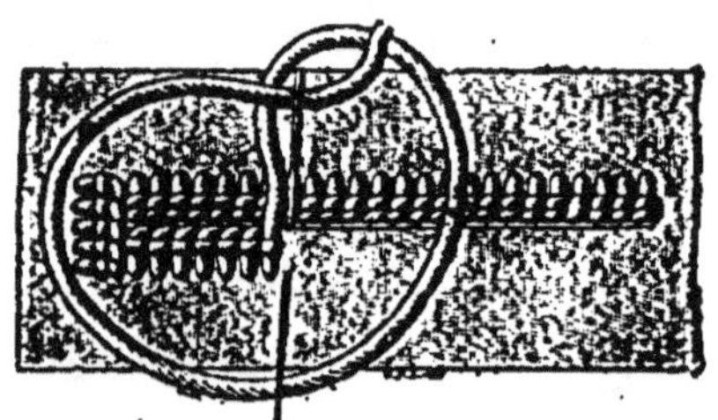

Exécutez le point de boutonnière sur la première lèvre : à trois ou quatre fils du bord, faites sortir l'aiguille à moitié, faites passer de gauche à droite, en avant de la pointe de l'aiguille, le fil sortant du chas de l'aiguille. Tirez l'aiguille perpendiculairement aux lèvres de la boutonnière; prenez le fil entre le pouce et l'index près du point formé et serrez. Continuez en laissant un fil entre chaque point. A l'extrémité de la boutonnière jetez trois ou quatre fils d'un bord à l'autre, faites sur ces fils le point de boutonnière; achevez de la même manière l'autre moitié.

Les boutonnières sur lainage se font avec une seule bride; l'une des extrémités est arrondie.

Bride plate. — Jetez à plat de droite à gauche, puis de gauche à droite, quatre fils, et faites autour de ces fils le point de boutonnière.

Bride ronde. — Jetez quatre fils comme pour la bride plate, mais sur le bord de l'étoffe et de manière à former une boucle dans laquelle puisse passer le bouton. Exécutez sur ces fils le point de boutonnière. Veillez à rapprocher suffisamment les deux attaches de la bride, sans quoi le bouton s'en échapperait avec trop de facilité.

Pose de boutons. — Les boutons percés se cousent en passant l'aiguille dans les trous plusieurs fois. Quand ils ont quatre trous, on coud de façon à former une croix avec le fil.

Lorsqu'ils sont attachés sur le drap, le fil est disposé en deux barres verticales.

Pour attacher les boutons à queue, passez successivement le fil dans l'étoffe et dans la queue du bouton. Consolidez en enroulant le fil autour de l'anneau qui forme la queue.

Remarque. — Si l'étoffe est épaisse, il est bon de laisser un peu de jeu au bouton, sinon l'étoffe serait tiraillée et se déchirerait, et le fil très tendu casserait rapidement. En outre, le boutonnage se ferait moins bien.

Pose d'agrafes. — Fixez-les sur l'étoffe au moyen de points de surjet que vous exécutez autour des boucles et du milieu de la tige.

Arrêt d'une fente. — L'arrêt d'une fente de jupon, manche, etc., a besoin d'être consolidé, sinon l'étoffe se déchire bientôt.

Après avoir ourlé tout autour, garnissez, en l'arrondissant, l'angle de points de boutonnière, et reliez les deux côtés par une bride.

Si les deux côtés sont des lisières, l'angle se fortifie de la même manière, mais il est inutile d'ourler.

Pose d'une ganse en bordure. — Bordure à cheval.

— Placez le lacet sur le bord de la jupe de manière qu'il y ait la moitié de la ganse sur l'endroit et la moitié sur l'envers.

Cousez les lisières de la ganse par un point arrière ou un point d'ourlet.

Bordure à plat. — Placez le lacet contre l'envers de l'étoffe en le laissant dépasser un peu. Attachez par un point devant fait près du bord de l'étoffe, et par un point d'ourlet sur la lisière du lacet.

La ganse de laine se rétrécit; aussi ne tirez pas sur la ganse, mais laissez-la flotter légèrement en cousant.

Pose d'une attache de torchon. — Prenez 10 à 12 centimètres de ruban de percale; repliez les deux

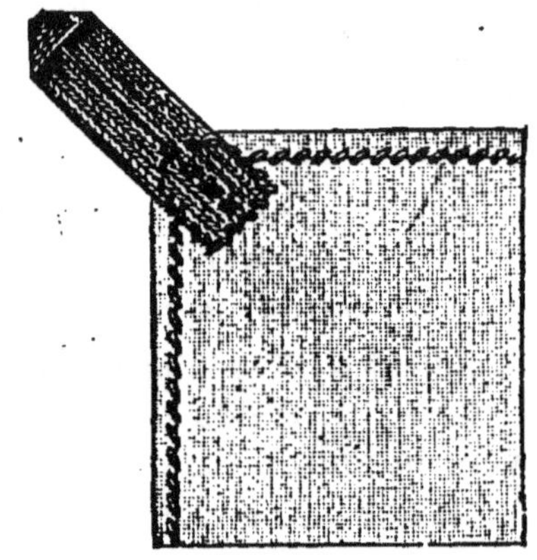

extrémités et posez-les côte à côte, soit au milieu de l'ourlet, soit dans l'angle formé par la lisière et l'ourlet. Cousez avec un point de piqûre ou un point d'ourlet.

XLIIᵉ LEÇON

RACCOMMODAGE

Il a pour but de remplacer dans un tissu les fils usés par d'autres plus solides, ou de couvrir un trou par une pièce. De là deux manières de raccommoder :

1° Par la reprise.

2° Par la mise de pièces.

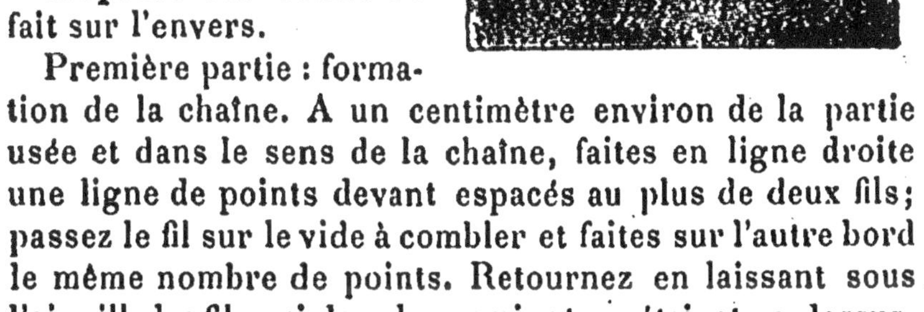

Reprise. — Prenez, quand c'est possible, des fils de l'étoffe même, si celle-ci est assez solide. A défaut, choisissez le fil qui se rapproche le plus de celui du tissu, afin de rendre la reprise presque invisible.

Reprise en lacet. — Lorsqu'un accroc a amené une déchirure rectiligne dans une étoffe qui ne s'effile pas et qui est résistante, passez l'aiguille de dessous au-dessus et alternativement dans l'un et l'autre bords de l'étoffe de manière à les maintenir rapprochés.

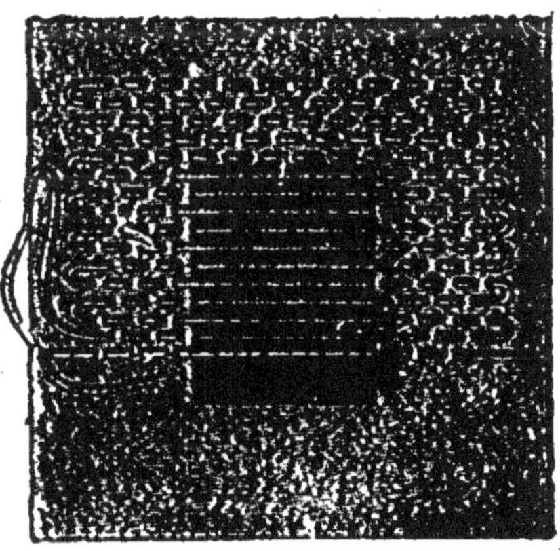

Si l'étoffe s'effile, rapprochez-en les bords au moyen d'une reprise.

Reprise sur toile. Se fait sur l'envers.

Première partie : formation de la chaîne. A un centimètre environ de la partie usée et dans le sens de la chaîne, faites en ligne droite une ligne de points devant espacés au plus de deux fils; passez le fil sur le vide à combler et faites sur l'autre bord le même nombre de points. Retournez en laissant sous l'aiguille les fils qui dans le premier tour étaient au-dessus.

Seconde partie : trame. Se fait de la même manière, mais on ne prend qu'un fil de la chaîne qui couvre le trou.

Remarque. — Il est nécessaire [de laisser aux extré-

mités une bouclette qui empêchera le fil, rétréci par le lavage, de tirailler et de déchirer l'étoffe à côté de la reprise.

Renforcement des tissus à l'aide de reprises. — Certaines parties des vêtements exposées davantage aux frottements s'amincissent plus rapidement par l'usage. Faites alors, à l'envers, une reprise qui consolidera ces parties affaiblies. Une usure complète du tissu sera ainsi prévenue, et il ne sera pas nécessaire de mettre sitôt une pièce. Or une reprise de renforcement bien faite est presque invisible, tandis qu'une pièce ne se dissimule pas aussi facilement.

Avant de les porter, renforcez vos bas aux talons et aux bouts de pied. Vous les ferez durer beaucoup plus longtemps.

Pièce à un coin en surjet. — Coupez en ligne droite, en suivant un fil de l'étoffe, la partie à remplacer. Faites en biais et dans l'angle une entaille profonde de 3 à 4 millimètres. Rabattez bien en droit fil les bords coupés. Faufilez. Prenez une pièce qui dépasse de 1 centimètre au moins celle que vous devez remplacer. Faites un rempli sur les côtés qui doivent être attachés. Posez les deux étoffes l'une contre l'autre en laissant les remplis à l'extérieur et en faisant coïncider exactement les deux angles. Faufilez. Réunissez par un point de surjet très régulier.

Pièce à deux coins en surjet. — Procédez comme pour la pièce à un coin. Veillez à ce que les entailles aient la même profondeur. Faites sur la pièce à mettre des remplis tels qu'elle s'ajuste exactement à l'ouverture. Cousez comme précédemment.

Pièce à un coin à couture rabattue. — Préparez les deux morceaux d'étoffe comme pour la pièce en surjet, en coupant toutefois un peu plus grande la pièce nouvelle, dont les bords doivent être rabattus. Echancrez au coin de l'ouverture à boucher.

Placez la pièce à remettre à l'intérieur de l'ouverture, laissant dépasser tout autour un centimètre au moins. Faufilez en droit fil de l'arrêt de l'entaille aux deux extrémités.

Cousez à points devant. Puis rabattez le morceau rapporté. La grande difficulté est de bien former les angles; on y arrive surtout en suivant bien le fil droit pour plier l'étoffe comme pour la coudre, en donnant à l'entaille juste la longueur voulue.

Les coutures doivent être de même largeur.

Pièce à deux coins en couture rabattue. — Préparez comme pour les pièces précédentes, en ayant soin de tourner brusquement aux coins de manière à ce que les points forment un angle bien droit.

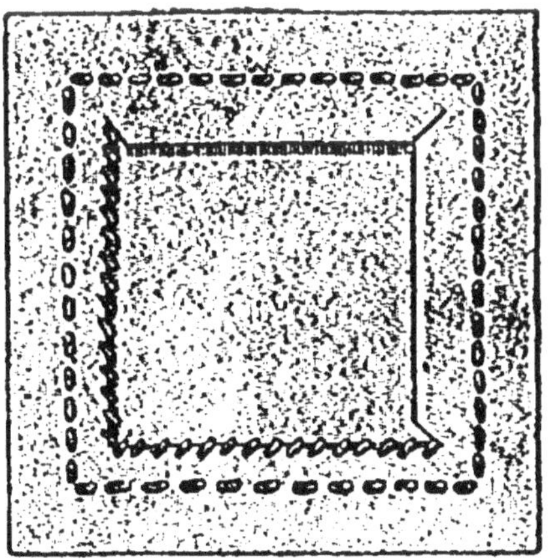

Les pièces en couture rabattue conviennent surtout dans la lingerie. Celles en surjet ne peuvent se faire que sur des tissus qui ne s'effilent pas, et qui ne sont pas très fréquemment lavés. Elles ont sur les pièces en couture rabattue l'avantage d'être presque invisibles si elles sont mises soigneusement. Elles permettent de faire coïncider plus facilement les lignes et les carreaux des tissus raccommodés.

XLIIIe LEÇON

CONFECTION

Coupe à l'aide de patrons donnés.

1° *Taie d'oreiller.*
2° *Pochette pour travaux à l'aiguille.*
3° *Tablier de ménagère avec bavoir et manchettes.*
4° *Jupon et chemise de fillette.*

RÈGLES A OBSERVER POUR COUPER

1° Bien tendre et bien plier l'étoffe.

2° Faire suivre aux lignes verticales des patrons la chaîne de l'étoffe.

3° Maintenir les patrons avec des épingles pour éviter de les déplacer.

4° Tracer les contours des patrons avec un crayon ou de la craie d'une couleur différente de celle du tissu.

5° Prendre des dispositions telles qu'on ne perde pas d'étoffe.

Fig. 1.

TAIE D'OREILLER

Coupe. — La grande taie se fait carrée. Habituellement on prend une longueur d'étoffe double de la largeur : 1^m,40 sur 0^m,70 (fig. 1).

Assemblage. — Faites aux deux extrémités *ab* et *cd* deux ourlets de 2 cm. (fig. 2).

Rabattez 8 à 10 cm. en *ab* vers *cd*, l'ourlet présenté à l'envers; épinglez à droite et à gauche (fig. 3).

Rabattez *cd* vers *ab*, de façon que l'ourlet *cd* couvre

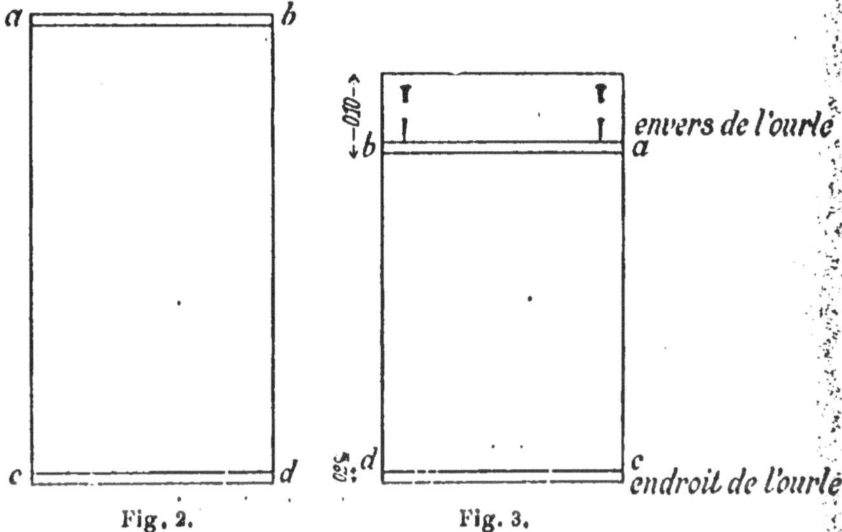

Fig. 2.   Fig. 3.

l'ourlet *ab*; épinglez, faufilez à droite et à gauche de haut en bas et cousez au point arrière (fig. 4).

Retournez la taie; sur l'ourlet supérieur, faites 5 ou 6

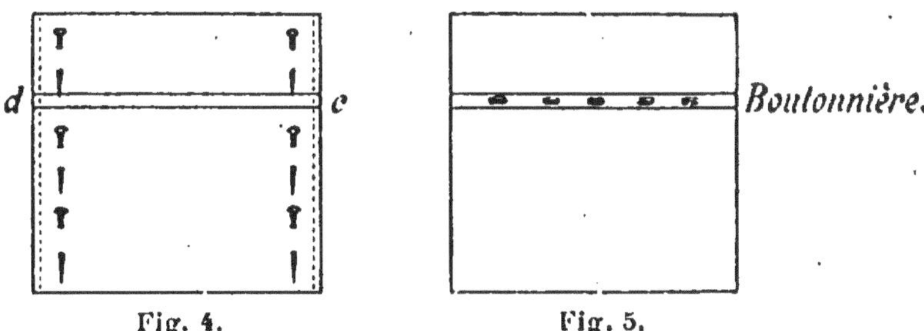

Fig. 4.   Fig. 5.

boutonnières; placez les boutons sur l'ourlet inférieur (fig. 5).

POCHETTE POUR TRAVAUX A L'AIGUILLE

Coupe. — Prenez un morceau de toile grise ayant une longueur double de la largeur : 60 cm. sur 30 cm. (fig. 1).

15

Au quart de *ac*, tirez une ligne parallèle à *ab* : 1-2;

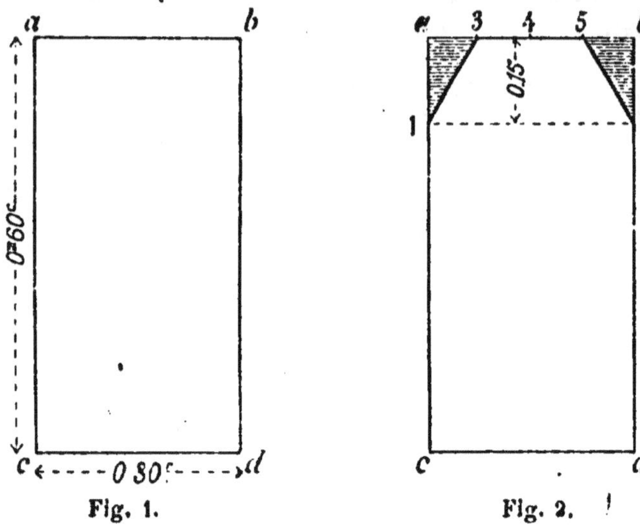

Fig. 1.   Fig. 2.

partagez *ab* en quatre parties égales; indiquez les points 3, 4, 5; réunissez 1 à 3, 5 à 2; enlevez les angles *a* et *b*.

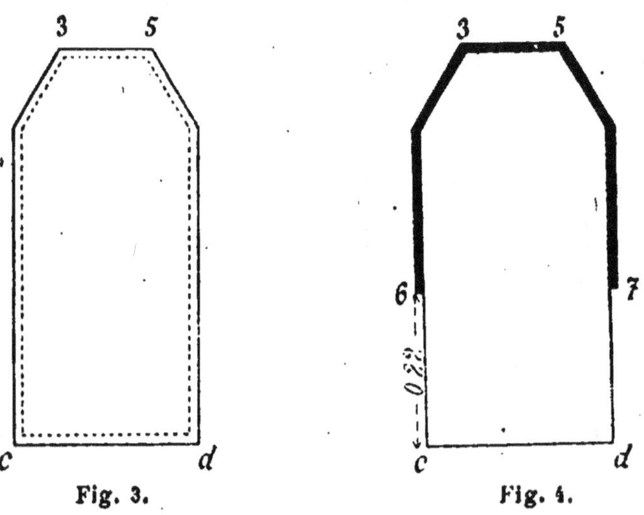

Fig. 3.   Fig. 4.

Assemblage. — Faites un rempli tout autour du morceau ainsi obtenu (excepté en *cd*, si *cd* était une lisière) (fig. 3).

Faufilez sur ce rempli une ganse ou un biais de couleur qui commence environ à 1/3 de la pochette au-dessus de *c* (22 cm.), passe par les points 3 et 5, et se termine à 1/3 de *d* (fig. 4). — Cette ganse dépasse de quelques millimètres.

Ramenez *cd* vers 3 et 5, et pliez au niveau 6-7 de la ganse; faufilez : la pochette est formée (fig. 5).

Faites sur l'endroit deux piqûres distantes d'un demi-centimètre qui réuniront les côtés de la pochette et retiendront la ganse, le ruban ou le biais (fig. 6).

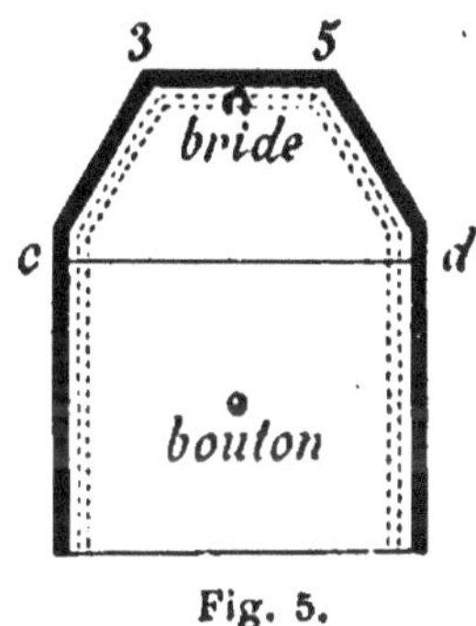

Fig. 5.

Fig. 6.

Marquez la pochette de vos initiales (fig. 6).

Fermez au moyen d'une bride ronde et d'un bouton (fig. 5).

TABLIER DE PETITE MÉNAGÈRE AVEC BAVOIR ET MANCHETTES

Coupe. — Prenez 1^m,25 d'étoffe ayant environ 1^m,10 de large.

Coupez les différentes parties du tablier et des manchettes comme l'indique la figure 1, dans l'ordre suivant :

Corps du tablier : environ 80 cm. de hauteur, dont 6 cm. pour l'ourlet.

Ceinture : bande de 8 cm. à détacher d'une lisière à l'autre.

Bavoir et poignets : rectangle de 20 cm. de large sur 37 de haut.

Manchettes : divisez en deux dans le sens de la hauteur le morceau restant.

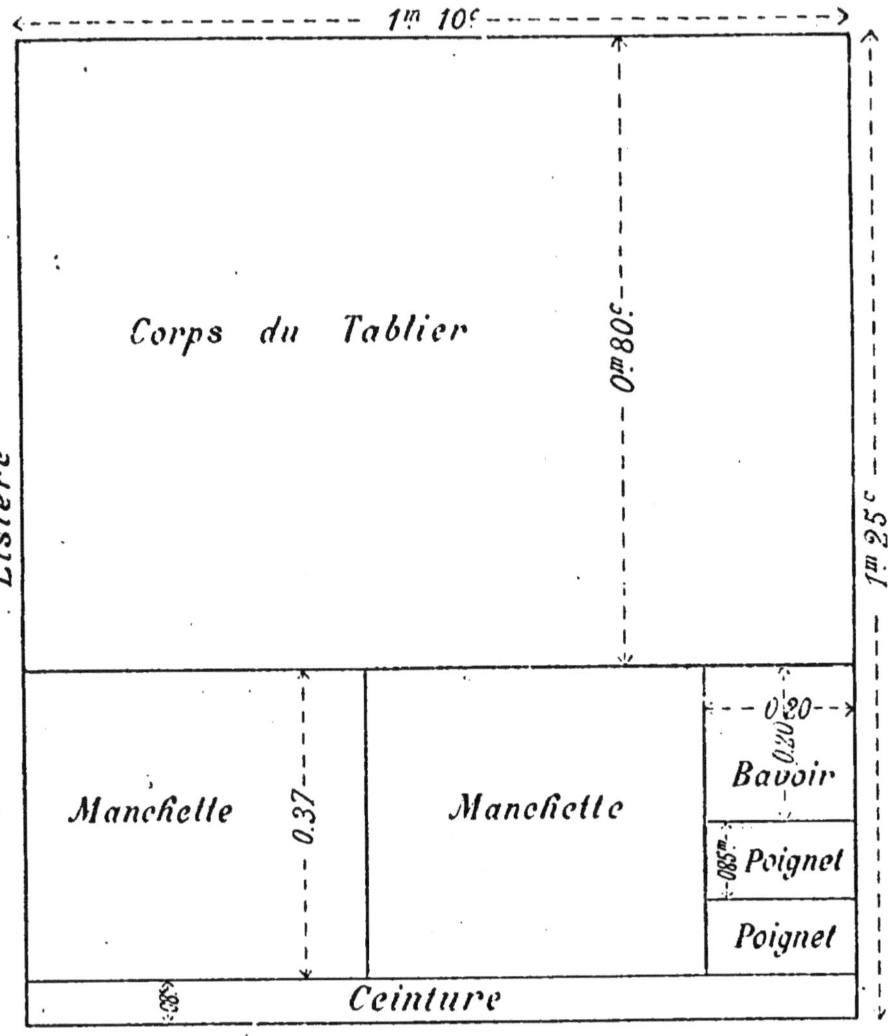

Fig. 1.

Bavoir. — Carré de 20 cm. de côté que l'on transforme en trapèze dont la petite base est les quatre cinquièmes de la grande en procédant de la manière suivante :

Pliez le carré de 20 cm. de côté en deux parties égales ; épinglez du côté du pli ; mesurez 8 cm. de *d* vers *c*, marquez *a* et coupez obliquement de *a* en *b* (fig. 2), dépliez : vous obtenez la figure 3.

Assemblage du tablier. — 1° Faites l'ourlet inférieur.

2° Montez la ceinture.

RemarQue. — Les deux extrémités de la ceinture se prolongent au delà du tablier ; joignez les deux bords inférieurs par un point de surjet et faites entrer dans la ceinture deux bouts de ruban de percale d'environ 60 cm. que vous fixez avec un point de piqûre.

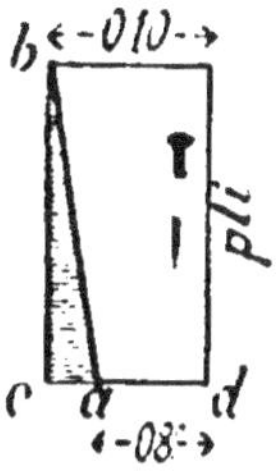

3° Faites le bavoir : exécutez à droite et à gauche deux ourlets d'un demi-centimètre. En haut, un ourlet de 2 cm. — Faites un rempli en bas et fixez le bavoir sur l'envers de la ceinture, au point d'ourlet, à la partie inférieure ; au point de piqûre, sur l'endroit, à 2 millimètres du bord supérieur.

Assemblage des manchettes. — Faites deux petits ourlets à droite et à gauche de la manchette sur une longueur de 6 cm.

Froncez la manche à 4 cm. des petits ourlets, et serrez les fronces selon la largeur qu'a le poignet.

Faufilez aux extrémités droite et gauche du poignet un rempli de 1 cm.

Montez le poignet comme se monte la ceinture.

Terminez les extrémités du poignet, à l'endroit, par un surjet finement exécuté.

Une boutonnière et un bouton ferment le poignet.

Faites la couture rabattue qui unit les deux côtés de la manchette, puis l'ourlet qui la termine, et dans lequel passe un ruban qui sort par deux petites boutonnières placées de chaque côté de la couture rabattue.

N'oubliez pas le point d'arrêt à la formation de la fente.

JUPON DE FILLETTE

Coupe. — Le jupon a la même longueur devant et derrière.

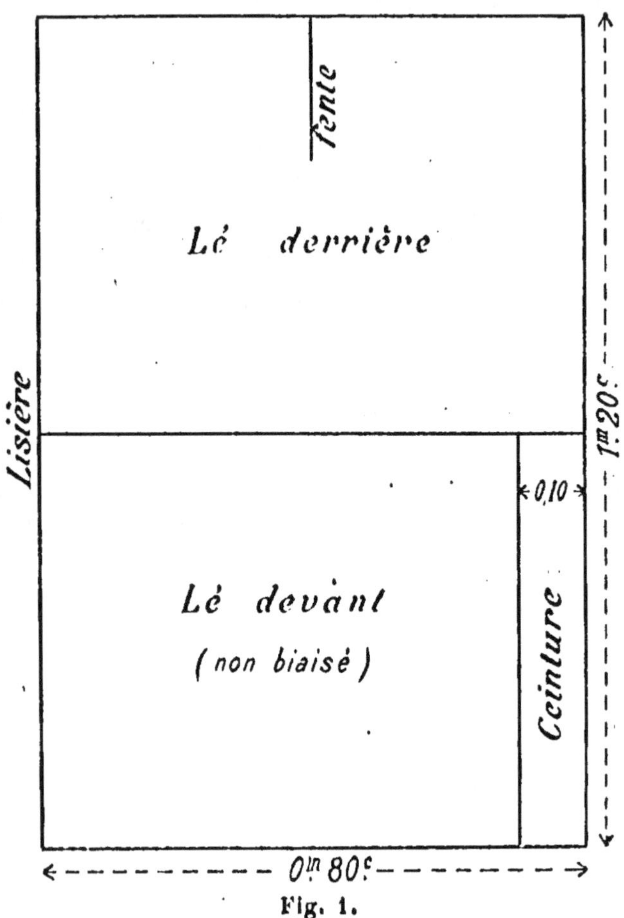

Fig. 1.

On le confectionne au moyen de deux lés ou largeurs d'étoffe.

Le lé de derrière est aussi large en haut qu'en bas.

Le lé de devant est biaisé à droite et à gauche.

Prenez environ 1^m,20 d'étoffe de 70 à 80 cm. de large.

Partagez ce morceau en deux parties égales. L'une cons-

titue le lé de derrière. Le lé de devant se faisant moins
large, prenez, le long de l'une des lisières, une bande de
10 cm. de large pour la ceinture et biaisez le reste de la
manière suivante : pliez-le en deux pour obtenir le rectangle *abcd* (fig. 2); épinglez du côté du pli; le haut de
ce lé doit avoir une largeur égale aux deux tiers de celle
du bas; prenez les deux tiers de *ab*, marquez *f*. Coupez
suivant *cf*, et vous obtenez la figure 3.

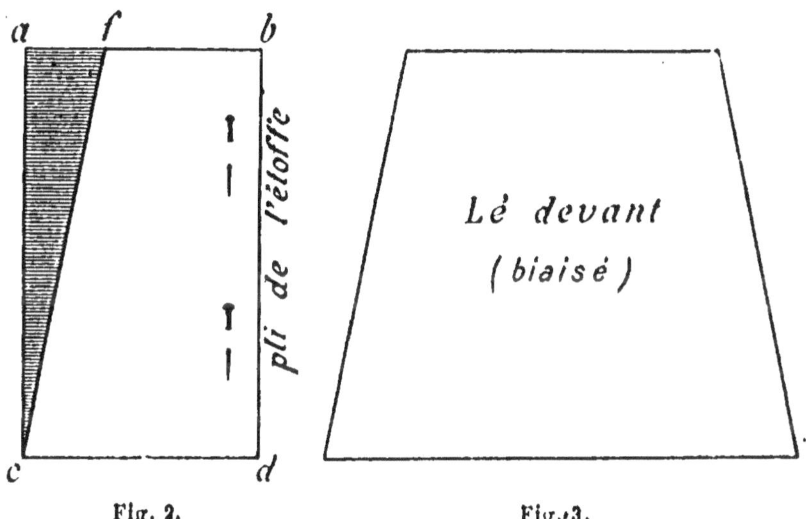

Fig. 2.   Fig. 3.

Assemblage. — Assemblez les lés au moyen de la
couture dite anglaise.

Faites l'ourlet : 10 cm. environ.

Ourlez les deux bords de la fente; n'oubliez pas le
point d'arrêt.

Faites les fronces sur le lé de derrière et rapprochez-
les de manière à donner à la ceinture la largeur voulue.

Posez la ceinture; à l'extrémité droite, faites une boutonnière; à gauche, placez le bouton.

CHEMISE POUR FILLETTE DE DIX A DOUZE ANS

Coupe. — A. *Préparation de l'étoffe.* — Prenez une longueur d'étoffe double de la hauteur de la chemise, ajoutez 5 cm. pour l'ourlet.

Pliez l'étoffe en deux dans le sens de la hauteur.

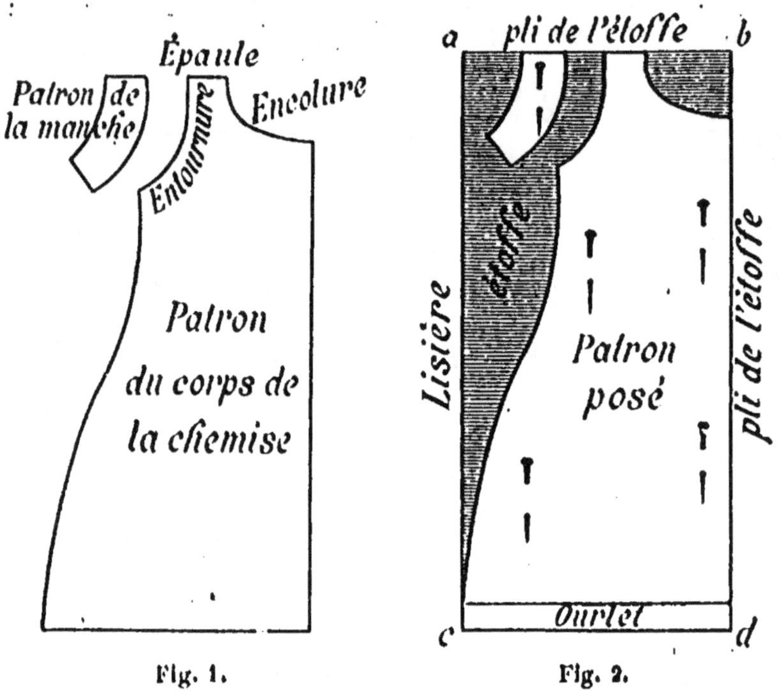

Fig. 1.   Fig. 2.

Epinglez sous le pli et le long des lisières.

Pliez à nouveau de droite à gauche, vous obtenez un rectangle *abcd* que vous épinglez du côté du pli et de la lisière.

B. *Pose du patron.* — Placez le patron de la chemise sur l'étoffe ainsi pliée à 2^{cm},5 du bord inférieur (ces 2^{cm},5 sont destinés à l'ourlet), en faisant coïncider la ligne verticale du patron avec le pli de l'étoffe (sens de la lisière). Epinglez. Avec un crayon, tracez sur l'étoffe les contours du patron (fig. 2). Pacez la manche comme l'indique la même figure.

REMARQUES. — 1° Il est prudent de ne tailler que deux étoffes à la fois, d'abord les deux étoffes du dessus, d'épingler le long de la partie taillée et de couper ensuite les deux étoffes du dessous.

2° L'encolure de devant est plus profonde que celle du dos de 2 cm.

Fig. 3.

Assemblage. — 1° Assemblez les côtés ab, $a'b'$ en coutures rabattues.

2° Faites l'ourlet inférieur.

3° Cousez les manches au moyen de la couture rabattue, qui se fait large : 1 cm.

4° Fixez sur l'envers de l'encolure un ruban de percale comme faux ourlet, à l'intérieur duquel vous passez un lacet qui sort devant par deux petites boutonnières.

5° On embellit la chemise en cousant une petite dentelle au point de surjet sur le bord de l'encolure et des manches.

CONCLUSION

(Leçons XLIV à XLVI.)

La jeune fille bien élevée dans la famille, à l'école et chez autrui.

XLIVe LEÇON

LA JEUNE FILLE BIEN ÉLEVÉE

Quelques conseils de tenue, de politesse et de savoir-vivre.

I. — DANS LA FAMILLE

Mes enfants, c'est par la morale que nous avons commencé ce petit cours de science pratique destiné à vous montrer comment on peut devenir une bonne ménagère; c'est de la morale encore et souvent que nous avons fait en vous indiquant les soins à prendre chez vous et autour de vous pour remplir comme il faut les délicates fonctions de la ménagère; c'est par de la morale encore que nous terminerons, en vous disant les conditions de tenue, de politesse et de savoir-vivre qui font la **jeune fille bien élevée.**

C'est par mille menus détails de tenue, de langage, de conduite chez vous, à l'école et partout où vous vous trouverez, que vous mériterez le nom de jeune fille bien élevée; mais à tous ces détails vous devez vous attacher fermement et n'en négliger aucun, car c'est leur ensemble qui constitue la **bonne éducation** ou la **politesse.**

La politesse consiste essentiellement à savoir témoigner aux autres le respect qui leur est dû, à ne les blesser en rien, à se montrer obligeant et complaisant en toute occasion. Lorsque la politesse consiste dans l'observation des usages admis dans la société, elle prend le nom de **savoir-vivre**.

Politesse et savoir-vivre sont des qualités que vous devez vous efforcer d'acquérir dès votre jeunesse, non seulement parce que la morale vous fait un devoir de les posséder, mais encore parce que, dans la vie, vous ne serez bien vue, vous ne serez estimée qu'autant que vous les posséderez, et parce que l'accueil que vous rencontrerez autour de vous sera d'autant meilleur que vous serez mieux élevée. Votre intérêt donc autant que le devoir vous commande de suivre de votre mieux tous les préceptes et conseils qu'on vous donne à ce sujet.

La politesse d'abord est nécessaire **dans la famille**. Témoignée par l'enfant aux parents, elle est une marque de respect et de tendresse qui réjouit leur cœur. Pratiquée entre frères et sœurs, elle prévient ou apaise les querelles et resserre les liens qui les unissent. La complaisance, la gentillesse, amènent la réciprocité, tandis que la brusquerie, l'impatience, le manque d'égards, amènent des froissements qui aigrissent les cœurs, troublent la paix de la maison, et laissent, plus tard, un mauvais souvenir de la vie de famille.

Ne croyez pas ceux qui disent qu' « on ne doit pas se gêner en famille ». Il en coûte peu, en somme, de s'astreindre à quelques précautions, de s'imposer même une petite gêne pour ne pas chagriner les siens, et surtout pour leur faire plaisir. Et on est largement récompensé quand on voit combien cette douce politesse a d'influence sur la bonne harmonie, le bon accord, et par suite sur le bonheur même des membres de la famille.

Principales règles de politesse à observer dans la famille. — Une enfant bien élevée et polie salue la première **ses parents** le matin d'un bonjour affectueux, et le soir, quand elle les quitte, d'un gentil bonsoir. Il est tout naturel que son premier comme son dernier sourire soient pour eux; elle a également un mot aimable quand elle part pour l'école ou quand elle en revient.

Elle accompagne toute demande à ses parents du « s'il vous plaît » obligatoire ou des expressions : « Voulez-vous me permettre »; « auriez-vous la complaisance » ou « la bonté de ». C'est une politesse qui ne coûte aucune peine et qu'on a toujours plaisir à rencontrer chez une enfant.

Quand elle a obtenu ce qu'elle demandait, elle dit un bon merci qui montre bien sa reconnaissance.

La jeune fille bien élevée ne sort jamais, ne se lie jamais avec de nouvelles compagnes et ne fait jamais rien d'important sans en demander l'autorisation à ses parents. Ne sont-ils pas, en effet, ses meilleurs guides?

Si ses parents lui opposent parfois un refus, elle se soumet sans murmurer et sans insister d'une manière inconvenante; elle doit avoir confiance en eux et savoir que s'ils refusent c'est qu'ils ont pour le faire de bons et sérieux motifs. Elle ne témoigne pas sa contrariété en prenant un air maussade et boudeur qui finit par impatienter et par mettre tout le monde de mauvaise humeur.

Elle accepte aussi sans répliquer ni récriminer les observations et les réprimandes que lui font ses parents. C'est leur droit et leur devoir de la reprendre quand elle fait mal.

Elle sait que la meilleure place à table, au feu ou près de la lampe, en voiture ou en chemin de fer, leur appartient de droit, et elle ne s'en empare pas comme une étourdie un peu égoïste. Elle les sert à table ou les fait servir les premiers.

Quand son père lit, quand elle sait sa mère lasse, elle ne fait pas de bruit et elle s'efforce d'imposer silence à ses frères et sœurs. Trop d'enfants, étourdis peut-être encore et souvent égoïstes, oublient que le calme est parfois indispensable aux parents fatigués.

Elle ne se permet pas de contredire ses parents ou de

les interrompre quand ils causent; elle ne cherche pas à savoir ou à surprendre ce qu'ils croient bon de lui cacher, elle ne leur pose pas avec insistance de questions indiscrètes.

Enfin, en jeune fille prudente autant que bien élevée, elle ne rapporte pas au dehors ce que ses parents ou leurs visiteurs ont pu dire en sa présence.

Envers les grands-parents, la politesse de la jeune fille est plus accentuée encore; car elle sait combien ils ont droit au respect, et combien aussi les prévenances et les attentions de leurs petits-enfants sont un réconfort et une consolation pour leur vieillesse. Elle leur obéit avec empressement et fait leurs commissions.

Elle leur offre le secours de son bras pour une promenade, de ses yeux pour une lecture, roule leur fauteuil au soleil ou près du feu.

Elle s'intéresse au récit de leurs histoires, les distrait en leur racontant ce qui la touche, fait appel à leurs conseils, et rien ne saurait leur être plus agréable que de voir le cas que leurs petits-enfants font de leur expérience, doublée pour eux d'une grande tendresse.

Envers les frères et sœurs, la politesse s'inspire moins de la déférence et du respect, mais elle sera ce qu'elle doit être si elle est toujours faite de bienveillance et de franche amitié.

Et notre jeune fille, qui le comprend, évite les scènes de jalousie, toujours si pénibles à voir entre frères et sœurs.

Elle évite de s'emparer des objets qui leur appartiennent et ne s'en sert qu'avec leur permission.

Elle leur prête à son tour ses affaires bien gentiment, et partage avec eux bonbons et friandises.

Elle évite les appellations déplaisantes, les taquineries déplacées et excessives.

Elle fait enfin toutes les concessions désirables pour prévenir les querelles qui trop souvent troublent la paix familiale.

Envers les domestiques, une enfant bien élevée doit toujours aussi être polie. L'enfant qui a bon cœur ne marchande jamais un merci aux personnes employées dans la maison ; elle leur parle sans hauteur ni impatience. Elle n'oublie pas que quiconque travaille, si humble que soit ce travail, a droit aux égards et à la politesse.

La jeune fille bien élevée à table. — La jeune fille bien élevée se lave les mains avant de se mettre à table.

Elle se tient convenablement, c'est-à-dire ne se renverse pas sur sa chaise, ne pose pas les coudes sur la table, ne se penche pas à chaque instant à droite ou à gauche.

Elle passe un des coins de sa serviette dans le col de son corsage, ou, mieux encore, elle l'attache sur l'épaule avec une épingle. Le repas terminé, elle plie sa serviette et la passe dans le rond de serviette.

Elle ne souffle pas sur sa soupe, ce qui montrerait qu'elle est trop pressée de manger. Elle ne boit pas à l'assiette, mais elle épuise avec sa cuillère jusqu'aux dernières gouttes de sa soupe.

Elle laisse sa cuillère dans son assiette.

Elle évite de faire du bruit en mangeant, soit avec les lèvres, soit avec les dents.

Elle rompt son pain, mais ne le coupe pas.

Elle se conforme à l'usage qui veut qu'on ne coupe les morceaux de viande qu'au fur et à mesure qu'on les mange.

Elle coupe les poires, les pommes, par quartiers qu'elle pèle séparément. Elle dépose sur le bord de son assiette les noyaux de cerises ou de prunes.

Elle ne se sert pas de son couteau pour manger le poisson. Elle le partage et le débarrasse de ses arêtes avec la fourchette et un morceau de pain qu'elle tient de la main gauche.

Elle ne porte pas le fromage à la bouche avec son couteau : elle en met, avec le couteau, un morceau sur chacune des bouchées de pain.

Elle dépose sur le bord de son assiette les débris d'os,

les arêtes, les épluchures de légumes, et jamais ne les jette sur la table ou sur le parquet.

Elle prend du sel ou du poivre avec le bout de son couteau qu'elle a eu soin d'essuyer, ou avec les petites cuillères placées pour cet usage dans les salières.

Elle ne mange pas gloutonnement, par bouchées précipitées.

Elle ne boit pas la bouche pleine. Elle s'essuie les lèvres avant de boire et après avoir bu.

Lorsqu'elle mange un œuf, elle détache adroitement, avec sa petite cuillère, le gros bout de l'œuf, et se sert encore de sa cuillère pour manger l'œuf. Elle en brise ensuite la coquille.

Si on lui donne du café, elle a soin de le boire dans sa tasse, et non dans sa soucoupe.

Elle ne jette pas de regards de convoitise sur les bonnes choses qui sont sur la table; elle n'observe pas la manière dont se servent les autres.

Elle attend patiemment qu'on la serve et ne commence pas à manger avant ses parents.

Quand les plats circulent, elle se sert à son tour, sans choisir. Les autres n'ont pas à manger les morceaux que nous dédaignons.

Si un plat lui plaît, elle n'en prend pas pour cela sans mesure. Il faut penser aux autres.

L'enfant bien élevée est polie pour ses voisins de table, surtout s'ils sont âgés ; elle leur offre du pain, remplit leur verre, etc.

Si elle trouve quelque malpropreté dans les aliments, elle la retire sans la montrer, pour ne pas dégoûter les convives et ne pas gêner la maîtresse de maison.

Et dites-vous bien, mes enfants, qu'à prendre ces bonnes habitudes à la maison et avec les vôtres, vous y gagnerez de n'avoir par la suite aucun effort à faire pour vous tenir et vous conduire convenablement partout où vous vous trouverez, et que partout, nous l'avons dit, vous serez toujours bien accueillie.

XLVᵉ LEÇON

LA JEUNE FILLE BIEN ÉLEVÉE (suite).

II. — A L'ÉCOLE

L'enfant bien élevée, avons-nous dit, le sera partout où elle se trouvera. Les bonnes habitudes de tenue et de politesse qu'elle a contractées chez elle la suivront partout; mais c'est à l'école tout d'abord qu'elle en éprouvera les heureux effets et qu'elle pourra se convaincre qu'à être simple et polie, à toujours se bien tenir, on gagne vite et bien facilement l'estime et l'affection de ceux qui nous entourent.

N'oubliez pas, mes enfants, que c'est à l'école autant qu'à votre famille que vous devrez d'être plus tard ce que vous serez; que c'est l'école qui vous instruit, qui s'efforce d'ouvrir votre intelligence et votre cœur à toutes les belles et bonnes choses, et vous comprendrez aussi que, vis-à-vis de l'école comme à l'égard de sa famille, vis-à-vis de sa maîtresse comme à l'égard de sa mère que la maîtresse remplace momentanément, l'enfant bien élevée a des devoirs de politesse autant que de reconnaissance.

Or cette politesse et cette reconnaissance se traduisent, à l'école comme à la maison, par mille détails dont l'observation témoignera précisément de vos bons sentiments et de votre bonne éducation.

A votre maîtresse, vous devez d'abord et tout naturellement les mêmes marques de politesse qu'à votre mère. La jeune fille bien élevée ne se présentera donc jamais le matin devant sa maîtresse sans la saluer aimablement, comme aussi elle la saluera au moment de quitter l'école.

Elle s'incline ou s'excuse quand elle passe devant elle.

Elle se lève quand on lui adresse la parole ou quand on examine son travail.

Elle n'arrive pas en retard à l'école, de crainte de troubler ainsi une leçon commencée et de déranger la maîtresse et les élèves.

Si elle est forcée de manquer la classe, elle informe sa maîtresse des motifs de son absence, soit par une lettre, soit par l'intermédiaire d'une compagne.

Elle n'oublie pas que le calme est indispensable au travail de l'école; et, soit qu'elle arrive en retard, soit qu'elle vienne au bureau de la maîtresse ou au tableau noir, elle marche doucement et sans bruit. Elle manie sans bruit également et avec précaution plumiers, règles et livres. Elle éternue et tousse dans son mouchoir.

Elle ouvre et ferme la porte le plus doucement possible.

Elle écrit lisiblement ses devoirs. L'élève qui ne se donne pas la peine d'écrire soigneusement impose à sa maîtresse un effort plus grand pour corriger son travail, en même temps qu'elle la chagrine par sa négligence. C'est une faute.

Pendant une leçon ou une lecture, elle ne s'occupe pas à autre chose, ne s'agite pas avec impatience sur son banc, ne cause pas, ne montre pas qu'elle s'ennuie et qu'elle trouve leçon ou lecture trop longues.

Elle évite de se faire rappeler à l'ordre, ce qui forcerait sa maîtresse à interrompre sa leçon et distrairait les élèves.

L'enfant polie et bien élevée reçoit sans bouder ni répliquer les observations ou les punitions. Elle comprend que sa maîtresse remplit un devoir, un devoir pénible même, en la réprimandant; aussi ne saurait-elle lui en vouloir. Si, par hasard, elle était punie à tort (ce qui peut arriver), elle tâcherait de s'expliquer respectueusement après la classe. En supposant que sa maîtresse n'admette pas sa justification, elle fera bravement sa punition, parce que la discipline l'exige.

Elle ne répond jamais à sa maîtresse : « Ce n'est pas vrai, » ce qui équivaudrait à lui dire : « Madame, vous avez menti. » Elle se borne à se défendre poliment.

L'enfant animée de bons sentiments a pour sa maîtresse une foule de petites attentions; elle l'aide à ranger la classe, à mettre de l'ordre dans la bibliothèque, lui évite la peine de ramasser un livre ou un cahier qui sont tombés de son bureau, etc.

Quand elle quitte l'école, elle ne manque pas de faire une visite à sa maîtresse pour la remercier des soins qu'elle a reçus; et le meilleur moyen pour elle de témoigner de l'affection véritable qu'elle a contractée et pour l'école et pour ses maîtresses, ce sera de rester réellement attachée à l'école, en s'inscrivant aussitôt à l'Association amicale des anciennes élèves, s'il en existe une.

Politesse envers les compagnes. — Les compagnes de l'élève sont un peu comme ses sœurs, puisqu'elles vivent de la même vie intellectuelle, qu'elles travaillent ensemble sous la même direction. Elle se montrera donc avec elles, comme avec ses frères et sœurs, aimable, conciliante et désireuse de faire plaisir.

L'enfant bien élevée et qui a bon cœur est obligeante envers ses compagnes; elle leur prête volontiers un livre, une règle, une gomme; elle les aide à comprendre une leçon ou un devoir.

Elle protège partout, dans la rue comme dans la cour de récréation, les plus jeunes et les plus faibles.

Elle a des égards tout particuliers pour les élèves infirmes ou contrefaites. Elle les aide à porter leur panier d'écolière, à monter un escalier, les soutient si la route est difficile, et ne leur adresse jamais que des paroles aimables, qui sont pour ces déshéritées un encouragement et une douce joie.

Elle n'est pas assez sotte pour montrer du dédain envers celles qui seraient moins bien habillées qu'elle. Elle ne s'éloigne que des enfants vicieuses.

Elle n'est pas jalouse d'une compagne qui, dans une composition, a obtenu une place supérieure à la sienne. Si elle n'a pas réussi, elle a la sagesse de ne s'en prendre qu'à elle-même. Quand, à son tour, elle obtient la première place, elle triomphe modestement et se garde bien d'humilier ses compagnes.

Elle ne raconte pas au dehors les punitions ou les remontrances dont ses compagnes ont été l'objet. Elle-même, n'est-elle donc jamais réprimandée et n'a-t-elle pas aussi besoin d'indulgence?

Elle arrange les difficultés et dissipe les malentendus qui surviennent entre les compagnes. Elle prend parti pour les faibles, pour ceux qui ont raison.

Elle ne souffle pas une camarade pendant une leçon. Ce serait aider celle-ci à tromper sa maîtresse sur la manière dont elle a appris sa leçon. Elle se garde de toute allusion offensante à l'égard des parents de ses compagnes. Ce serait une injustice très grande que de rendre les enfants responsables des fautes ou des travers de leurs parents.

Enfin, jamais elle ne dénoncera à sa maîtresse une compagne en faute, ou, si sa conscience lui fait un devoir de faire connaître une faute commise et dont il faut que la maîtresse soit informée dans l'intérêt de l'école ou de l'enfant même qui l'a commise, elle le fera ouvertement, franchement et sans hypocrisie. Personne ne pourra lui en vouloir.

XLVI⁰ LEÇON

LA JEUNE FILLE BIEN ÉLEVÉE (suite).

III. — CHEZ LES AUTRES

Les règles sont nombreuses, nous l'avons vu, que nous devons prendre l'habitude de suivre, si nous voulons, tant à la maison qu'à l'école, faire preuve de bonne éducation. C'est pour une jeune fille, nous l'avons dit également, un des meilleurs moyens dont elle dispose pour témoigner à ses parents et à sa maîtresse les sentiments d'affection et de reconnaissance qu'elle a pour eux.

Hors de chez elle, les règles qu'impose à une jeune fille la fréquentation du monde sont plus nombreuses encore peut-être, et peut-être aussi plus importantes à observer, parce qu'ici les froissements possibles sont plus fréquents, et que hors de chez vous et de l'école, il n'y a plus à compter autant sur l'indulgence de ceux qui vous entourent pour excuser les fautes de tenue, de politesse ou de savoir-vivre que vous pourriez commettre.

Si donc vous voulez toujours être favorablement jugée, n'oubliez jamais toutes ces petites règles de conduite dont on vous recommande sans cesse l'observation. Quand une fois vous en aurez pris l'excellente habitude, il ne vous en coûtera plus aucun effort, et vous serez largement récompensée de la peine que vous aurez prise, par l'estime où vous sentirez qu'on vous tient partout où vous passez.

Principales règles de politesse à suivre chez les autres. — L'enfant bien élevée ne pénètre jamais dans un appartement, fût-il ouvert, sans frapper et sans attendre qu'on l'ait autorisée à entrer.

Elle sonne doucement à la porte d'une maison où elle se rend (un coup de sonnette trop fort peut réveiller un enfant qui dort, un malade qui repose; il impressionne toujours désagréablement); si on ne vient pas tout de suite, elle attend un certain moment avant de sonner à nouveau.

Si la porte est ouverte, elle ne se croit pas dispensée de sonner.

Elle laisse son parapluie ou son ombrelle dans le vestibule ou dans le corridor.

Elle ne s'assied qu'après y avoir été invitée par la maîtresse de maison.

Elle se garde bien d'aller chez les autres à l'heure des repas, de crainte d'être accusée d'une curiosité déplacée, ou de paraître vouloir se faire inviter.

Si cependant elle est forcée d'arriver à l'heure d'un repas, elle abrège sa visite et a soin de ne pas regarder les mets qui sont sur la table.

Lorsqu'elle est en visite, elle se garde bien de rien demander, d'être turbulente, de regarder ce qu'une personne lit ou écrit, de toucher aux bibelots, aux fleurs, d'agacer le chien, le chat ou le perroquet, de pénétrer dans les pièces autres que celle où l'on reçoit.

Quand la personne à qui elle fait visite est occupée avec une autre personne, elle attend patiemment que cette personne soit libre pour lui adresser la parole.

Elle conserve une bonne tenue, place ses mains d'une manière naturelle, ne joue pas avec son mouchoir, avec l'extrémité de sa cravate ou de sa ceinture, les boutons de son manteau. Elle ne croise pas les jambes.

Elle ne pose pas ses pieds sur les barreaux des chaises.

Elle conserve les gants aux mains tant que dure la visite.

L'enfant bien élevée ne prend jamais la parole la première, elle attend qu'on la questionne; elle répond alors le plus distinctement et le plus gentiment possible.

Parler haut, interrompre quelqu'un, répondre par signe, par oui ou non tout court, sont choses très inconvenantes, dont elle s'abstient.

Elle n'a pas un air hardi; cependant elle regarde en face, franchement, comme doit le faire une enfant sincère et droite.

Si elle doit tousser, éternuer, elle le fait sans bruit, se détourne sans affectation et met son mouchoir sur sa bouche. L'accès passé, elle remet aussitôt son mouchoir dans sa poche.

En supposant qu'une visite se prolonge, l'enfant bien élevée ne s'agite pas sur sa chaise en signe d'impatience, elle ne bâille pas, ne regarde pas l'heure.

Si on offre des gâteaux, des bonbons, elle se sert modérément; elle n'accepte ni vin pur ni liqueurs.

Si, dans une réunion, elle est invitée à chanter ou à jouer du piano et qu'elle soit capable de faire plaisir, elle s'exécute modestement, simplement et sans attendre qu'on insiste. Il y a mauvaise grâce à se faire trop prier.

Se ronger les ongles, se mettre les doigts dans le nez ou dans les oreilles, mordiller ou allonger ses lèvres, gonfler ses joues, tirer les lobes de ses oreilles, sont de grosses inconvenances qu'elle ne commet jamais.

Elle ne présente pas la main gauche. Elle offre un couteau par le manche, une épingle par la tête.

Elle ne crache jamais que dans son mouchoir.

Elle se garde de parler bas, de rire en présence des personnes qui ne peuvent savoir de quoi l'on cause ni pourquoi on rit.

Les interrogations : hein? quoi? ne sont pas admises.

Quand l'enfant n'a pas compris ou n'a pas entendu, elle se sert de la formule polie : « S'il vous plaît? » ou : « Plaît-il? »

Elle a des attentions toutes particulières pour les vieillards.

Elle les salue et leur parle avec respect. Elle s'offre à leur rendre tous les services dont ils ont besoin; on aime à la voir aider une personne âgée à descendre de voiture, s'offrir à lui porter ce dont elle est chargée, lui céder sa place en chemin de fer, ou fermer une vitre pour la garantir du courant d'air.

Dans la rue, l'enfant bien élevée donne bonne opinion de son éducation par la tenue excellente qu'elle conserve toujours.

Elle ne pousse pas des éclats de rire retentissants, n'interpelle pas à haute voix une compagne qu'elle rencontre; elle ne crie ni ne chante, ne montre personne du doigt; en un mot, elle ne se fait jamais remarquer.

Elle salue gracieusement, mais sans élever la voix. Elle a des égards particuliers pour les personnes âgées; elle leur laisse le côté du trottoir touchant aux maisons, s'efface pour les laisser passer, etc.

En voyage elle doit toujours également avoir une attitude réservée. Elle ne lie pas conversation avec ses voisins de route, ne conte pas tout haut ses affaires, ne se place pas devant la portière, privant ainsi les voyageurs d'air pur et leur cachant le paysage; elle n'ouvre ou ne ferme la fenêtre qu'avec la permission des personnes présentes.

Toute une série d'incivilités qu'elle ne doit pas se permettre :

« Choisir la place la plus commode; montrer par quelque air du visage que ce que l'on vous dit vous fâche ou vous ennuie, et qu'on le trouve trop long; parler de soi, de ses sentiments, de sa naissance, de sa famille, de ses répugnances, de ses inclinations, de sa santé, de ses maladies; ne pas montrer d'attention à ce que l'on vous dit; parler de quelque défaut devant ceux qui l'ont; parler pour parler, sans qu'il y ait de l'utilité ou du plaisir pour les autres; rire immodérément; ne pas écouter une lecture; ne pas attendre la fin d'une histoire qui nous ennuie; montrer qu'on savait ce qu'on vous dit; se servir de ce qui est aux autres; hasarder de gâter ce qui ne nous appartient pas; ne pas craindre de faire attendre : autant d'impolitesses. »

Conclusion. — Mes enfants, la liste de toutes les obligations que vous impose la nécessité de devenir une jeune fille bien élevée a pu vous paraître longue. Mais souvenez-vous que la politesse est inspirée par le désir de ne pas faire de peine aux autres, de ne pas les froisser ni les humilier, et par le désir de leur être agréable.

De la bonté du cœur elle est la douce image,

a dit Voltaire. Souvenez-vous que la véritable politesse est l'expression des meilleurs sentiments de l'âme humaine : la charité, la modestie.

L'égoïste seul ne sait pas se gêner pour les autres ou s'imposer pour eux une privation. C'est l'orgueilleux, le vaniteux, qui ne savent pas reconnaître le mérite d'autrui, et qui manquent ainsi aux égards dus à leurs semblables.

Eh bien, vous qui ne voulez être ni égoïstes, ni vaniteuses, ni orgueilleuses, et qui avez le désir d'être aimables et bonnes pour les autres, vous n'éprouverez aucune difficulté à remplir ces mille petites obligations qui font la jeune fille bien élevée. Encore une fois, vous en serez récompensées bien au delà de votre peine; il y va peut-être du bonheur de toute votre vie.